AF330230

P. 522.
N.

28794

LES
GRANDS HOMMES
VENGÉS.

TOME PREMIER.

LES GRANDS HOMMES VENGÉS,

OU

Examen des jugements portés par M. de V., & par quelques autres Philosophes, sur plusieurs Hommes célebres, par ordre alphabétique;

AVEC

Un grand nombre de remarques critiques & de Jugements Littéraires.

Par Monsieur DES SABLONS.

Confunde tyrannum & quos deprimit eleva. (Sanc. Vict.)

TOME PREMIER.

A AMSTERDAM,

& se trouve A LYON,

Chez JEAN-MARIE BARRET,
Imprimeur-Libraire, Quai de Retz.

M. DCC. LXIX.

AVEC APPROBATION ET PERMISSION.

PRÉFACE.

Contester les talents de M. de V., comme quelques critiques mal adroits ont ofé le faire, ce feroit difputer au jour fa clarté & au foleil l'éclat de fes rayons. Cet homme célebre ne jouira pas peut-être dans la poftérité de cette réputation brillante qu'il a acquife dans notre fiecle ; mais nos neveux feroient bien difficiles, s'ils ne le mettoient pas dans la lifte peu nombreufe des Auteurs du premier ordre. Netteté d'idées, fécondité inépuifable d'imagination, facilité de génie fans exemple, variété de favoir, légéréré de ftyle, vivacité de coloris, délicateffe de tours, douceur infinuante d'éloquence ; il réunit tout ce qui fait l'écrivain extraordinaire. C'eft fans contredit le plus agréable des Philofophes du jour, mais c'eft auffi le plus dangereux. En s'emparant de l'efprit de fes lecteurs par les charmes de la diction, il les difpofe à croire tout ce qu'il dit comme des oracles, à eftimer tout ce qu'il eftime & à méprifer tout ce qu'il méprife. En un mot il étoit fait pour produire une révolution dans les efprits, & il l'a produite, non-feulement en Philofophie mais en littérature. Toutes les idées anciennes font renverfées, & on a détruit prefque tous les Autels élevés à nos grands hommes.

Les nouveaux Philofophes, échos de leur oracle, croient en impofer à la renommée. Ils diftribuent à leur gré les réputations & couronnes des Arts. Nul ne peut y prétendre, (dit M. Paliffot dans la Préface de fon excellente Comédie des Philofophes) s'il n'eft enrollé dans leur fecte. Elle a crié fi haut, elle a tellement percé, foit fourdement, foit hardiment, dans tous les

Etats de la vie qu'elle entraine les suffrages d'une partie de la nation, qui ne penfe plus que d'après elle. *Homere & Virgile* ont bien de la peine à se foutenir aujourd'hui devant *Lucain*, M. de V. *Corneille*, n'étoit qu'un déclamateur qui furcharge fes Tragédies de *raifonnemens politiques qui endorment, ou d'amplifications qui rebutent.* Les Tragédies de *Racine* font des Idilles en dialogues bien écrits & bien rimés ; celles de *Crébillon* des *reves d'énergumene en ftyle barbare, des propos interrompus, de longues Apoftrophes aux Dieu, parce qu'on ne fait point parler aux hommes, des maximes fauffes, des lieux communs empoulés.* *Boileau* n'eft qu'un verfificateur exact qui n'a jamais fu parler au cœur ni à l'imagination ; *Rouffeau* n'a connu ni la gaiété, ni le fentiment ; *Fénélon* écrit d'une maniere foible ; la *Fontaine* n'a pas cinquante fables qu'on puiffe citer ; *Boffuet* a fait des déclamations capables d'amufer les enfants, mais peu propres à fatisfaire les gens raifonnables.

Les jugements qu'on porte fur la littérature annoncent qu'on ne fera pas plus réfervé fur des objets plus refpectables. Nous avons vu tous les Héros de l'Ancien Teftament outragés brutalement dans des livres, qu'on décoroit du nom de *Philofophiques.* Les grands Rois qui ont illuftré la France ; les *Charlemagne*, les St. *Louis* ; les Empereurs qui ont défendu le Chriftianifme ; les *Conftantin*, les *Théodofe* font repréfentés fous les couleurs les plus odieufes. On leur préfere des Payens, des Turcs, des Idolâtres. Enfin la licence a été au point que des malheureux ont ôfé porter leurs mains facrileges fur le fils de l'Eternel.

Laiffant aux Théologiens le foin de défendre les Autels j'ai cru qu'on me fauroit gré de venger quelques Littérateurs eftimables. J'ai voulu oppofer une digue au torrent de faux jugements qui nous inonde & qui nous entraîneroit peu à peu dans la décadence. Vilipender les grands Ecrivains, c'est conseiller finement de ne les plus lire ; c'est empêcher les Lecteurs de se nourrir de cette substance pure qui développe le goût lorsqu'on en a quelque étincelle, & qui l'entretient lorsqu'il est formé. Ce flambeau de l'ignorance brille tôt ou tard, malgré les efforts qu'on fait pour l'éteindre. Quelques Auteurs voulant s'élever sur la ruine de leurs prédécesseurs pourront les décréditer pendant quelque temps ; mais leur nom surnage enfin sur le fleuve de l'oubli, sur tout s'il se trouve des hommes assez courageux pour les tirer du gouffre où on vouloit les plonger. Nous parlons de courage, car il en faut pour s'élever contre les Auteurs qui ont séduit & enlevé les suffrages du public ; & quel Auteur eut jamais plus de partisans que M. de V., non, jamais on n'a porté l'Enthousiasme aussi loin en faveur d'*Aristote* & de *Descartes*.

Il ne seroit peut-être pas difficile de traiter les causes de ce zele ardent qu'on temoigne pour répandre son nom & ses ouvrages. 1°. Il regne dans tout ce qu'il a écrit une liberté de sentiment qui flatte l'amour naturel des hommes pour l'indépendance. Beaucoup de personnes le regardent, comme l'esclave consideroit le maître qui brisoit sa chaîne. 2°. L'aliment que les passions & l'impiété trouvent dans ses ouvrages, a servi encore plus que la beauté des idées, le piquant des saillies & le coloris brillant du style à nourrir l'illusion de la plûpart de ses admirateurs. Il a su de bonne heure que le joug de la Religion pesoit à bien des cœurs, & il a voulu se faire lire, en tâchant de les soulager de ce fardeau. 3°. Il plaisante finement. Il flatte la malignité humaine & dans les sujets les plus serieux il est gai ou satyrique.

4°. Tous ses ouvrages ne sont presque que

des découpures, telles qu'il les falloit dans un
fiecle frivole. Il n'a écrit même fon *Hiftoire Générale* qu'en petits chapitres. On le quitte quand
on veut, & on le recommence de même fans
que cela donne plus de fatigue que la part qu'on
prend à une collation bien fervie. Tous les rai-
fonneurs laffent ; on goûte avec lui des plaifirs
aifés ; & il aime mieux fe permettre un men-
fonge, une médifance, une calomnie, une impiété que d'être ennuyeux.

Un Ecrivain de cette trempe a dû avoir beaucoup de Lecteurs, & des Lecteurs enthoufiaftes.
Auffi quand on l'attaque, on peut dire ce que **M.**
l'Abbé *Joli* a dit de *Bayle* : ,, je fais que fes par-
,, tifans diroient volontiers *qu'il eft plus difficile*
,, *de lui faire la guerre avec quelque forte d'avan-*
,, *tage, que d'arracher à* Hercule *fa Maffue.* * Je
,, connois l'aveugle prévention où eft en fa fa-
,, veur une multitude de perfonnes dans un fiecle,
,, qui affecte de fe mettre au-deffus de tout pré-
,, jugé. Il femble qu'*Annibal* foit aux portes
,, toutes les fois qu'on parle de critiquer un Ecri-
,, vain qui en a critiqué tant d'autres, & qui
,, par la licence effrénée qu'il a prife de ne rien
,, épargner ni dans le Ciel ni fur la terre, ouvre
,, un champ fi vafte à la plus jufte cenfure. Je
,, fais qu'il paffe communément pour un Philofophe
,, qui raifonne toujours avec jufteffe, pour un
,, Hiftorien profond, pour un critique impartial,
,, exact, infaillible. Malgré toutes les preuves
,, que je puis apporter de l'injuftice de ce pré-
,, jugé je travaille peut-être en vain à le déra-
,, ciner, & à ouvrir les yeux à ceux qui les
,, ferment à la lumiere. Aveugles volontaires,
,, dont le nombre n'eft aujourd'hui que trop grand,
,, & dont le fort eft d'autant plus déplorable,
,, que ce faifant honneur d'une admiration fans
,, bornes pour ce pernicieux écrivain, ils courent

* Remarque fur Bayle Préf. p. 9.

„ risque de rester toujours plongés dans les té-
„ nébres où ils se plaisent à marcher. S'ils vou-
„ loient faire usage de leur raison, bientôt ils
„ verroient s'évanouir les couleurs avec lesquelles
„ une imagination séduite leur représente leur
„ guide & leur Oracle. Mais il est à craindre
„ qu'ils ne fassent jamais un seul pas pour sortir
„ d'une erreur dont la douce illusion flate leur
„ sens, & favorise la corruption de leur cœur.„
Il en est de même des partisans de **M. de V.**
s'ils vouloient tirer le bandeau qui couvre leurs
yeux, ils verroient combien peu **M. de V.** devroit
avoir de poids auprès des personnes qui réflé-
chissent. Tout a servi à corrompre son jugement
en histoire comme en littérature. Voici comme
on le fait parler à ce sujet dans l'*Oracle des nou-*
veaux Philosophes.

„ I. Je regarde l'histoire, dit-il, comme un
„ pays à peu près semblable au portrait que j'ai
„ fait de l'Angleterre, où chacun pense comme
„ il veut, & dit en toute liberté ce qui lui
„ convient. C'est le temple du mensonge; & j'ai
„ voulu y offrir un sacrifice plus éclatant que
„ tous ceux qui avoient été jamais présentés à
„ ce Dieu.

„ II. Je laisse aux Auteurs vulgaires, la foi-
„ blesse de n'oser s'écarter de ce qu'ils appellent
„ follement la vérité de l'histoire. Ma regle est
„ de démentir hardiment les Ecrivains originaux;
„ de les faire parler comme je veux qu'ils parlent.
„ J'ajoute à leur récit tout ce qui est confor-
„ me à mon but, & j'en retranche tout ce qui
„ ne peut s'y ajuster. J'ai tout prévu, & je
„ me suis dit : le commun du monde qui me
„ lira, n'en sait pas assez pour démêler si je
„ lui en impose ou non. Je lui présenterai un
„ fond d'histoire, dont quelques-uns auront
„ une idée très-confuse, & que le plus grand
„ nombre ignore totalement. Je n'en donnerai

„ que la fleur & je l'embellirai d'un style & d'un
„ art magique.

„ III. Si des Savants ou des connoisseurs ont
„ la curiosité de lire ce que j'ai écrit sur l'his-
„ toire, je m'attends bien que, se trouvant
„ totalement dépaïsés, ils crieront à l'imposture.
„ Mais qu'en arrivera-t-il ? Oseront-ils me réfu-
„ ter ? Je les en défie. Je vous l'avouerai en
„ confidence ; c'est pour les embrasser & les
„ arrêter, que j'ai exprès entassé tant de para-
„ doxes historiques, présentés néanmoins sous
„ des faces & des couleurs séduisantes. Vous ne
„ trouverez point de pages qui ne renferment
„ des faussetés plus ou moins importantes. Il y
„ en a grand nombre de palpables, qui choquent
„ de front tout ce qu'on a cru jusqu'à présent.
„ Je n'ai besoin que d'une Phrase ou d'une
„ ligne pour en avancer deux de cette espece ;
„ & il faudroit plusieurs pages pour les réfuter
„ chacune en particulier clairement & nettement.
„ Nos Savants seroient obligés d'en venir sou-
„ vent à des dissertations critiques, qui deman-
„ deroient la vie de quatre hommes pour épui-
„ ser la matiere. Or qui les entreprendra, &
„ qui les liroit ?

„ IV. Je possede dans un dégré supérieur le ta-
„ lent de faire usage de tout ce que je lis, &
„ de le déguiser tellement, que je sais me le
„ rendre propre, par l'air de nouveauté & de sin-
„ gularité que j'y donne. Une table des Cha-
„ pitres me met au fait de tout ce qui est con-
„ tenu dans le livre. Si je le parcours, les cita-
„ tions que je vois en marge me suffisent pour
„ nommer dans mes ouvrages les Originaux
„ mêmes, quoique j'en ignore jusqu'à la forme.
„ Est-il seulement possible & probable que j'aie
„ lu & digéré tous les Auteurs qu'il faudroit
„ avoir combinés pour mon Histoire Générale,
„ de toutes les Nations de l'Univers ? On sait que

„ je n'ai jamais eu jusqu'à ma retraite auprés
„ de Geneve de maison ni de Bibliotheque. Et
„ quand j'aurois posſédé en propre tous les Livres
„ néceſſaires , ma vie errante , inquiete ,
„ diſſipée & voluptueuse , m'auroit-elle permis de
„ les lire & de les méditer ? Croyez-vous qu'il
„ y ait bien du monde en état de faire ces
„ réflexions qui prouvent que je n'ai pu prendre
„ qu'une légere teinture de l'hiſtoire , dont je
„ donne une idée encore plus légere ? Qu'im-
„ porte ? Le plus pur encens m'eſt adreſſé de
„ toutes parts ; les grands , les beaux eſprits,
„ ceux qui ſe piquent de l'être , ſans en avoir
„ l'apparence , les jeunes femmes ſur-tout me
„ comblent d'éloges , & publient de concert que
„ je ſuis le plus ſavant homme de mon ſiecle.
„ J'en ai la réputation ; que puis-je ſouhaiter
„ davantage ? „

Outre ces raiſons générales des inexactitudes
hiſtoriques de M. de V., il en a eu de particulieres & de perſonnelles dans les faux jugements
qu'il a porté des Auteurs. On connoît ſes violents
démêlés avec pluſieurs gens de lettres , tels que
Rouſſeau , *Desfontaines* , *Maupertuis* , &c. La
cendre qui les couvre depuis long-temps n'a pu
éteindre la haine de leur ennemi implacable. Ce
n'eſt pas aſſez de les avoir cruellement ſatyriſés
pendant leur vie ; il faut pour l'entiere ſatisfaction de ſon animoſité qu'il diſſeque journelle-
ment leurs Cadavres. Il penſe préciſément comme
cet Empereur qui diſoit que *le corps d'un ennemi mort ſent toujours bon.* Là colere d'*Achille*
ne fut ni ſi longue ni ſi ardente. C'eſt pourtant
cet homme qui a dit *je ne connois l'envie que
par le mal qu'elle a voulu me faire. J'ai défendu à mon eſprit d'être ſatyrique, & il eſt im-
poſſible à mon cœur d'être envieux. Je n'ai jamais conſulté que lui dans tout ce que j'ai fait,
dit ou écrit ; il me conduit ſeul ; il a toujours*

inspiré mes actions & mes paroles. J'en appelle à l'Auteur de Radamiste, & d'Electre, qui par ces deux ouvrages, m'inspira le desir d'entrer dans la même carriere. Ses succès ne m'ont jamais coûté d'autres larmes que celles que l'attendrissement m'arrachoit à la représentation de ses pieces; il fait qu'il n'a fait naître en moi que de l'admiration & de l'amitié. J'ose dire avec confiance que je suis plus attaché aux beaux arts qu'à mes écrits. Sensible à l'excès, dès mon enfance, à tout ce qui porte le caractere de génie, je regarde un grand Poëte, un bon Musicien, un bon Peintre, un Sculpteur habile, s'il a de la probité, comme un homme que je dois chérir, comme un frere que les arts m'ont donné.

Cet ouvrage prouvera que M. de V. traite effectivement ses *Freres* avec beaucoup de modération. Le ton hypocrite qu'il prend ne devroit tromper personne ; cependant les esprits sont tellement disposés en sa faveur que je dois m'attendre à très-peu de reconnoissance & à beaucoup de réproches. Ce sera d'abord un crime, aux yeux de ses partisans, d'avoir critiqué leur chef, & un ridicule d'avoir pris la défense de quelques Auteurs médiocres qu'il a attaqués. Quant au premier reproche M. de V. fera lui-même mon Apologie. Combien de fois n'a-t-il pas dit : *la critique n'est pas seulement utile, mais nécessaire ; j'ai pu me tromper sur bien des choses qu'on n'a ni le temps ni le moyen d'éclaircir. Il faut sans difficulté que je me rétracte de toutes les erreurs où je serai tombé, & que je remercie ceux qui m'en avertiront quelques aigreurs qu'ils puissent mettre dans leur zele. Tout Livre est abandonné à la critique. Montrez-moi mes fautes, je les corrige. Voilà ma réponse. Malheur à qui en fait d'autres. Dieu me garde de traiter de Libelle le Livre qui m'apprend à corriger mes erreurs. La simple critique est une offense envers moi, si je ne suis qu'orgueilleux ; c'est une leçon, si j'ai un amour propre raisonnable. S'il s'agit d'ouvrages de goût chacun est en droit de dire son avis, & l'on est même dispensé de la preuve. Vous pouvez me comparer à Lucain, sans que je le trouve mauvais. S'il est question d'histoire, non-seulement vous pouvez rélever mes fautes, mais vous le devez, supposé que vous soyez instruit ; & en cela vous rendez service à votre Siecle sur-tout quand ces fautes sont essentielles.*

A l'égard du second reproche qu'on peut me faire d'avoir vengé la mémoire de quelques hommes peu importants ou de quelques Auteurs médiocres, il ne sauroit partir d'un cœur généreux. J'ai plaidé pour les petits Ecrivains, parce qu'ordinairement ils n'ont point d'Avocat. Il n'en est pas de même des grands hommes, qui ordinairement n'ont point besoin d'Apologiste. Leur nom est leur meilleure défense. D'ailleurs il ne faut pas croire que tel homme méprisé par un parti, le soit aussi par le parti opposé. Il peut paroître un pigmée aux uns, tandis qu'il est un géant aux yeux des autres , & il faut travailler pour toutes sortes de Lecteurs. Ces discussions paroîtront minutieuses à la bonne heure , mais les recherches des Savants, sur des questions puériles, intéressent-elles plus le Public. Est-il plus important de savoir au juste en quelle année un Romain prit la robe virile que de s'instruire du véritable mérite de nos contemporains ? On a beau dire que l'un & l'autre est inutile ; dès qu'on connoît les hommes sur lesquels on agite ces controverses, rien n'est réellement plus nécessaire ; car il est toujours avantageux de savoir la vérité même sur les choses indifférentes. N'est-ce rien, dit M. l'Abbé *Joli*, que de corriger la mauvaise inclination que nous avons de faire des jugements téméraires ? N'eſt-ce rien que d'apprendre à ne pas croire légérement ce qui s'imprime. S'il n'importe guere de connoître les fautes, il importe encore moins de les ignorer.

Il ſe trouvera peut-être des eſprits malins qui applaudiſſant aux critiques de M. de V., les juſtifieront par les exemples des Poëtes anciens & modernes ; on a même déjà tenté de le faire. Terence dit-on, *ſe plaignit publiquement d'un vieux Poëte qui ſuſcitoit des cabales contre lui, qui tâchoit d'empêcher qu'on ne jouât ſes pieces, ou de les faire ſiffler quand on les jouoit ;* mais *Terence* n'èmploya jamais dans ſes critiques ces mots énergiques qu'on lit dans le *ſupplément au Siecle de Louis* XIV, dans les *Facéties Pari-ſiennes,* dans les *Honnêtetés Littéraires,* dans la *défenſe de mon Oncle : Cochon, Cheval, Ane, Bœuf, Chien, Bouc, Vipere, Serpent, Crapaud, Lezard, Vermiſſeau, Monſtre, Scele-rat, Ecervelé, Vilain, Bâtard, Cabaleur, Ca-lomniateur Energumene, Ecumeur, Enragé, Extravagant, Fou, Gredin, Giton, Furieux, Inſolent, Impudent, Poliſſon, Pirate, Corſaire, Radoteur, Sot, Cuiſtre, Butor.* De telles Epi thetes ſentent l'homme qui a reçu ſon éduca-tion à la place *Maubert,* & ne convenoient point du tout à un Poëte qui vivoit familiére-ment avec *Scipion.*

Corneille, ajoute-t-on, *eut le malheur de ré-pondre à l'Abbé* d'Aubignac, *Prédicateur du Roi, qui faiſoit des Tragédies comme il préchoit, & qui pour ſe conſoler des ſifflets dont on avoit ré-galé ſa* Zenobie *ſe mit à dire des injures à l'Auteur de* Cinna. Nous avouons que *Corneille* eut mieux fait de s'envélopper dans ſa gloire & la modeſtie. Mais enfin en répondant à ſon Cen-ſeur, il ne le traita pas comme le dernier des Scelerats ; il ne ſubſtitua pas les calomnies aux raisons ; il ne mêla pas des injures personnelles à des querelles purement Littéraires.

Si *Racine* dans quelques-unes de ses Préfaces a fait sentir l'aiguillon à ses critiques, il l'a fait avec la sagesse d'un homme poli & avec la discrétion d'un Courtisan. Il est sans doute permis de se défendre ; mais il faut se faire respecter en se défendant, & non s'avilir. Dans la République Littéraire comme dans la République Civile, on peut & on doit faire valoir la Loi du Talion. C'est le seul moyen d'imposer silence aux perturbateurs de ces deux Empires, & d'y entretenir une paix éternelle. Mais ne cessons de répeter que ce moyen doit être employé avec une circonspection prudente & délicate. Ces réflexions m'ont engagé à traiter M. de V. avec beaucoup plus de modération que la plupart de ses Censeurs. Quelques-uns l'on représenté comme un Auteur superficiel qui doit moins sa réputation à son mérite, qu'à l'obscénité & à l'audace qui caractérisent quelques-uns de ses écrits. D'autres ont dit que c'étoit un mauvais bouffon qui veut faire le *Pascal* & qui n'est qu'un *Pasquin* ; comme un raisonneur présomptueux, cent fois plus coupable que *Luther* & *Calvin*. Ces Censeurs trop zélés prétendent qu'il ne faut pas ménager les expressions avec un Auteur qui ne ménage pas les impiétés ; mais nous ne pensons pas de même ; & quoique M. de V. ait été le premier dans ce Siecle à employer la fausse monnoie des injures, ce n'est pas une raison pour la faire courir. Il est vrai qu'il a prodigué toutes les richesses de la Langue Françoise dans ses dernieres satyres. Il est vrai qu'on a demandé plusieurs fois : pourquoi cet homme au lieu de critiquer les ouvrages, calomnie-t-il les Auteurs ? Et qu'on a répondu qu'il étoit encore plus accoutumé à satyriser avec emportement, qu'à censurer avec goût. Il est vrai qu'on a demandé encore : pourquoi M. de V. qui se permet tout, ne veut-il

rien paſſer aux autres ? Parce qu'il ſe croit le ſouverain des Auteurs , & que ce qui eſt permis au
Monarque ne l'eſt pas au ſujet. Je lui laiſſerai
donc cette permiſſion ; qu'il en uſe , ou plutôt
qu'il en abuſe. A ſoixante & quatorze ans on ne
ſe corrige pas. Mais qu'il me ſoit libre auſſi de
ne pas m'en ſervir & de ne pas prendre pour modele l'Auteur que je réfute. Il a rougi plus d'une
fois de ce qu'il avoit écrit dans la colere , & je ne
veux pas avoir à rougir avec lui. Les ſatyres ſont
des monuments de la petiteſſe des grands hommes ;
& n'étant pas grand homme , je ne veux pas laiſſer
de tels monuments.

Je ſuivrai dans cet ouvrage l'ordre Alphabétique , qui eſt aujourd'hui ſi à la mode , & je le
diviſerai en deux parties. La premiere renfermera
les articles rélatifs à la Littérature ; la ſeconde
ceux qui ont rapport à l'Hiſtoire Sacrée & Ecclé-
ſiaſtique. Cette partie auroit été fort abondante
en recherches , ſi nous n'avions déjà été prévenus
par divers Ecrivains. C'eſt ce qui nous a engagé
à choiſir les articles qu'ils n'avoient pas encore
traité , ou qu'ils avoient traité foiblement. Le
Lecteur s'appercevra que nous n'avons rien oublié,
pour rendre ces diſcuſſions utiles & agréables.
Avons-nous réuſſi ? C'eſt ce que nous n'oſons
croire ; mais nous avons conſulté les meilleurs
Ecrivains , Sacrés & Profanes & les plus célebres
critiques qui ont écrit contre M. de V. , nous
avons même emprunté fort ſouvent leurs propres
paroles , perſuadé qu'il eſt ridicule , quand on a
de bonnes autorités & de morceaux élegants à
citer ,de ne pas en profiter.

LES GRANDS HOMMES VENGÉS.

✕✕✕✕✕✕✕✕✕✕✕✕✕✕✕✕✕✕✕✕✕✕✕✕✕✕✕✕

PREMIERE PARTIE,

Contenant les Articles rélatifs à l'Histoire Litttéraire.

AROUET DE V....

Quelle place mérite-t-il parmi les Poëtes Dramatiques?

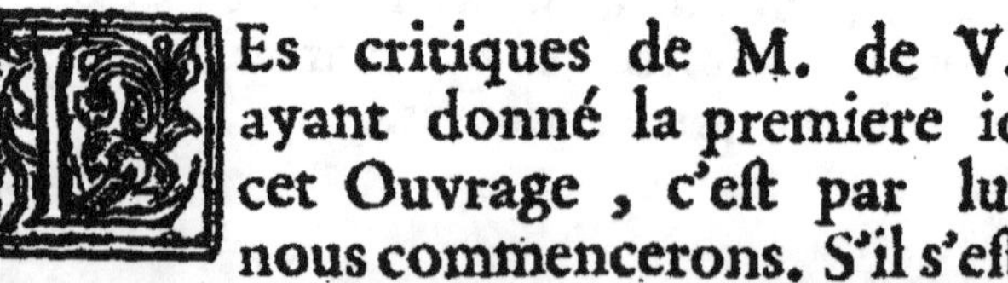

ES critiques de M. de V. nous ayant donné la premiere idée de cet Ouvrage , c'est par lui que nous commencerons. S'il s'est attiré de grands reproches, comme Philosophe, s'il a mérité des critiques, comme Historien, il est digne de louanges comme Poëte. Il

Tome I.   A

ſentit de bonne heure les défauts de notre Scene Tragique. *Corneille*, ancien Romain parmi des François, génie noble, rapide & profond, lui parut plein d'irrégularités barbares. *Racine*, plus doux, plus élégant, plus tendre, manque quelquefois de force & d'intérêt. *Crébillon* s'ouvroit une carriere nouvelle, par cette terreur Tragique qui fait ſon caractere ; mais il bronchoit quelquefois ſur-tout lorſque le ſujet ne ſe rapportoit point à ſon génie particulier. M. de V. né avec un eſprit facile & dirigé par le goût ; un cœur ſenſible & éclairé par la Philoſophie, penſa qu'on ne pouvoit plaire au Public, qu'en réuniſſant les principaux caracteres des trois maîtres de la Scene Françoiſe. Il falloit penſer comme *Corneille*, écrire comme *Racine* & remuer les ames comme *Crébillon*. Ce projet étoit digne de l'*Alexandre* de la littérature. Il ne l'a pas toujours rempli ; mais il faut avouer qu'il a réuſſi le plus ſouvent, & ſi bien réuſſi que ſes bonnes pieces, *Zaïre*, *Alzire*, par exemple, ont beaucoup plus de ſpectateurs dit M. Trublet, qu'aucune de nos meilleurs Poëtes Tragiques. Il ne plait pas, ajoute le même Auteur, il enchante.

Mais d'où vient ce charme inexprimable ? De la diction. Des deſcriptions brillantes, des tirades pompeuſes de grands ſentiments, des penſées hardies, ſentencieuſes & ſublimes ; voilà le caractere du ſtyle vraiment tragique de M. de V. Quelle douceur ? Quelle élégance ? Quelle harmonie ? Quel coloris ? Ce qu'il y a de singulier c'est que les éclairs de son imagination n'ôtent rien au sentiment, qui regne dans toutes ces pieces. Il est tendre & touchant, & n'en est pas moins élégant, pas moins ingénieux : il plaît à la fois au cœur & à l'esprit. Ceux qui auront assez de goût pour saisir ses véritables beautés, & qui feront avec nous ces réflexions, seront tentés de lui accorder le génie, que tant de critiques lui ont refusé. Car il réunit le pathétique au brillant ; il sent, il pense ; & c'est cette réunion, dit un Philosophe, qui fait l'homme de génie. Un éloge qu'on ne peut refuser à M. de V. & qu'il mérite peut-être exclusivement, c'est qu'en rompant la mesure de ses Vers, vous aurez presque toujours une Prose forte, & élégante. Faites la même épreuve sur d'autres Poëtes Tragiques, l'un vous paroîtra un Ecrivain barbare, l'autre un Auteur languissant.

En accordant cet avantage à la Poésie & à la Prose de M. de V., on lui a reproché de négliger un peu trop l'Analogie des idées, & ce fil imperceptible qui, liant avec adresse les différentes parties d'un ouvrage, en rend la lecture délicieuse. Presque tous ses Vers, isolés & détachés, tombent, dit-on, un à un ; mais je ne crois pas qu'il soit possible de faire autrement, quand on veut enfanter des Vers pompeux & sonores, sur-tout dans notre

langue, dans cette langue embarraſſée d'articles, dépourvue d'inverſion, pauvre en
termes Poétiques, ſtérile en tours hardis,
aſſervie à l'éternelle monotonie de la rime,
& manquant pourtant de rimes dans les
ſujets nobles. Ainſi c'eſt une néceſſité in-
diſpenſable pour quiconque veut donner
un peu de force à notre Poéſie proſaïque
& monotone, de faire marcher ſes Vers
un à un, ou deux à deux. M. de V. le
reconnoît lui-même ; mais il repare ce
défaut (ſi c'en eſt un) en tâchant d'en-
tremêler les longues périodes & les courtes,
en variant la meſure, en évitant les expreſſions communes, les conjonctions trop
fréquentes, les répétitions des mêmes
mots, & ſur-tout les rimes en épithetes
    D'autres Critiques veulent dépouiller notre
Poëte du talent de l'invention ; ils le jugent incapable de former un tout raiſonnable ; ils publient que dépourvu du talent de faire, il a tout au plus celui de
refaire, & qu'il habille aſſez heureuſement des ſujets traités avant lui. Mais quand
un beau ſujet a été manqué, pourquoi
ſeroit-il défendu à un bon Ecrivain de le
mieux traiter ? D'ailleurs il y a des Tragédies qui ne ſont que de M. de V., *Alzire*
par exemple, & ce ne ſont pas celles
qui plaiſent le moins au Public. Par-
lerons-nous du reproche qu'on lui a fait
d'emprunter les Vers de nos meilleurs
Poëtes.

Vous ne m'entendrez point Amant foible & jaloux
En reproches honteux éclater contre vous.

Zaïre.

Vous voulez que saisi d'un indigne courroux,
En reproches honteux j'éclate contre vous.

Racine, Alex. act. 4. Scene II.

Et l'Espagnol avide enrichi de nos pertes.
Vient en foule inonder nos campagnes désertes.

Henriade, Chant I.

L'on voit plus que jamais nos campagnes couvertes
De Romains que la Guerre enrichit de nos pertes.

Racine, Mithridate, act. 3. Scene I.

De l'Etat ébranlé laissoit flotter les rênes.

Henriade, Chant I.

Sa main sur ses Chevaux laissoit flotter les rênes.

Racine, Phedre, act. 5.

Rarement un Héros connoît la défiance.

Henriade, Chant II.

. . . . Mais cette défiance
Est toujours d'un grand cœur la derniere science.

Racine, Britanicus, act. I. Scene IV.

Le Pauvre alloit la voir & revenoit heureux.

Henriade, Chant 3.

Qu'on n'alla jamais voir sans revenir heureux.

Boileau, Epitre 1.

Ce monstre composé d'yeux, de bouches & d'oreilles
Qui célebre des Rois la honte & les merveilles.

Henriade, Chant 8.

Cependant cet Oiseau qui prône les merveilles,
Ce monstre composé de bouches & d'oreilles.

Boileau, Lutrin, Chant 2.

De pareilles imitations ne méritent guere qu'on crie au Plagiat. M. de V. a fait tant de beaux Vers, qu'on ne peut guere lui reprocher sans injustice de s'être rappellé à propos de quelques émistiches d'un Vers foible.

On a encore prétendu que M. de V. employoit pour faire réussir ses pieces, des moyens inconnus aux grands Poëtes des Siecles passés. Risque-t-il un Ouvrage au Théatre ? Il fait agir, dit-on, plus de ressorts que s'il s'agissoit de prévenir la chute d'un Empire. Mais quelle cabale a-t-il pu faire depuis qu'il est retiré aux Délices ? On a joué depuis lors ce qu'il a donné de moins bon, & s'il n'a pas excité l'enthousiasme que produisit *Zaïre*, il a reçu des applaudissements flatteurs. Les intrigues, les sourdes menées ne sont point faites pour un homme qui a produit, *Alzire*, *Mérope* &c. & quand on a le génie de *Racine*, on n'a pas besoin des ressources de *Scuderi*. Il est vrai qu'un amour propre extrême peut quelquefois les employer ; mais notre Auteur a fait ses preuves de modestie.

Un reproche plus grave, qu'on pourroit faire à M. de V. comme Poëte Dramatique, c'est le choix suspect de plusieurs sujets de Tragédies qui lui ont fourni le moyen de débiter des maximes encore plus suspectes. „ Il n'y a point de gens „ dit *Bayle*, qui puissent se donner plus „ de carriere en fait de maximes impies,

„ & libertines, que ceux qui composent
„ des Pieces de Théatre. Car si on vou-
„ loit leur faire un crime de certaines
„ licences qu'ils prennent, ils peuvent ré-
„ pondre qu'ils ne font que prêter à des
„ profanes, ou à des personnes dépitées
„ contre leur fortune, les discours que le
„ vraisemblable exige. „ Il est certain qu'il
seroit injuste d'imputer à l'Auteur d'une
Tragédie tous les sentiments qu'il étale.
Mais il y a des affectations qui décou-
vrent ce qu'on doit mettre sur son compte;
& quelque excuse qu'on allegue en faveur
des Poëtes, on peut justement interdire le
Théatre à certaines Pieces, soit que l'Auteur y débite, soit qu'il n'y débite pas ses
sentiments : *Cyrano* de *Bergerac* répondit
par son *Agripine* quelques impiétés qui
la firent proscrire.

Il est donc bien permis de condamner
après *Bayle*, le choix suspect de certaines
Tragédies, & les sentiments qu'on y
débite sous le personnage des Héros.
Je sais que faire parler *Mahomet* en Pro-
phete, *Zaïre* en Musulmane, *Zamore* en
Payen, c'est garder les caracteres ; mais
trois circonstances forment le danger.

I. L'esprit de l'Auteur. La liberté des
sentiments qu'il étale dans ces autres Ouvrages, forment une sorte de Clef pour
ses Tragédies & les rendent plus suspectes.
Etant Analogues dans le dessein, le style
& les pensées, à ses écrits Philosophiques,
il n'est pas possible d'y supposer un sens

contraire. Ce n'eſt point le calomnier, c'eſt le juger conſéquent.

II. L'eſprit du Siecle. Sur la Religion comme ſur les Arts & les Sciences, il eſt dans chaque Siecle, une certaine tournure d'eſprits & de cœurs, (ſi on peut s'exprimer ainſi.) Tantôt on a vu un goût décidé pour fonder des Monaſteres, ou pour élever par-tout des Temples magnifiques. Tantôt un attrait pour les Pélerinages, ou certaines pratiques exterieures. Dans les XII. & XIII. Siecles, on étoit dévoré d'un zele univerſel pour les Croiſades. Dans le XVI. l'eſprit de révolte & d'indépendance dominoit avec Empire ; mais au milieu même des Héréſies, on voit un attachement conſtant au Chriſtianiſme. Le malheureux goût du XVIII. Siecle, eſt celui de l'incrédulité. Jamais de la part des Miniſtres plus d'ouvrages pour annoncer la Religion, plus d'efforts pour la graver dans le cœur des Peuples ; & jamais dans les prétendus eſprits forts plus de révolte contre le Miniſtere, plus d'audace à nier & à renverſer, s'il étoit poſſible, tous les principes de la Religion.

III. L'eſprit du Théatre. Le fanatiſme & les rêvèries de *Mahomet*, les fourberies des Prêtres des Idoles, ou les raiſonnements des Amériquains, n'ont par eux-mêmes rien de dangereux. Mais rapprochés finement & avec art d'une certaine reſſemblance, qu'on croit appercevoir dans la Religion Chrétienne, & propoſés ſur le

Théatre ; c'eſt-à-dire , dans un lieu où
l'eſprit eſt livré à ſes illuſions , & le cœur
à ſes penchants , où tout efface la Religion & n'annonce que la vanité & la
molleſſe , ils font infailliblement de funeſtes impreſſions. Et qu'un ſpectateur, inté-
reſſé pour ſon Héros , applique aux Miniſtres Chrétiens la conduite des ſacrifica-
teurs de Lima , ou des Imans de la Me-
que. Ainſi , quoique leurs diſcours ſoient
relatifs à leur caractere , & conſéquents aux
préjugés qu'on leur ſuppoſe , ils n'en ſont
ni moins inſidieux ni moins funeſtes ; &
ils laiſſent toujours des veſtiges déſavan-
tageux au miniſtere : en voici quelques
traits.

» La Religion d'un Barbare conſiſte à
» offrir à ſes Dieux le ſang de ſes ennemis.
» Un Chrétien mal inſtruit n'eſt ſouvent
» guere plus juſte. Etre fidele à quelques
» pratiques inutiles , & infidele aux vrais
» devoirs de l'homme ; faire certaines prie-
» res , & garder ſes vices ; jeûner , mais
» haïr, cabaler, perſécuter , voilà ſa Re-
» ligion. Celle du Chrétien véritable eſt
» de regarder tous les hommes comme ſes
» freres, de leur faire du bien , & de
» leur pardonner le mal. On retrouve-
» ra preſque dans tous mes écrits cette
» humanité qui doit être le premier carac-
» tere d'un être penſant. On y verra (ſi
» j'oſe m'exprimer ainſi) le déſir du
» bonheur des hommes , l'horreur de
» l'injuſtice , & de l'oppreſſion. »

C'eſt calomnier le Chrétien, que de le ſuppoſer aſſez Fanatique, pour croire qu'il peut honorer Dieu en égorgeant ſes ennemis. Il ſait que le meurtre eſt toujours un crime capital, & il n'ira pas au Théatre pour y apprendre ce que ſon cœur, ce que la Loi lui dit ſi vivement.

D'ailleurs on n'a jamais cru qu'obſerver des *pratiques inutiles* (allons plus loin, des pratiques extérieurement ſimples) & garder ſes vices, ce fût une Religion. Le culte extérieur n'eſt agréable à Dieu, qu'autant qu'il exprime les ſentiments d'un cœur pieux, & dès-lors détaché de tous ſes penchants criminels. Faire du bien, pardonner le mal, n'eſt pas non plus toute la Religion ; ce n'en eſt qu'un précepte : il en eſt d'autres auſſi eſſentiels. On peut avoir l'humanité, la probité humaine, & ne pas vivre dans l'innocence exacte des mœurs, & ne pas connoître le vrai culte. Envain donc les Philoſophes voudroient ſe donner comme les appuis de la Religion, parce qu'ils condamnent certains vices, & qu'ils établiſſent certaines vertus. Ce ſont des vices dont l'horreur frappe ; des vertus qui ne ſont que les premiers élements de la Piété Chrétienne : & encore vice & vertus, dont ils font une fauſſe application.

M. de V. prétend n'établir dans ſes écrits que *l'humanité, que le deſir du bonheur des hommes*. Le deſſein eſt louable ; ſuppoſons-le ſincere & réel. Dans ce cas, il n'a d'autre vue que celle de l'Evangile ; tout ce que la raison , la justice , une saine politique peut imaginer de plus conforme au bonheur public , y est renfermé. Il n'est pas possible de pousser l'humanité plus loin , qu'en ordonnant l'amour des ennemis même. Cela supposé , quand même ces maximes d'équité seroient dans les écrits de M. de V. pourquoi s'en attribue-t-il la gloire puisqu'il les a puisés ailleurs? Pourquoi ne faire pas hommage de cette belle morale à la Religion qui nous l'a fournie ? C'est manquer à la reconnoissance.

§. II.

Beautés & défauts de sa Henriade.

Nous ne saurions trop répéter , que nous sommes les Censeurs de M. de V. & non ses ennemis ; & c'est ce que prouvera l'examen impartial que nous faisons de ses talents & de quelques-uns de ses ouvrages après ses Tragédies. La *Henriade* tient le premier rang dans ses Titres Poétiques. On trouve en général dans ce Poëme plus d'esprit que de génie , plus de brillant que de richesse , plus de coloris que de dessein , plus d'histoire que de poésie. Quand l'Auteur le commença , il n'avoit que dix-neuf-ans. Nouveau sevré des Muses , il avoit (dit M. Batteux) plus de lait dans les veines que de sang. Depuis, son jugement ayant fait des pro-

grès , il a bien vu l'irrégularité de l'ouvrage ; mais effrayé de la dépenfe , s'il
eût fallu le réfondre , il a mieux aimé y
coudre des morceaux brillants , y jetter
quelques liaifons artificielles , pour dégui-
fer fes défauts & réparer en quelque forte
le vice de l'Architecture.

Mais fi l'édifice n'eft pas régulier , on
peut dire qu'il a le plus grand éclat. La
Henriade eft pleine de beaux & très-beaux
morceaux , de Vers très-bien faits , très-
harmonieux , des defcriptions très-tou-
chantes ; par exemple le tableau de la ré-
traite du fage Vieillard & fon difcours.

> Non loin de ce rivage, un bois fombre & tranquille
> Sous des ombrages frais , préfente un doux afyle.
> Un rocher qui le cache à la fureur des flots
> Défend aux Aquilons d'en troubler le repos ;
> Une grotte eft auprès , dont la fimple ftructure
> Doit tous fes ornements aux mains de la nature.
> Un Vieillard vénérable avoit loin de la Cour
> Cherché la douce paix dans cet obfcur féjour.
> Aux humains inconnu, libre d'inquiétude,
> C'eft là que de lui-même il faifoit fon étude,
> C'eft là qu'il regrettoit ces inutiles jours,
> Plongés dans les plaifirs perdus dans les amours.
> Sur l'émail de fes prés, au bord de fes fontaines
> Il fouloit à fes pieds les paffions humaines , &c.

Que M. de V. ne nous parle-t-il toujours de même , il feroit notre plus grand
Poëte. La mort de *Coligni* eft admirable ,

fa fermeté ftoïque, fa douceur, la fimplicité, la nobleffe de fon difcours char-
ment l'efprit & touchent le cœur.

Henri IV. raconte, on ne peut pas
mieux, la bataille de Coutras, à quelques
petits Vers près, où il fait fon éloge
habilement, après avoir fait le modefte.
L'Auteur a dû être content de la Peinture
qu'il a faite des Courtifans, les Vers en
font bien faits.

Il y a dans le quatrieme livre des morceaux que l'Auteur a travaillés avec com-
plaifance. La matiere étoit belle, & fufceptible de la plus riche & de la plus
noble élocution. La difcorde va trouver la
politique.

> Un tourbillon la porte à ces rives fécondes
> Que l'Eridan rapide arrofe de fes ondes.

Voilà deux beaux Vers ; les fuivant ne
font pas moins beaux.

> Rome enfin fe découvre à fes régards cruels ;
> Rome jadis fon Temple & l'effroi des mortels ;
> Rome dont le deftin dans la paix, dans la guerre,
> Eft d'être en tous les temps maîtreffe de la terre.

Que cette répétition eft noble ! Et que
la chute eft fublime !

> Eft d'être en tous les temps maîtreffe de la terre.
> Par le fort des combats on la vit autrefois
> Sur leurs trônes fanglants enchaîner tous les Rois.
> L'Univers fléchiffoit fous fon aigle terrible.

J'aurois voulu cette penſée plus étendue ; les quatre Vers ſuivants auroient été plus beaux, & il y auroit eu ſymmétrie pour l'oreille.

> Elle exerce en nos jours un pouvoir plus paiſible,
> Elle a ſu ſous ſon joug aſſervir ſes vainqueurs,
> Gouverner les eſprits & commander aux cœurs,
> Ses avis ſont ſes loix, ſes décrets ſont ſes armes,
> Près de ce Capitole ou régnoient tant d'allarmes,
> Sous les pompeux débris de *Bellonne* & de *Mars*
> Un Pontife eſt aſſis au Trône des *Céſars* ;
> Des Prêtres fortunés foulent d'un pied tranquille
> Les Tombeaux des *Catons* & la cendre *d'Emille*,
> Le Trône eſt ſur l'Autel, & l'abſolu pouvoir,
> Met dans les mêmes mains le Sceptre & l'Encenſoir.

Tout eſt beau ici ; rien de foible ; tout eſt plein ; penſées, expreſſions, harmonie ; remarquez ce Vers :

> Des Prêtres fortunés foulent d'un pied tranquille...

Que cela eſt doux, M. de V. & digne de la molleſſe de votre pinceau ! Que vous avez été ſatisfait de ce Vers !

Là Dieu fonda lui-même ſon Egliſe naiſ-ſante, &c. Cette Image eſt bien frappée, les dix ſuivants ſont encore aſſez forts. Mais de quelle utilité étoit cette ſortie contre les Papes ? Elle me rappelle l'Hiſ-toire du plus jeune des Fils de *Noë*, qui appella ſes Freres pour venir inſulter à un Pere endormi. Je ſuis perſuadé que dans

la premiere Edition , (fi l'Auteur fe conforme aux bienféances) il jettera un voile
refpectueux fur cette partie.

Il n'eft pas fenfé d'aller décrier une Eglife,
dans le Giron de laquelle il veut ramener
fon Héros ; une Eglife dont tous fes Lecteurs font fenfés les Enfants. L'Auteur
étoit apparemment à Londres quand il fit
cette tirade.

Je pourrois vous citer encore le départ
de *Jacques Clement* pour aller affaffiner
le Roi ; cela eft fort beau. L'attaque des
Fauxbourgs de Paris n'a prefque pas befoin d'être retouchée. Le crayon du *Siecle*
de *Louis* XIV. dans le feptieme Chant, eft
digne d'un grand maître. La bataille d'I-
vry eft fort belle. Le neuvieme Chant a
des endroits charmants ; il femble même
que M. de V. a plus de facilité à réuffir
dans le gracieux & le doux qu'ailleurs.

> Sur les bords fortunés de l'antique Idalie ,
> Lieux où finit l'Europe & commence l'Afie ,
> S'éleve un vieux Palais refpecté par le temps ;
> La nature en pofa les premiers fondements, &c.

Ce Chant eft tout rempli de beautés
tendres & touchantes. Il eft à craindre feulement que quelques-unes foient dangereufes pour les jeunes cœurs.

On voit par ce morceau & par un grand
nombre d'autres, que cet ouvrage méritoit
d'avoir du fuccès. La plûpart des Lecteurs
François , qui n'ont jamais lu de Poëmes

Epiques, se laissent prendre par les beautés de détail de celui-ci. Il est partout étincelant, & s'il n'éclaire point toujours, au moins il ne cesse d'éblouir. Si l'Auteur au lieu de s'amuser à faire *Candide* & de mettre la *Philosophie de Nevvton* à la portée de tout le monde, avant que de l'avoir mise à la sienne ; s'il avoit, dis-je, refondu sa *Henriade*, son temps auroit été sans doute mieux employé pour sa gloire. Après tous les avis qu'on lui a donnés, toutes les lumieres qu'il a acquises, toutes les facilités que l'usage & l'habitude d'écrire, de penser & de sentir lui ont procurées, il auroit fait peut-être un ouvrage digne d'aller à côté de ceux qu'on estime le plus.

Il faudroit sur tout qu'il corrigeât ses Portraits qui se ressemblent très-souvent, quoique très-brillants d'ailleurs. Les grands ont presque tous leur maniere ; M. de V. grand Poëte, a droit d'avoir aussi la sienne. Quand *Homere* & *Virgile* vouloient peindre un Héros, ses actions & ses paroles étoient les traits qu'ils employoient ; ou s'ils disoient un mot en passant pour caractériser son air, sa taille, sa figure, c'étoit parce qu'on ne peut les faire connoître autrement. M. de V. a une autre méthode, il s'arrête pour faire un tableau à loisir : il parcourt toutes les vertus & tous les vices des traités de morales, & persuadé que tous les hommes sont un composé de force & de foiblesse, de ténebres & de lumiere, de bien & de mal, il trouve toutes ses

couleurs

couleurs dans l'antithese. Le goût de M.
de V. pour cette figure est un amour de
préférence : On pourroit en donner de
nombreuses preuves.

> Mornay son *confident* & jamais son *flateur*
> Ce *vertueux* soutien du parti de *l'erreur*
> Qui signalant toujours son *zele* & sa *prudence*
> Servit également son *Eglise* & la *France* ;
> *Censeur des Courtisans*, mais à la *Cour aimé*,
> Fier *ennemi de Rome*, & de *Rome estimé*.

C'est au Lecteur à concilier s'il le peut,
toutes ces qualités qui pétillent à coté l'une
de l'autre , & que la singularité du
contraste a amenés plutôt que la vérité Historique. Dès qu'on ne voudra faire
des Portraits que par antithese, la fureur
de mettre de l'opposition entre les qualités & entre les Personnages l'emportera
toujours sur le vrai ; & c'est ce qui est
arrivé à M. de V. non seulement dans
ses Poésies, mais encore dans ses Histoires,
où il peint ordinairement moitié d'après
nature & moitié de tête.

L'Antithese étant la figure favorite de
l'Auteur de la Henriade, il l'emploie par-
tout ; j'en ai compté par amusement plus
de 300. c'est une monotonie qui dégoûte
à la fin ceux qui les aiment le plus.

> Si Mayenne est *vaincu* , Rome sera *soumise*
> Vous seul pourrez régler sa *haine* ou ses *faveurs*
> *Inflexible aux vaincus, complaisante aux vain-*
> *queurs.*

Tome I.   **B**

Prête à vous *condamner*, facile à vous *abfoudre* ;
C'eſt à vous *d allumer* ou *éteindre* ſa foudre.

Il n'y a point de page, où l'on ne trou‑
ve une demi-douzaine de ces petites oppoſi‑
tions , & elles ſont ſi peu variées & ſi
peu déguiſées , que les jeunes gens mêmes
les plus amoureux de cette figure , en ſont
ſouvent fatigués.

Il y a encore une autre figure pour la‑
quelle l'Auteur marque beaucoup d'incli‑
nation. Elle revient ſur-tout lorſque la
rime une fois placée , il reſte des vui‑
des dans le corps du Vers. Alors on a
recours aux ſynonymes ou aux mots qui
approchent. On voit arriver à la file des
ſubſtantifs de même famille , des Epithetes,
des Verbes , qui s'arrangent de maniere
qu'ils occupent tout le terrein , & qu'ils
rempliſſent , au moins de ſons , ce qui
eſt vuide de choſes. Il me ſemble voir
deux Dames en panier aſſiſes ſur un grand
banc.

Ce monſtre impétueux , ſanguinaire , inflexible ,
Qui ſanglant , déchiré , traîné par les Soldats...
On s'aſſemble, on conſpire, on répand les allarmes;
Anglois, François, Lorrains, que la fureur aſſemble,
Avançoient, combattoient, frappoient, mouroient
 enſemble....
Tous les Ligueurs armés , tout un peuple inom‑
 brable ,
Etrangers & François, chefs, Citoyens , Soldats
Font pleuvoir ſur le Roi le fer & le trépas.

N'eſt-ce pas là ce qu'on appelle une abondance ſtérile ? Notre oreille eſt chargée , & elle ne porte rien à l'eſprit. Mais aujourd'hui M. de V. jouit & jouira peut - être toute ſa vie du préjugé que l'amour propre de ſes approbateurs conſervera toujours , en dépit de la Princeſſe de *Navarre* , du Poëme de Fontenois , & du Temple de la *Gloire*.

Deſpréaux nous traite autrement que M. de V. il y a des vuides à remplir chez lui , comme ailleurs ; mais on ne s'apperçoit point qu'ils aient jamais été des vuides pour lui , tant il les remplit d'une maniere heureuſe & par des Vers qui embeliſſent la penſée au lieu de la charger.

On a reproché encore à M. de V. d'avoir un grand nombre de Vers qui ſont à peine de la Proſe ſoutenue , tels que ceux-ci.

Valois qui cependant différoit ſa vengeance ,
Tenoit alors dans Blois les Etats de la France.
Peut-être on vous a dit quels furent ces Etats ;
On propoſa des Loix qu'on n'exécuta pas.
De mille députés l'éloquence ſtérile ,
On fit de nos abus un détail inutile ;
Car de tant de conſeils l'effet le plus commun
Eſt de voir tous nos maux , ſans en ſoulager un.

De bonne foi ſont-ce là des Vers , & ſur-tout des Vers dignes de l'épopée ? Il y en a une infinité qui ne ſont que médiocres ; & quand il y en a de beaux , ils

ont tant de faillie , qu'ils enlaidiffent
tous leurs voifins.

Quelquefois l'on trouve fix & huit Vers,
qui font tellement détachés qu'on peut les
ôter chacun , fans que le fens en fouffre
aucunement. Je fais bien que le ftyle coupé
ne déplaît point dans la Profe ; mais dans
la Poéfie , fi les phrafes font précifément
de la longueur du Vers , il en réfulte
une monotonie défagréable ; au lieu que
dans la Profe , n'étant pas toutes de la
même étendue , il y a toujours quelque
différence qui fait variété.

Guife du fein des morts n'a plus rien à prétendre:
Le fang d'un Souverain doit fuffire à fa cendre.
S'il mourut par un crime, un crime l'a vengé ;
Changez avec l'Etat que le Ciel a changé.
Périffe avec *Valois* votre jufte colere ;
Bourbon n'a point verfé le fang de votre Frere.

Ces Vers ainfi détachés , femblent avoir
été faits indépendamment les uns des autres,
& ne doivent leur place qu'à la rime. La
raifon aime pourtant à fuivre une chaîne
d'idées qui ménage fa pareffe. Il y a
quelquefois des tirades dont les Vers peuvent être tellement déplacés , que le
dernier devienne le premier , & le premier
le dernier.

Henri refte à vaincre après tant de guerriers,
Dans fes fuperbes mains, va flétrir fes lauriers.
Va du mirthe amoureux ceindre fa tête altiere ,

Endor entre ses bras, son audace guerriere.
A mon Trône ébranlé cours servir de soutien
Viens, ma cause est la tienne, & ton regne est le
mien.

M. de V. s'applaudit dans sa Préface, d'être le seul qui ait réussi *à bien peindre les petits détails qui avoient été l'écueil de tous nos Poëtes Épiques*, & cela fondé sur ce qu'il a nommé des chiens des *animaux hardis* ; car c'est la seule expression naturelle qui ne pouvoit entrer dans la description, qu'il cite pour exemple de ses succès. Il nous donne une périphrase pour un détail ; & par ce leger changement de nom, il se pare d'un mérite qu'il n'a point, & l'ôte à ceux qui l'ont eu avant lui. Ne se souvient-il point d'avoir vu dans le *Lutrin* un fusil, une allumette, un Manœuvre qui prend une poignée de cloux, qu'il charge sur son épaule une *lourde coignée*, & *derriere son dos, qui tremble sous le poids, attache une scie en forme de carcois*. Comment M. de V. auroit-il le talent exclusif d'anoblir les petites choses ? Cela est bien plus difficile que de peindre les grandes avec dignité ; & il les peindroit, ainsi, que ce ne seroit point assez pour faire un Poëme Epique, où tout doit être admirable & presque divin.

Quoique la *Henriade* n'offre rien de formel contre la Religion, il y a pourtant des traits qui marquent l'esprit qui

anime le Poëte. Il eft fingulier que lorfque St. Louis tranfporte *Henri* IV. en
efprit dans le Ciel , il ne lui faffe voir
que des Rois, des Miniftres , des Généraux, des Savants.

Il paroìt en cela de l'affectation de la
part du Poëte. A la vérité , un Roi
guerrier devoit par préférence montrer à
fon pareil, des Rois & des guerriers ;
mais un Saint devoit auffi montrer d'autres Saints. La Poéfie même eût gagné
à cette variété de perfonnages ; M. de
V. fait tout peindre

Le plus pieux de nos Monarques (dit M.
l'Abbé *Gauchat* dans fes lettres critiques,)
femble ici métamorphofé. Sur la terre il
ne s'occupoit que du triomphe de J. C.,
& de fon Eglife ; & dans le Ciel il ne
paroît s'occuper que des projets du Siecle.
Eft-ce là peindre au vrai les caracteres.

Au fujet de la forte de tolérance , en
faveur de laquelle M. de V. fait parler
Henri IV , tolérance qui ne feroit qu'indifférence & inaction de la part du Souverain , on a remarqué fort bien , que
quand même un Roi ne protégeroit pas
la Religion , comme Religieux lui-même ,
il devroit la protéger comme Roi , parce
qu'elle eft avantageufe au Monarque &
aux fujets. Mais comme on peut abufer
de ce qu'il y a de plus avantageux en
foi , & par conféquent de la Religion
même , il eft encore de l'intérêt du Prince,
auffi bien que de fon devoir de prévenir

& de réprimer ces abus ; mais c'est un des points du gouvernement qui demande le plus de sagesse.

M. de V. met dans la bouche de *Henri IV*, parlant à *Elifabeth*.

Pour moi qui de l Etat embraffant la défenfe,
Laiffai toujours aux Cieux le foin de leur
vengeance.

Voilà ce Poëte qui sans y penser, parle au lieu de son Héros. Car le second Vers a un air de plaisanterie marqué ; cependant *Henri* IV. ne plaisante point dans tous ses discours ; & en effet il ne pouvoit plaisanter. Il étoit encore Protestant de la meilleure foi du monde, & alors les Protestants mêmes ne croyoient point qu'il fallût laisser aux Cieux le soin de leur vengeance. Mais, encore une fois, c'est M. de V. qui parle & non pas *Henri* IV. Il est plaisant d'avoir fait de ce bon Prince un esprit fort, & un esprit fort qui plaisante dans un Poëme Epique , & en racontant à une grande Reine les malheurs de la France. *Enée* ne plaisante pas en racontant à *Didon* la ruine de Troye.

Voilà où mene l'envie de plaisanter à toute force, & à tout propos. Elle a quelquefois fait faire à M. de V., même dans ses ouvrages du pur bel esprit , des plaisanteries déplacées , & dès lors mauvaises. Il plaisante ordinairement avec grace & avec goût, & cela suffit au commun des Lecteurs ; mais le fait - il toujours avec jugement ? Car le jugement & le goût font deux chofes.

§. III.

Des Poéfies fugitives.

M. de V. difcipline de *Chaulieu*, qui l'étoit de *Chapelle*, eut la facilité, le naturel, les graces de l'un & de l'autre ; mais il y ajouta le Coloris d'une imagination plus brillante, & un fond de Philofophie que ces Poëtes légers n'avoient point au même dégré. Mais cette Philofophie tient fouvent de l'impiété. Je ne fais pourquoi M. de V. aime tant à traiter des matieres de la Religion, à fe plaindre qu'on calomnie fa Religion. S'il gardoit un filence refpectueux, on n'interrogeroit pas fes fentiments ; mais il cherche fans cefle les occafions de les produire. Il eft donc jufte, il eft même néceffaire de les difcuter. Ses Pieces fugitives offrent à cet égard une ample moiffon à la critique, mais nous nous bornerons à citer quelques-uns de ces morceaux ou M. de V. n'eft pas plus Philofophe ni même quelquefois plus Poëte, que Religieux ; & où du moins il ne montre pas plus d'efprit & de talent, que de jugement, de favoir & de bonne foi. Ces morceaux-là ne font point fi rares qu'on feroit porté à le croire, fur plufieurs autres d'une exquife beauté. M. de V., qui a chaque nouvelle Edition de ses Œuvres, y corrige plusieurs défauts que les vrais connoisseurs y trouvent, n'a jamais corrigé ceux qui révoltent les bons Chrétiens. Il semble même qu'il travaille toujours à les blesser. Lorsqu'il donna en 1756. son très-mince & très-inutile Poëme sur Lisbonne, il y joignit une petite Piece fugitive de trente-six Vers, qui ne méritoit ni la critique, ni même les regards. Mais comme on peut y montrer en très-peu de lignes, deux ou trois inconséquences impies, à laquelle les Sophistes modernes applaudirent beaucoup dans le temps, il est bon d'en rappeller le souvenir.

» Le Poëte commençoit par reprocher » à Lisbonne, que ses légions Sacrées de » pénaillons .... Son Tribunal de colere » & de sang, ses Chapelets, ses *ex voto*, » ses dévotes rubriques n'avoient pas ré- » poussé le bras levé sur elles. » C'est-à-dire que la profession du culte Catholique devroit exclure les tremblements de terre, les pestes, les fléaux. La conséquence est particuliere ? Du moins ce n'est pas la Religion, c'est un Philosophe qui la tire.

» Vois le destin d'Albion ajoute le Poëte, » qui rit de nos Saints & de notre Eau Bé- » nite .... Rivale d'Alger, nous la » voyons braver la regle de la justice, » *importante chimere.* (L'Epithete est sin- » guliere.) Deux-cents Vaisseaux entraî-

» nent tous les Dieux, » c'eſt-à-dire encore qu'en quittant l'Egliſe Romaine, un
Royaume ſe met à l'abri des calamités ?
Rapprochons cette ſauve-garde que donne
M. de V. de l'incendie de 1666. D'où
vient qu'alors Liſbonne proſpéroit, &
que Londres fut dévoré par les flammes ?
Quoiqu'il en ſoit, l'événement même
montre le ridicule de ſon objection. Le
Royaume de Fez a partagé la déſolation
du Portugal ; Rome & Paris ſont auſſi
tranquilles que Londres ; on prie M. de
V. de tirer lui-même une juſte conſé-
quence de ce conflit d'hypotheſes ; ce qui
eſt très-ſur dans ce cahos, c'eſt que ſa
Piece n'a ni juſteſſe ni ſens.

Son Poëme de la *Religion Naturelle*
n'offre pas des raiſonnements plus conſéquents, ni une Poéſie plus brillante.
L'Auteur excuſe les mauvais raiſonnements
en diſant qu'il *ne faut pas juger le Poëme
d'un Laïque, comme on jugeroit une
Théſe de Théologie.* Mais tout Laïque
qui écrit expreſſément ſur la Religion,
& qui l'attaque, ne mérite pas plus de
ménagement qu'un Théologien. Car ou
bien il ignore les matieres qui traite, &
dans ce cas il eſt un téméraire ; ou bien
il les connoît, & alors il faut le traiter
en controverſiſte, lui montrer exactement
ſes erreurs. Il ſeroit inouï de répandre
par-tout un Poëme pour la *Loi naturelle ;*
diſons mieux contre la Religion Chrétienne ; & de l'excuſer ſous le ſingulier

prétexte qu'on n'eſt pas Docteur de Sor-
bonne , mais ſimplement Poëte. Que di-
roit-il , M. de V. , d'un Théologien, qui
écrivant ſur la Poéſie & la Phyſique ,
voudroit colorer des fautes énormes , en
avouant qu'il n'eſt pas Poëte ou Phyſi-
cien ? Pourquoi donc , répondroit-il , *vous
mêlez-vous d'écrire.*

» Il faut regarder, dit-il , ſon ouvrage
» comme une lettre, où l'on expoſe en
» liberté ſes ſentiments. La plûpart des
» livres reſſemblent à ces converſations
» générales, & gênées, dans leſquelles on
» dit rarement ce qu'on penſe. » Voilà un
aveu qui développe le ſyſtême de certains Philoſophes. Ils n'oſent dire dans
des livres avoués tout ce qu'ils penſent ;
ils cachent des opinions hardies ſous des
emblêmes, des équivoques, des paralle-
les à deux faces ; ce n'eſt qu'à des amis
qu'ils ouvrent toute leur ame. Quoiqu'il
en ſoit de ces déguiſements ſi communs,
le Public ne juge que ce qui lui eſt ex-
poſé. Tel eſt ce Poëme de la *Loi Naturelle*, on n'y voit plus une converſation
ſecrette, mais une attaque ouverte de la
révélation. Rien donc n'étoit plus équitable que de le confondre , comme ont
fait pluſieurs Théologiens.

Les corrections , & les notes dont M.
de V. a accompagné ſes Vers ne méritent
pas une nouvelle réponſe. Il nous dit que
Julien l'Apoſtat ne s'eſt jamais écarté de
la *Loi Naturelle*, c'eſt-à-dire, qu'un Prince,

rebelle à l'Empereur son Oncle, avec le projet d'usurper son Tróne ; qu'un Sophiste ambitieux, qu'un Prince superstitieux, jusqu'à chercher l'avenir dans les entrailles des femmes qu'il faisoit égorger, a toujours été fidele à la Loi !

M. de V. a inféré au bas des pages quelques petits correctifs pour interprêter quelques endroits visiblement injurieux à la Religion ; mais en vain : ils ne sont point susceptibles d'Apologie. Il seroit d'ailleurs fort commode de déclamer impunément contre des vérités respectables, s'il suffisoit de dire ensuite : *je donne tel sens à ma Satyre.* Non, on juge l'ouvrage sur son plan, son style, son tissu, sur la liaison avec les autres écrits d'un Auteur ; & sous ce point de vue, l'Auteur du Poëme de la Religion naturelle est inexcusable.

§. IV.

Des Mélanges Philosophiques.

M. de V. est inépuisable dans ce genre de littérature. Naturellement gai & saillant, il y répand tout le feu de son génie. Mais est-ce assez de montrer de l'esprit ? ne faut-il pas de la décence & du jugement. Les Pieces fugitives en Vers sembleroient mériter quelque indulgence à cause des inattentions qui peuvent s'y glisser, si les objets de la Religion n'exigeoient pas la justesse la plus rigoureuse. Mais des

lambeaux de réflexion, propofés comme
un élixir & de faine critique, demandent
une difcuffion plus exacte encore. Nous
ne prendrons pour exemple des écarts de
M. de V. que le Chapitre des *contradictions de ce monde* ; c'eft-à-dire, des ufages des mœurs, des fentiments qui ne font
point conféquents. Il n'eft pas befoin de
réfléchir profondément pour en remplir
quatre pages. M. de V. n'avoit qu'à pui-
fer dans les fix Volumes de M. de *Saint-
Aubin* fur l'opinion, il y auroit trouvé
un Recueil des opinions les plus fingulieres & les moins conféquentes. Mais quand
il en auroit formé un Volume immenfe,
qu'en réfulteroit-il ? Ce que-perfonne n'i-
gnore, c'eft-à-dire, que les hommes va-
rient dans leurs ufages, & n'agiffent pas
toujours fuivant leurs principes. Au refte,
il n'a pas été heureux dans fon choix ;
& il eft intéreffant, pour la fingularité
du fait, de montrer que les contradictions qu'il cite de préférence n'en font
pas. Il n'y a point d'inconféquence
dans le pouvoir du grand Turc qui fait
couper la tête à des Janiffaires qui ont
fouvent abbatu la fienne ; dans le Pape
qui envoie des ordres fpirituels jufques
en Amérique, & qui ne peut ôter un privilege temporel à la République de Luques ;
dans le Roi des Romains, qui par ce
titre eft défigné Fmpereur, & dans les hon-
neurs que les Empereurs & les Rois ont
fouvent voulu rendre au chef de l'Eglife

en tenant l'étrier ; dans les Anglois qui
servent leur Roi à genoux , tandis qu'un
Parlement factieux & rébelle lui fait son
procès , &c. De pareilles équivoques ne
mériteroient pas d'être rélevées ; mais M.
de V. ayant prétendu donner dans ces
lambeaux une justesse & une profondeur
de réflexions , il est bon de lui en montrer le foible ; car rien n'est moins incon-
séquent , que ce qu'il regarde comme les
inconséquences de ce monde.

» Si un pauvre Philosophe , ajoute M.
» de V. , qui ne pense pas à mal , s'avise
» de vouloir faire tourner la terre , ou d'i-
» maginer que la lumiere vient du Soleil ,
» ou de supposer que la matiere pour-
» roit bien avoir quelques autres propriétés
» que celles que nous connoissons ; on crie
» à l'impie , au perturbateur du repos pu-
» blic : & on traduit , *ad usum Delphini*
» les Tusculanes de *Ciceron* & de *Lucrece* ,
» qui sont deux cours complets d'irré-
» ligion. »

M. de V. ne se lassera-t-il jamais de
répéter le trait (fort équivoque dans ces
circonstances) de *Galilée* ? Et ne diroit-on
pas que le système de *Copernic* est proscrit comme un impiété ? que gagne un
Philosophe dans une imputation aussi dé-
raisonnable ? il montre son préjugé , &
l'envie de contredire. A l'égard de l'impiété qui fait venir la lumiere du Soleil ,
c'est une parfaite énigme. Seroit-ce parce
que dans l'ordre de la création , la lumiere

fut produite avant le Soleil ? Il n'en eſt
pas le créateur & le principe ? Mais il
l'excite, il la met en mouvement, il
nous la montre enfin ; & pour un Philoſophe ce ſeroit rafiner en ſcrupule, que
de n'oſer dire que la lumiere vient du
Soleil.

Il n'en eſt pas de même de celui qui voudroit ſuppoſer dans la matiere d'autres
propriétés que celles que nous connoiſ-
ſons, ou plutôt (pour parler nettement)
qui dit que la matiere peut penſer, c'eſt
dire que l'ame peut-être matérielle &
mortelle. Quand ce pauvre Philoſophe ne
penſeroit point en mal, on dira toujours
que ce ſyſtême eſt contraire à la Religion
& à la raiſon ; & que de tous les principes, le plus déteſtable, le plus oppoſé
aux bonnes mœurs, & au bien même temporel de l'Etat, eſt celui qui donne atteinte
à l'immortalité de l'ame. Point de contradiction entre cette conduite & les Livres
anciens qu'on met entre les mains de la
jeuneſſe, puiſqu'on en ôte auparavant
l'indécence & l'impiété. A l'égard de la
Mythologie, on la donne comme les fables d'*Eſope*. Les Livres de l'antiquité n'ont
jamais formé un impie dans les Colleges ;
& les Livres des Philoſophes forment chaque jour mille incrédules dans le monde.

„ Il y auroit de la folie, dit M. de V.
„ à vouloir que les montagnes, les mers,
„ les rivieres, fuſſent tracées en belles
„ figures régulieres. Il y auroit encore

„ plus de folie de demander aux hommes
„ une fageſſe parfaite ; ce ſeroit vouloir
„ donner des aîles à des chiens , ou des
„ cornes à des aigles.

Les Montagnes & les Mers forment des figures régulieres puiſqu'elles ſont rélatives au plan de l'Univers & aux beſoins des hommes. Elles ne forment pas des cercles ou des courbes , parce qu'elles ne ſont pas deſtinées à orner le cabinet d'un Géometre ; il y auroit de la folie à le vouloir. Mais il n'y a point de folie à demander aux hommes qu'ils ſe conduiſent ſuivant les regles de la ſageſſe ; c'eſt leur deſtination. Très-ſouvent ils s'en écartent , parce qu'ils ſont libres , & qu'ils n'aiment pas l'ordre ; mais on doit les y ramener. En un mot les cornes ne ſont point pour les aigles , ni les aîles pour les chiens ; mais la ſageſſe eſt pour l'homme.

Que n'aurions-nous pas encore à dire ſur les petits Romans de M. de V. , dont la moindre critique qu'on en puiſſe faire eſt l'indecence & la groſſiéreté. On dit que quelques-uns ſont les allégories de ſes avantures , & qu'il a voulu faire croire par là qu'il poſſédoit tous les talents comme toutes les ſciences. Mais quel eſt le grand homme qui ambitionne jamais de voir ſa vie écrite en Roman , fût-ce même de ſa façon ? Les Anecdotes , qui en ſont la clef , s'oublient , & l'on n'entend plus rien au Roman. Ceux qui

n'ont

que des soupçons regardent l'Auteur comme un fabuliste & son histoire comme une fable.

§. V.

Du Poëme de la Pucelle & de quelques autres infamies de ce genre.

Si M. de V. avoit obstinément nié ses Vers infames sur Jeanne d'Arc, ainsi que l'Epitre à Uranie, l'équité demanderoit qu'on n'imputât pas à un Auteur, sans des preuves certaines, un libelle qu'il désavoue ; mais il reconnoît en partie le Poëme de la *Pucelle.* Après s'être plaint de ce qu'on a défiguré son *Siecle de Louis XIV* & son *Histoire Universelle :* ,, Je pourrois me ,, plaindre, que les fragments d'une plai- ,, santerie faite, il y a plus de trente ans ,, sur le même sujet, que *Chapelain* eut la ,, bêtise de traiter sérieusement, courent ,, aujourd'hui le monde, par l'infidélité ,, & l'avarice de ces malheureux, qui ont ,, mêlé leurs grossiéretés à ce badinage ; ,, qui en ont rempli les vuides avec autant ,, de sottise que de malice ; & qui enfin ,, au bout de 30 ans vendent par-tout en ,, manuscrit, ce qui n'appartient qu'à eux, ,, & ce qui n'est digne que d'eux. (*Lettre* ,, *à M. Rousseau* à la suite de *l'Orphelin* ,, *de la Chine.*)

,, On le sait, nul ouvrage où des plumes ,, infidelles ne puissent insinuer leur venin, ,, pour en faire retomber le blâme sur

„ un Auteur innocent. Mais le Poëme de
„ la *Pucelle* eſt un tout ſi ſuivi, & dans
„ le plan & dans l'exécution, & dans la
„ Poéſie, qu'on ne peut y ſuppoſer ces
„ prétendues additions ; ſentiments ,
„ images, Anecdotes , fictions , tout y
„ eſt analogue, marqué au coin de l'irré-
„ ligion & de la volupté. Pour ſe laver
„ aux yeux du Public, que M. de V. lui
„ donne cette plaiſanterie innocente de ſa
„ jeuneſſe, telle qu'elle ſortit de ſa plume,
„ & ſi elle eſt décente & réſervée, alors
„ on ne ſera plus indigné, que contre le
„ fauſſaire, qui l'a ſi horriblement défigu-
„ rée. „ Voilà ce que diſoit un critique en
1756. M. de V. a obéi en 1762 mais ce
n'a pas été pour ſa gloire. Les plaiſanteries
qu'il y a laiſſées ne ſont rien moins qu'innocentes. Il prétend ſe juſtifier dans une
belle Préface par l'exemple du *Pulci* ,
par celui du *Morgante* de l'*Arioſte* & de
la *Fontaine*. „ Ce qui me conſole, dit-il,
„ beaucoup , c'eſt qu'on trouvera bien
„ moins de choſes hardies, & libres, que
„ dans tous les grands hommes d'Italie
„ qui ont écrit dans ce goût. „ M. de V.
ſe conſole à bon marché. D'ailleurs le
ſujet de conſolation eſt imaginaire. Il eſt
prouvé par cette Préface que la *Pucelle*
eſt de M. de V. „ Ce Poëme Héroïque
„ & moral, dit-il, fut compoſé vers l'an
„ 1730, comme les Doctes le ſavent, &
„ comme il appert par pluſieurs traits de
„ cet Ouvrage. Nous voyons dans une

„ lettre de 1740 , imprimée dans le recueil
„ des opuscules d'un grand Prince sous le
„ nom de *Philosophe de San-souci* , qu'une
„ Princesse d'Allemagne à qui on avoit
„ prêté le manuscrit , fut si édifiée de la
„ circonspection qui regne dans un sujet
„ si scabreux , qu'elle passa un jour &
„ une nuit à le faire copier , & à trans-
„ crire elle-même tous les endroits les
„ plus moraux. C'est cette même copie qui
„ nous est enfin parvenue. On a souvent
„ imprimé des lambeaux de notre Pucelle,
„ & les vrais amateurs de la Saine Lit-
„ térature ont été bien scandalisés de la
„ voir si horriblement défigurée. Des
„ Editeurs l'ont donnée en quinze Chants,
„ d'autres en seize, d'autres en dix-huit,
„ d'autres en vingt-quatre, tantôt en rom-
„ pant un Chant en deux , tantôt en rem-
„ plissant des lacunes par des Vers que
„ le Cocher de *Vertamont* sortant du ca-
„ baret auroit désavoués. „

Il y a encore bien des Vers dignes de
ce Laquais, & l'Auteur n'est pas moins
coupable au tribunal de la Religion qu'à
celui de la société. Premiérement il s'est
manqué à lui-même. Son impiété la plus
réfléchie , le cœur le plus avili dans la
volupté , le front le plus audacieux y
est réfléchi comme dans un miroir fidele.

Qu'il y ait de tels hommes, cela n'est
pas surprenant pour qui connoît la profondeur de l'iniquité : Mais que de tels
hommes peignent eux-mêmes leur noire

image à tous les Siecles, c'est un plaisir misérable, & une sotte gloire qu'on ne peut définir ni comprendre.

II. Cet Auteur a manqué au génie. Un Poëme est le récit de certains faits héroïques. Si ces faits ne sont que les châteaux des fées, ou des avantures si licencieuses qu'à peine trouveroient-elles place dans ces recueils de contes obscénes, scandales de la jeunesse & l'objets de l'exécration de tous les Siecles ; ce ne sera plus un Poëme, mais la production d'un *Sotade*. Il ne faut pas l'ombre de génie, pour vomir des ordures dont les halles rougiroient. Les *Catules* & les *Ovides* pallioient mieux leurs excès, & en comparant le Roman de la *Pucelle* à leurs ouvrages les plus libres, on verra dans les uns une plume presque décente & châtiée ; & dans les autres le Paganisme sans réserve & sans frein.

III. Cet Auteur a manqué je ne dis pas à la Religion seulement mais à la raison. On doit répondre avec modération & zele à tout Philosophe incrédule, & même Athée s'il peut y en avoir. Mais que sans raisonner on accumule des grossiéretés & des bouffonneries où la lubricité le dispute à l'irréligion, c'est un genre si misérable, qu'on ne lui doit que le silence & le mépris. En effet, comment détruire des outrages (osons le dire) pleins de brutalités, rien de Sacré n'en est à l'abri. Point de vérité, point de Trône, point de sanctuaire, qui ne puisse être provoqué & infulté par ces nouveaux *Rabfaces*.

Enfin l'Auteur a manqué au Public. On ne peut fans frémir d'indignation fe rappeller les traits impudents de certains Cyniques. Au lieu de confondre par des arguments fenfés cette audace (prétendue Philofophique) il auroit fallu la punir févérement , comme un crime qui violoit toutes les regles de la bienféance & les égards de la fociété. Le Libelle de la *Pucelle* eft peut-être plus coupable encore. *Cratés* devoit être regardé comme un infenfé ; & fes actions ne pouvoient non plus féduire que les extravagances des petites maifons. Ce libelle réunit dans une Poéfie travaillée , les leçons , les Images , le fel, l'ironie, & tout ce qui peut allumer l'indécence , enlever les mœurs , corrompre la jeuneffe. Ce n'eft plus fimplement une faillie , une licence de Roman ; c'eft un crime qui ravage la fociété , & dès lors digne des plus féveres chatiments.

Cette production affreufe a été la mere d'une foule d'autres. On a vu le *Balai* , la *Chandelle d'Arras* , le *Compere Matthieu* , *Irus le favetier*, & d'autres noirceurs, fruits d'un cœur corrompu & d'un efprit monftrueux. Les gens fenfés ont gémi fur ces livres infernaux ; mais les libertins s'en font nourris & s'en nourriffent encore.

C j

§. VI.

Des Ouvrages Hiſtoriques de M. de V.

Nous avons caractériſé, avec le plus de juſteſſe qu'il nous a été poſſible, *l'eſſai ſur l'hiſtoire générale*, dans nôtre Préface & dans l'article *Boſſuet* ; venons à préſent au *Siecle de Louis* XIV. Nous en porterons le même jugement que M. l'Abbé *Guyon*, dont nous emprunterons les paroles.

L'Ouvrage fut annoncé comme la plus brillante Comette qui eût jamais paru. On n'en vit durant un mois que deux exemplaires, envoyés l'un à une Dame, l'autre à un Miniſtre, qui tenoient les deux premiers rangs à la Cour. C'étoit un beau ſtratagême d'Auteur & de Libraire, pour faire déſirer le livre avec plus d'avidité. L'artifice réuſſit. Inſenſiblement on en lâcha quelques exemplaires, qui furent vendus au poids de l'or ; & cette premiere édition produiſit une ſomme conſidérable. Mais l'honneur ne fut pas ſi flatté que l'intérêt.

On ſe recria contre les fauſſetés dont le livre étoit rempli, ſur la foi & contre l'honneur des perſonnes les plus reſpectables. Pluſieurs familles illuſtres ſe plaignirent de diverſes imputations qui les offenſoient. Les gens inſtruits ne ſe retrouverent point dans ce qu'ils ſavoient d'origine ou de bonne part : & qui s'y feroit attendu ? Un ennemi déclaré publia une édition de l'ouvrage, accompagnée de notes critiques, fur le fond, fur la juf-teffe des jugements, fur la pureté du langage, & de fa plume fortoient des vé-rités affaifonnées du fiel le plus amer.

Néanmoins, difoient les juges équita-bles, l'Ouvrage étoit admirablement écrit; il montroit un génie méthodique, lumi-neux; à peu de chofes près, il embraf-foit la matiere dans toute fon étendue. Le feul titre des chapitres la développoit déjà à l'efprit. Il falloit feulement les con-vertir en livres, & leur donner toute l'étendue qu'ils demandoient. Pour con-fommer l'œuvre en grand Maître, il ne s'agiffoit que de remplir un canevas fi ha-bilement tracé ; & l'Auteur en étoit par-faitement capable.

Mais il s'eft négligé dans l'exécution, & il a oublié qu'il devoit folidement inf-truire fes lecteurs. L'introduction par la-quelle il entre en matiere, eft d'une mai-greur extrême. Elle étoit inutile, & elle ne peut être bonne que pour un Ecolier fortant du College. Le premier chapitre de l'Hiftoire, qui regarde le Prince de *Condé* & M. de *Turenne*, eft une efquiffe admirable, formée par les traits les plus hardis & les plus grands ; mais il n'y en a pas un de rempli. Trois pages des mé-moires du Cardinal de *Retz* m'en appren-nent plus que trois longs chapitres, qui traitent des troubles de la fronde , & du miniftere du Cardinal *Mazarin*. Rien de vif & d'intéreffant dans les premieres campagnes de *Louis* XIV. Le fameux paffage du Rhin , fi noblement chanté par *Boileau* , la conquête de la Flandre & d'une partie de la Hollande , ne préfentent ici qu'une guerre de marionettes , ou l'expédition fabuleufe de *Bacchus* , de *Silene* & de leurs troupes , qui vont conquerir les Indes. Il femble que c'eft une main ennemie & jaloufe , qui jette des ridicules , pour faire tomber les Couronnes que méritoient le jeune Monarque & les Héros qui combattoient fous fes enfeignes : la fuite répond à ces premiers chapitres. Qu'on life avec attention , difoient les connoiffeurs ; & l'on verra fi nous en impofons.

Au lieu de s'attacher à fon fujet , M. de V. femble avoir fait fon capital d'embellir les ornements poftiches qu'il y ajoute. Pourquoi, a-t-on dit, voler, dans un extrait, fucceffivement en Allemagne , en Efpagne, en Hollande , en Suede , en Angleterre, pour nous en raconter quelques traits qui n'ont qu'un rapport éloigné au fujet principal. On préfente à mes yeux avec une rapidité incroyable une fuite de faits importants que je voudrois entendre , & l'on ne me dit qu'un mot de chacun ; on écrit pour m'inftruire , & l'on ne m'apprend rien. C'eft une foule d'éclairs qui m'éblouiffent & qui me laiffent dans les ténebres.

Le regne de *Louis* XIV ne méritoit-il pas bien la peine que l'on avoit prife pour celui de *Charles* XII ?

L'Hiftoire du Monarque Suédois a été beaucoup mieux traitée que celle du Prince François. ,, Elle eft lue & goûtée de tout le » monde, dit l'Abbé *des Fontaines*, foit pour » les faits qu'elle contient, foit pour la » maniere agréable dont ils font contés. » On a reproché à *Q. Curce* d'avoir don-» né un air de Roman à fon Hiftoire » d'*Alexandre*, d'avoir fait plufieurs fautes » contre la vérité Hiftorique, & contre » la Géographie. *Charles* XII a fait des » chofes fi fingulieres, & a parcouru » tant de vaftes pays, qu'il ne feroit pas » furprenant que la même accufation fe » renouvellât contre l'Hiftorien de ce Hé-» ros. Ce qu'il y a de certain c'eft que M. » de V. a travaillé fur les Mémoires qui » lui ont été fournis, & fur les récits de » quelques Officiers qui avoient fervi, fous » le conquérant du Nord. » Si d'autres rélations font contraires, la queftion eft de favoir lefquelles doivent avoir plus d'autorité.

L'Hiftoire du Czar *Pierre* n'a pas fouffert les mêmes difficultés, mais elle a éprouvé d'autres critiques très-juftes. Lorfque cet ouvrage vit le jour en 1761, on fit paroître une lettre de Pierre le Grand à M. de V., dans laquelle il lui parle ainfi de fon ouvrage.

» Ce qui m'étonne le plus, c'eft le ton

» de Panégyrique, qui y regne d'un bout
» à l'autre. Vous me louez perpétuelle-
» ment, moi qui ne louai jamais personne.
» Vous répétez mille fois que je fus un
» grand homme ; je ne m'en étois pas
» douté, je ne puis croire que l'Univers
» pense comme vous. Je suis persuadé
» qu'il y a encore de justes appréciateurs
» des talents, du mérite & de la vertu.
» Aujourd'hui que mon ame dégagée des
» sens est indépendante des passions, je
» condamne presque toute cette vie que
» vous admirez ; je ne trouve presqu'au-
» cune de mes actions, qui soit conforme
» à cette raison éternelle qui m'éclaire à
» présent. Jugez donc de quel œil je dois
» regarder ces louanges, ces admirations,
» ces étonnements, qu'on pardonneroit
» à peine à un enfant ou à un Parisien.

» Est-il possible que vous ne puissiez
» vous en défaire encore, vous Histo-
» rien grave, vous Précepteur des Rois,
» vous Philosophe septuagenaire ? Et que
» vous dirois-je de vos répétitions ? Vous
» alléguerez peut-être votre grand âge,
» pour justifier le double emploi des prin-
» paux faits de votre *Charles* XII qui
» n'est pas plus content de vous que moi.
» Mais je ne vous pardonne point d'a-
» voir mis dans ce dernier ouvrage les
» mêmes réflexions qu'on trouve dans tous
» ceux que vous avez écrits, & dont la
» plupart ne devroient être dans aucun ;
» réflexions dont le moindre défaut est

„ de n'avoir aucun rapport au sujet. Je
„ ne vous pardonne pas d'avoir défiguré
„ la vérité par amour de l'antithese, &
„ du merveilleux.

„ J'aurois souhaité pour votre gloire &
„ pour la mienne, que cette histoire n'eût
„ pas été publique dans ce sejour. Il
„ m'a fallu essuyer toutes sortes de brocards.
„ *Des Fontaines* qui la considere du
„ côté du style, dit qu'il n'est ni concis,
„ ni correcte. *Fontenelle* qui la lit en hom-
„ me de goût, ne trouve ni justesse dans les
„ pensées, ni délicatesse dans les expres-
„ sions. *Montesquieu* qui la lit en poli-
„ tique, est indigné des éloges que vous
„ donnez à la tyrannie que j'établis dans
„ mes états. *Pan* le plus vertueux des lé-
„ gislateurs, ne reconnoît plus l'ancien
„ panégyriste de ses loix si fort opposées
„ aux miennes. Il me reproche sans cesse
„ d'avoir plus travaillé pour ma gloire
„ que pour le bonheur de mes peuples.
„ Il m'objecte continuellement sa Pensil-
„ vanie & ses Quakers.

„ Vous ne sauriez croire t... es les cri-
„ tiques qu'on fait ici sur le titre, sur
„ la division par chapitres, sur les som-
„ maires, &c. l'un traduit le titre par
„ *mensonge oratoire sur un Roi, par un*
„ *menteur averé*. L'autre ose me nommer
„ *le Roi Chapitre*, & prétend que mon
„ historien m'a fait subir le supplice de
„ dix mille morceaux dont vous parlez à
„ la page 99. Celui-ci après avoir lu les

» fommaires ne veut plus lire les chapitres,
» qui felon lui n'ont plus même l'agré-
» ment d'une Gazette. Cet autre affure
» que ce n'eft là qu'une feconde édition,
» la premiere ayant été débitée en entier
» en Ruffie où le débit bien affuré vous
» mettoit à même de plaider, contre vos
» critiques, les mains garnies. J'avois acquis
» quelque eftime dans ce pays-ci ; vous
» me l'ôtez. J'avois bien affaire du ver-
» tige d'un vieillard pour me voir ainfi
» le jouet des vivants & des morts. »

On reproche encore à l'Auteur de *l'hif-toire du Czar Pierre* & du *Siecle de Louis XIV.* que la plùpart de fes Anectotes ren-ferment tout ce qui devoit être banni de fes ouvrages, fuivant le fyftême qu'il s'é-toit fagement propofé. On trouve pref-qu'à toutes les pages *des petits details domeftiques , qui amufent feulement la curiofité , des foibleffes qui ne plaifent qu'à la malignité.* Il a oublié d'écarter le fri-vole, de réduire l'exagéré, & de combattre la fatyre, comme il l'avoit promis.

BERTIER.

Ses démêlés avec M. de V.

Le P. *Bertier*, Auteur du *Journal de Trevoux*, ayant rendu un compte jufte & exact de divers Ouvrages impies de M. de V. celui-ci ne garda quelque temps

le silence que pour faire éclater ses plaintes
avec plus de force. Dans une longue Jéré-
miade qu'il joignit à son Ode sur la mort
de Mad. la Margrave de *Bareith*, M. de
V. fit une violente sortie contre le P.
Bertier. „ Quel emploi, dit-il, pour un
„ prêtre, pour un Religieux, de vendre
„ tous les mois à un Libraire un recueil de
„ médisances & de jugements téméraires.
Mais le Pere *Bertier* lui répondit que quand
on avoit loué sa *Henriade* son histoire de
Charles XII & son Poëme de *Fontenoi*,
il ne se plaignît point qu'un tel emploi
fût indigne de la dignité sacerdotale. Il
prouva qu'il n'avoit blâmé que des ouvrages dignes de la répréhension publique.

M. de V. au lieu de se rendre aux sages
réponses de son adversaire publia contre
lui une sale brochure, sous le titre de
Relation de la maladie, *de la confession*
de la mort, *& de l'apparition du Jésuite*
Bertier. Il lui dit : „ ce qui excite sur tout
„ la colere parmi les fideles, c'est cette
„ confiance, avec laquelle vous décidez
„ de tout ce que vous n'entendez point.
„ Ce vice prend visiblement sa source dans
„ deux péchés mortels ; l'un est l'orgueil,
„ & l'autre l'avarice. N'est-il pas vrai
„ que vous faites votre livre pour de l'ar-
„ gent, & que vous êtes atteint de la
„ superbe, quand vous critiquez mal-à-
„ propos l'Abbé *Vely* & l'Abbé *Coyer*,
„ & l'Abbé d'*Olivet*, & tous nos bons
„ Auteurs ? „

M. de V. se fait ici le Don *Quichotte* de quelques Ecrivains, qui ayant été critiqués avec politesse & avec modération, & qui d'ailleurs sachant être modestes ne se sont jamais plaints des censures du Pere *Bertier*. Il attribue ces censures à l'intérêt, & jamais homme n'a été plus désintéressé. Les ennemis des Jésuites lui ont rendu justice. La vie du Pere *Bertier* a toujours été pénitente & austere, son cabinet est une cellule. Nous ne disons ici que ce que tout Paris sait. Ce qui avoit irrité quelques Philosophes contre le Pere *Bertier*, & ce qui servit à répandre les Erochures Satyriques de M. de V., c'est que les Encyclopédistes avoient à se plaindre de ce Journaliste. Lorsque le premier vol. de leur magasin immense parut, il n'y vit que larcins, que dictionnaires mis à contribution, que pages entieres prises de tous côtés, tronquées, imitées, ou même copiées mot pour mot. Il révendiqua, pour son confrere le P. *Buffier*, les articles *agir & amitié*, donnés comme la preuve de la métaphysique claire & profonde de l'Abbé *Yvon*. Il produisit les originaux qu'on avoit défigurés. Plusieurs plagiats furent mis au jour. Enfin il dévoila si bien le foible de ce Dictionnaire, qu'il fit naître dans le cœur de ses Auteurs un ressentiment qui dure encore.

Les Encyclopédistes montrerent leur dépit dans l'avertissement de leur troisieme vol. Ils éclaterent contre ce *Journaliste* peut-être plus orthodoxe que *Logicien*, mais certainement plus mal intentionné qu'ortodoxe. ils s'étonnent qu'un *écrivain qui entreprend de juger seul, ou presque seul, de tout ce qui paroît en matiere d'arts & de sciences*, trouve fort étrange qu'une société considérable de gens de lettres & d'artistes ait pu même commencer un tel ouvrage, *Pourquoi la nature n'auroit-elle pas répandu sur plusieurs ce qu'elle a pu réunir sur un seul*. Mais il est faux que le Pere *Bertier* travaillât seul au Journal de Trevoux ? On sait qu'il a toujours eu des associés & parmi lesquels il s'est trouvé souvent des personnes du premier mérite.

D'ailleurs un homme studieux qui a travaillé toute sa vie, est plus capable de juger sainement, dans un petit livre périodique, de la partie qui l'a occupé, qu'une société de gens de lettres, dont les intérêts sont différents & dont les occupations sont partagées, ne l'est de composer 20 vol. in-fol. Un ouvrage de plusieurs mains (dit M. l'Abbé *Saas*, dans la critique de l'Encyclopédie,) se fait à la hâte & chaque travailleur ne s'y intéresse que médiocrement. Il en résulte un grand défaut, c'est que différents ouvriers qui s'entendent mal, composent sous différents titres, différents articles, qui reportés à la masse, sont employés par un reviseur peu attentif ou peu éclairé. Il est impossible qu'il y ait un reviseur de l'Encyclopédie au fait de toutes les matieres qui y sont

traitées, & voilà d'où proviennent les répétitions, les contradictions, les bévues qui
s'y rencontrent. Il y a du bon, du médiocre, du mauvais, du vieux, du neuf,
du régulier, de l'irrégulier ; en un mot
l'ordonnance en eſt telle qu'on y remarque aiſément la vérité de ce que dit M.
Deſcartes dans ſa méthode. „ Les bâti-
„ ments qu'un ſeul Architecte a entrepris
„ ont coutume d'être plus beaux & mieux
„ ordonnés que ceux que pluſieurs ont
„ tâché de raccommoder, en faiſant ſervir
„ de vieilles murailles qui avoient été bâ-
„ ties à d'autres fins. Ainſi ces anciennes
„ cités qui n'ayant été au commencement
„ que des Bourgades ſont devenues par
„ ſucceſſion de temps de grandes villes,
„ ſont ordinairement ſi mal compaſſées,
„ au prix de ces places régulieres, qu'un
„ Ingénieur trace à ſa fantaiſie dans une
„ plaine, qu'encore que conſiderant leurs
„ édifices chacun à part, on trouve ſou-
„ vent autant ou plus d'art que dans ceux
„ des autres, toutefois voir comme ils
„ ſont arrangés, ici un grand, là un
„ petit, & comme ils rendent les rues
„ courbées & inégales, on diroit que c'eſt
„ plutôt la fortune que la volonté de quel-
„ ques hommes uſant de raiſon qui les
„ a ainſi diſpoſées. „
On ne doit donc pas être étonné que
l'*Encyclopédie* ſoit mal exécutée, mais un
Journal peut l'être bien parce qu'il n'eſt
pas queſtion dans cet ouvrage d'approfondir
les

les matieres comme dans l'autre, & que
le Livre étant petit, la vue ne s'égare pas
dans une immensité d'objets.

xxxxxxxxxxxxxxxxxxxxxxxxxxxxxxxxxxxxxxxxxxxx

BOILEAU.

*Son Apologie ; Digression sur la Critique
Litteraire.*

CE souverain Législateur du Parnasse est
cruellement traité depuis quelque temps.
On a même couronné une *Epitre* dans
laquelle on faisoit un étrange portrait de
ce fameux Satyrique. Ce portrait faux,
chargé, ridicule, rempli de contrariétés
& d'inconséquences, fut beaucoup applaudi par la plùpart des Juges modernes.
Faut-il s'en étonner. M. de V. l'oracle
du Siecle avoit porté les premiers coups
dans son discours à l'Academie où il dit
que *Boileau* étoit *incapable du sublime
qui éleve l'ame & du sentiment qui l'attendrit.* Examinons ce jugement d'après un
critique célebre.

Qu'est-ce que le sublime ? C'est la perfection de la pensée ou du sentiment. Il
enleve l'admiration de quiconque est né
pour sentir. On peut être sublime, non
seulement dans la *Henriade*, dans le
Temple de la gloire, mais dans une fable
de la *Fontaine* ; enfin dans tous les ouvrages qui sont susceptibles d'une grande
pensée ou d'un grand sentiment. Pour
prononcer qu'un Auteur n'est pas sublime,

Tome I. D

Il faut demander auparavant si la matiere qu'il a traitée comportoit le sublime. Quand *Despréaux* dans quelques-uns de ses ouvrages, n'auroit pas le sublime dont on parle, on ne feroit point en droit de prononcer qu'il étoit incapable de sublime. Il a été sublime quand il a pu & qu'il l'a dû l'être. Qu'on lise le passage du Rhin, plusieurs morceaux du quatrieme Chant de l'*Art Poétique* ; plusieurs du *Lutrin*, on verra s'il étoit incapable du sublime qui éleve l'ame.

M. de V., qui n'est pas du tout satyrique, en veut sur-tout beaucoup aux *Satyres* du Poëte, & il prétend qu'elles ne l'immortaliseront pas. Je crois qu'il est le premier qui ait hazardé cette idée singuliere : & combien d'échos l'ont répétée d'après lui ? Mais empêchera-t-elle que les *Satyres* de notre *Horace* François n'aient dans leur genre tout le mérite de celles de l'ancien ; que l'on n'y trouve le bon sens, le sel & le goût précieux qui caractérisent celles du Romain ; que l'on n'y reconnoisse par-tout un Poëte ami du vrai, ennemi déclaré du vice & du mauvais goût, armé contre l'un avec force, & contre l'autre avec discernement ; la huitieme & la neuvieme sur-tout, sont des chefs-d'œuvres soutenus d'un bout à l'autre par la justesse du raisonnement, par la pureté & l'élégance du style, par la force & la délicatesse des pensées, & enfin par l'harmonie de Vers, les meilleurs qui aient été faits dans notre langue, sans même en excepter ceux de la *Henriade*. La onzieme, fruit de la vieillesse d'un grand Poëte & d'un homme de bien, est à la vérité, inférieure aux premieres pour l'exécution; mais on y reconnoît encore la force de son pinceau, la légéreté de sa satyre, & l'exactitude de sa versification.

Les censeurs de *Despréaux* se tournent d'un autre côté, & comme ils ont l'ame fort timorée, ils prétendent que le genre satyrique auquel il s'étoit adonné, étoit également contraire à la probité & à l'honneur. Mais ils devroient faire réflexion qu'en étant le fleau des mauvais Auteurs, il fut toujours l'ami de la vertu. Il ne calomnia pas leurs mœurs; il ne fouilla pas dans tous les replis de leur vie, il ne les couvrit pas d'opprobres; ainsi qu'ont fait d'autres Écrivains à l'égard de MM. *Rousseau* de Paris & de Geneve, *Maupertuis*, le *Franc* de *Pompignan*, des *Fontaines* &c. Loin de donner dans la licence de ses prédécesseurs, & de ceux qui sont venus après lui, il assujettit ce genre de Poésie aux loix de la pudeur la plus scrupuleuse. Son plan fut d'attaquer le vice en général, mais sans faire rougir la vertu, & de censurer les mauvais Auteurs en particulier en épargnant l'honnête homme. Ainsi on trouvoit avec plaisir, dans ses Satyres, le bon sens, le sel & le goût précieux des anciens, sans être rebuté par la grossiéreté

des expreffions , ou la turpitude des
chofes.

Il ne fera pas peut-être hors de propos
d'examiner à cette occafion , fi la critique
Littéraire telle que *Boileau* l'a exercée doit
être permife , quand elle fe renferme dans
les bornes de l'honnêteté & qu'elle ne
tombe ni fur la famille ni fur les qualités
intérieures d'un Auteur. Et comment ofe-
roit-on dire le contraire , quand on fait
les réflexions fuivantes ? (Ceci eft tiré en
partie de l'article *R.*. , du *Nécrologe des
hommes célebres.*) Ou la critique eft mal
fondée & dès-lors elle tombe d'elle-même,
& ne peut nuire qu'à fon Auteur ; ou
elle eft jufte , & par conféquent elle étoit
néceffaire. Il importe très-peu à la légiflation qu'un Citoyen faffe bien ou mal
des Vers, & la protection des loix n'eft due
qu'à ceux qui pourroient être attaqués,
ou dans leur état , ou dans leur honneur.
Qu'un Maçon , par exemple ,

Ouvrier eftimé dans un art néceffaire.

Soit troublé dans l'exercice de fa profeffion ; c'eft un homme utile qui mérite
d'être foutenu. Il a été reçu dans fon
corps , conformément à des ftatuts pref-
crits par la légiflation même , après des
titres d'apprentiffage fuffifants , & fur un
examen de fa capacité , dans lequel on ne
peut fuppofer de prévarication. L'inquié-
ter dans la paifible poffeffion de fon état,
ou dans la réputation qu'il peut avoir

acquise par un travail qui le fait vivre, c'est lui ôter les moyens de subsister dans une condition honnête, & d'ailleurs avouée par les loix.

Mais un homme qui se donne pour appellé aux arts de pur agrément ; un rimeur inutile, qui se pique d'être très-supérieur à ses semblables, & qui, pour le prouver, tyrannise de ses productions le Public qui ne l'en sollicitoit pas, se trouve placé par justice entre la gloire & le ridicule. Le bel esprit est un luxe ; il est libre à chacun de l'afficher, mais à condition de voir l'affiche tournée en dérision, si elle est téméraire. L'amour propre d'un mauvais Auteur bien critiqué n'a aucune protection à réclamer tant qu'on ne l'attaquera pas en sa qualité de Citoyen.

Tous les jours, sans que personne se scandalise, on voit des Médecins & des Chirurgiens s'accuser réciproquement d'ignorance dans des journaux & d'autres écrits de ce genre. Si les critiques cependant peuvent être regardées comme cruelles, c'est lorsqu'elles portent sur des gens, qui après avoir rempli de certaines formalités, établies par une administration sage, ont été jugés dignes de veiller à la conservation de leurs semblables. Donner la moindre atteinte à leur réputation, c'est leur ôter la confiance publique, & par conséquent les moyens de vivre ; c'est flétrir l'honneur de la société

dont ils font membres, ou taxer d'infuffifance les formes prefcrites par les loix, pour
être admis à l'exercice d'une profeffion néceffaire ; c'eft, en un mot, allarmer tous les
Citoyens. Il ne s'éleve cependant aucune
voix contre ces querelles, qui, dans le
fond, font plus utiles que dangereufes,
parce qu'en excitant l'émulation des Savants, elle tourne en effet à l'avantage des
fciences, & qu'on peut leur appliquer
avec bien de la vérité ce mot connu,
Ex privatis odiis refpublica crefcit.

Ce fut en ofant fe montrer comme un
vigoureux athelete contre les beaux efprits
fans vocations & les Poëtes fans talents,
que *Boileau* fut véritablement utile à fa
patrie. Il confola *Racine* prêt à fe décou-
rager. De fon temps on fe permettoit
encore d'écrire que le rival d'*Euripide*
n'étoit qu'un *caprice de mode*, *que l'on
verroit paffer comme l'ufage du caffé.* Hé !
qui décidoit ainfi fur le plus beau génie
qu'ait eu la France ? Une femme du monde
(*Mad. de Sevigné*) refpectée, donnant le
ton, & recommandable en tout, fi elle
fe fût abftenue de juger ce qu'elle ne
devoit qu'admirer. Dans le même temps,
Mad. Defhoulieres, dangereufe par le crédit que fes talents, apparents ou réels,
dennoient à fes décifions, tenoit à peu-
près le même langage. Elle faifoit, en faveur de la *Phedre* de *Pradon*, de mauvais Sonnets ; mais qui avoient alors
d'autant plus de vogue, que l'envie eft

plus empreſſée d'humilier un grand homme. St. *Evremont* avoit introduit cette façon de penſer ſi défavorable à *Racine*, ſous prétexte de l'admiration excluſive qu'il avoit vouée à *Corneille*; comme ſi l'on ne pouvoit élever un homme célèbre qu'au préjudice de ſon concurrent.

Boileau fut obligé de commencer par détruire. L'uſage courageux qu'il fit des traits du ridicule, ſauva le goût de la nation, incertaine encore ſur ce qu'elle devoit applaudir, & flottant entre le génie & la médiocrité. L'Académie Françoiſe avoit perdu de ſa gloire par des choix indignes d'elle. *Chapelain*, l'Oracle de M. *Colbert* & de la maiſon de *Longueville; Perault*, chargé du rôle des penſions, *Cotin*, tant admiré à l'Hôtel de Rambouillet; *Pradon*, ſoutenu par une cabale puiſſante, une foule d'écrivains pareils, dont les noms ſont preſque oubliés, mais qui faiſoient alors le grand nombre, menaçoient la littérature naiſſante d'une décadence qui ſembloit inévitable. *Boileau* ſe dévoua pour l'intérêt des arts & fixa la gloire de la nation.

On ſait qu'il s'eſt élevé de nos jours un parti contre la réputation de cet homme célebre, & ſur-tout contre le genre qu'il cultiva avec tant de ſuccès. Quelques-uns de ceux qui s'appellent gens de lettres, & qui en ſont les plus dangereux ennemis; qui proſcrivent la Satyre, & qui font des Libelles, relevent, avec une

exagération maligne, ces divisions indif-
penfables, par lefquelles fe foutient la
Démocratie littéraire, & qui font le
reffort néceffaire de l'émulation. Ils difent
ce que difoient autrefois les *Cotins* & les
Pradons. Mais il faut leur répondre qu'il
n'eft pas de traité entre le bon & le
mauvais goût. Il faut leur rappeller à
propos du grand Poëte qu'ils outragent,
cette Anecdote infamante pour eux, mais
honorable pour les lettres, dont on
paroît trop négliger le fouvenir. *Louis*
XIV, dans le privilege qui fut expédié à
Boileau, pour le débit de fes ouvrages,
commanda que l'on fit mention du *fin-*
gulier plaifir (ce font les termes) *qu'il*
avoit éprouvé en les lifant. Que devinrent
alors ces recueils d'injures accumulées contre un grand-homme ? Les inimitiés qui
fembloient ne devoir jamais finir ? Ces
accufations vagues de noirceur, de méchanceté fi prodiguées par des ames noires
& méchantes ? La vie de *Boileau*, Citoyen,
fervit d'apologie à la conduite du Poëte.
Il eut l'honneur d'avoir pour ami les *Condé*,
les la *Rochefoucauld*, les *Marfillac*, les
Vivonne, les *Lamoignon*, les d'*Aguesseau* ;
& *Montaufier*, prévenu, finit par l'eftimer. Son défintéreffement, fa probité, fes
moeurs produifirent enfin l'effet lent,
mais sûr, que produit toujours l'honnêteté fur des ames juftes. C'étoit ce qu'il
avoit prévu ; auffi fes amis lui avoient-
ils repréfenté vainement que s'il s'atta-

choit à la satyre , il se feroit des ennemis qu'ils auroient toujours les yeux sur lui , & ne chercheroient qu'à le décrier. *Eh bien*, répondit-il , *je serai honnête homme & je ne les craindrai point.*

Il tint parole ; on sait sa générosité envers *Patru* dont il acheta la Bibliothéque , à condition que ce célebre Avocat en jouiroit pendant sa vie. On connoît ses libéralités envers *Caffandre & Liniere* même , qui au premier cabaret alloit faire une Epigramme contre son bienfaiteur. L'équité , la droiture & la bonne foi présiderent toujours à toutes ses actions. Il fit de lui-même , en ne consultant que la délicatesse de sa conscience , la restitution des revenus d'un bénéfice , dont il avoit joui pendant quelque temps. Il le remit entre les mains d'un Saint Prélat , sans vouloir se charger du choix d'un successeur. Sa charité parut dans son testament , par lequel il laissa presque tout ses biens aux pauvres.

Dans plusieurs livres modernes on lit un anecdote impertinente , qui n'eut jamais de fondement , que l'on donne pour hazardée , & que l'on rapporte cependant avec complaisance : particularité que l'on n'a imaginée & que l'on ne cite , que pour infirmer la sagesse du severe *Boileau.* On ne veut pas qu'il ait été vertueux par goût , & il faut recourir à une cause Physique à laquelle on rapporte ses traits contre *Lulli & Quinault ,* son aversion pour les Poésies licentieuses, cette sincérité de mœurs qu'on admire dans ses ouvrages, ses liaisons avec P. R. Eh quelle est la vertu qu'on ne viendra pas à bout de rendre suspecte, si d'aussi indignes fables trouvent quelque créance ! La pureté est-elle donc une chimere, un être de raison, & l'homme ne sera-t-il chaste, que lorsqu'il n'aura pas la force d'être corrompu ?

Quelques Littérateurs n'ont pas craint de perpétuer un mensonge grossier, pour jetter des soupçons odieux, sur le plus sage de nos Poëtes, & réduire la pureté de ses mœurs à une acte d'impuissance ?

Boileau a, dit-on, maltraité *Quinault* ; & je réponds que rien ne lui fait en un sens plus d'honneur. Zélé partisan de la vertu, exempt des passions qui tyrannisent l'ame, ennemi par religion & par goût, de tout plaisir illégitime, pouvoit-il approuver des Poésies qui ne prêchent que l'amour, & n'inspirent que la mollesse ; des Vers dont la lecture est insoutenable à tout homme sensé, quand ils sont dépourvus des charmes de la musique ?

Boileau ne concevoit pas qu'il pût y avoir une Poésie presque entiérement dénuée de métaphores hardies & d'Images, & il faut convenir que lorsqu'on a lu ses Vers & ceux de son illustre ami *Racine* on ne peut qu'être sévere à l'égard de *Quinault*. (Voyez l'article de ce dernier Poëte.)

BOULAINVILLIERS.

Ses idées sur Mahomet *, tour à tour refutées & adoptées par* M. de V.

LE Comte de *Boulainvilliers* étoit un homme singulier, plus hardi que judicieux dans ses conjectures. Il donna dans plusieurs rêveries. L'Astrologie judiciaire étoit une de ses folies. Un travers non moins grand étoit de s'être enthousiasmé pour *Mahomet*, dont il écrivit la vie en deux Volumes in-8°. Il y a dans cet ouvrage des idées plus téméraires que solides, si nous en croyons M. de V. lui-même, qui n'a pas laissé cependant de les adopter ensuite. » Il essaie, (dit-il, *lettre au* » *Roi de Prusse, à la tête* de la Tragédie » du *Fanatisme*) de faire passer *Mahomet* » pour un grand homme, que la provi- » dence avoit choisi pour punir les Chré- » tiens, & pour changer la face d'une » partie du monde. M. *Sale* qui nous a » donné une excellente Version de l'Alco- » ran en Anglois, veut faire regarder » *Mahomet* comme un *Numa* & comme » un *Thesée*. J'avoue qu'il faudroit le res- » pecter, si né Prince légitime, ou ap- » pellé au Gouvernement par le suffrage » des siens, il avoit donné des loix pai- » sibles comme *Numa*, ou défendu ses » compatriotes, comme on le dit de *Thesée*.

» Mais qu'un marchand de chameaux excite
» une fédition dans fa Bourgade , qu'af-
» focié à quelques malheureux Coraſcites,
» il leur perfuade qu'il s'entretient avec
» l'Ange *Gabriel* , qu'il fe vante d'avoir
» été ravi au Ciel ,. & d'y avoir reçu une
» partie de ce livre inintelligible , qui fait
» frémir le fens commun à chaque page ,
» que pour faire refpecter ce livre il porte
» dans fa patrie le fer & la flamme ; qu'il
» égorge les peres , qu'il raviffe les filles ;
» qu'il donne aux vaincus le choix de ſa
» Religion ou de la mort ; c'eft affuré-
» ment ce que nul homme ne peut excu-
» fer, à moins qu'il ne foit né Turc, &
» que la fuperftition n'étouffe en lui toute
» lumiere naturelle. „

On ne peut rien dire de plus judicieux
& on ne comprend pas comment, après
des réflexions auffi fenfées, M. de V. a
pu les contredire enfuite. Il a comparé
non feulement *Mahomet* à *Alexandre* ,
mais il a dit que fa fecte *la plus*
brillante de toutes fut la feule entre tant
d'établiffements humains qui fembla être en
naiffant fous la protection de Dieu , puif-
que elle ne dut fon exiftence qu'à des
victoires. (*Catéchifme* de l'honnête homme
p. 19.) Quelle conclufion ! Un miférable
impofteur, un brigand illuftre, perfuade
fa Religion par le fer & par le feu ; donc
cette Religion eft divine.

Il me femble qu'on auroit pu tirer avec
bien plus de raifon une conféquence toute

contraire. En effet les moyens dont on se servit pour établir & pour étendre la religion de *Mahomet*, qui sont la violence & les armes, achevent de montrer qu'il n'y a dans cette œuvre de ténebres, rien qui ne soit fort naturel, ni rien qui doive beaucoup surprendre. „ *Mahomet*, dit le „ célebre *Pascal*, s'est établi en tuant ; *Jesus-Christ*, en faisant tuer les siens. *Mahomet*, en défendant de lire ; *Jesus-* „ *Christ*, en ordonnant de lire. Si *Ma-* „ *homet* a pris la voie de réussir humaine- „ ment, *Jesus-Christ* a pris celle de pé- „ rir humainement. Tout homme peut faire „ ce qu'a fait *Mahomet*, car il n'a point „ fait de miracles, il n'a point été prédit : „ nul homme ne peut faire ce qu'a fait „ *Jesus-Christ*. „ Il a été prédit & annoncé par une suite d'hommes extraordinaires & merveilleux. Il a fait des miracles si éclatants & en si grand nombre, que c'étoit leur éclat même qui attiroit la haine & l'envie des Pharisiens. *Mahomet* lui-même en reconnoît la certitude ; il ne répond au reproche si bien fondé de n'en point faire, pour prouver sa mission, qu'en disant que Dieu en avoit assez fait par *Moyse*, par les Prophetes, & par *Jesus-Christ*.

M. de V. cherche dans les progrès & les observances mêmes des Musulmans de quoi rendre leur Religion recommandable. Il est tout étonné de l'*austerité de cette Religion*, de son triomphe sur l'i-

dolâtrie , *de ce Carême presque intolérable ,
de cette circoncision quelquefois mortelle ,
de cette obligation rigoureuse de prier cinq
fois par jour , du commandement absolu
de l'aumône , de l'abstinence du Vin & du
jeu.*

Mais M. de V. ne fait pas attention
qu'il nous a appris lui-même que presque
rien de tout cela n'est dû à *Mahomet.* En
effet la doctrine que l'habile imposteur
enseignoit , & les pratiques qu'il propo-
soit , n'étoient pas nouvelles à la plûpart
des Arabes. Car quoiqu'il y eût parmi
eux un grand nombre d'idolâtres , il y avoit
aussi beaucoup de Juifs , & de Chrétiens.
De quelque Religion que fussent les Arabes , ils étoient communément fort ignorants , sur-tout dans l'Arabie Petrée , où
les étrangers n'alloient guere à cause de
la stérilité du pays , & la difficulté de
naviger sur la Mer rouge. C'est la province où l'usage des lettres étoit le plus
nouveau. *Mahomet* lui-même ne savoit ni
lire ni écrire. Avant que les Arabes eussent
l'usage des lettres , ils ne conservoient
leurs généalogies & leurs histoires , que
par des vers , comme toutes les autres
nations ; mais ces traditions n'étant point
fixées par l'écriture , étoient mêlées de
quantité de fables. Outre leur poésie , ils
avoient une espece d'éloquence , qui con-
sistoit en des pensées brillantes , des figures hardies , & quelque cadence de périodes. Mais rien de solide ne soutenoit ces

discours, qui n'avoient ni ordre, ni justesse de raisonnement. Cependant comme
Mahomet excelloit dans cette sorte d'é-
loquence, & qu'il avoit affaire à des gens
fort ignorants, il leur persuada ce qu'il
voulut : car il parloit d'une maniere pro-
portionnée à leurs idées & à leurs préjugés. Les Juifs & les Chrétiens leur pré-
choient depuis long-temps l'unité de Dieu ;
les Sabéens même reconnoissoient un premier Etre souverainement parfait. Le vin
est rare dans ce pays stérile où on l'apporte de fort loin & la chaleur fait qu'or
y est plus sobre. La circoncision, les
ablutions fréquentes, le pélerinage à a
Mecque étoient des traditions anciennes
chez les Arabes. On étoit accoutumé à
voir prier les Chrétiens sept fois le jour
& une partie de la nuit, jeûner le Carême, payer la dixme & faire d'abondantes
aumônes. Il ne restoit presque plus que
d'abolir chez ces peuples l'idolâtrie, déjà
éteinte dans tout l'Empire Romain, &
décriée par tout le monde. Le progrès
merveilleux de la Religion Chrétenne
fournit une preuve invincible de sa divinité. Il n'en est pas de même de la religion de *Mahomet*. Son progrès n'a rien
qui puisse la faire regarder autrement que
comme une œuvre humaine. En considé-
rant cette religion en elle-même, on n'y
trouve rien que le démon n'ait pu facilement persuader aux hommes. Il lui étoit
aisé de faire goûter les beaux articles de

son Symbole. Les Chrétiens & les Juifs avoient préparé les esprits à croire ce que l'Alcoran renferme de beau & de vrai. Mais il falloit d'autres articles propres à faire prospérer une œuvre diabolique. Aussi premiérement la religion de *Mahomet* défend les études comme pernicieuses. On recommande l'ignorance, & on la couvre sous le nom d'obéissance & de soumission aveugle. Le contraste ne sauroit être plus frappant entre la Religion chrétienne & celle de *Mahomet*. Celle-ci craint la lumiere : au contraire la Religion de *Jesus-Christ* ne craint que de n'être point asez connue. Secondement la morale de *Mahomet* ne gêne point la cupidité : il promet au contraire après la mort, des biens propres à attirer les hommes charnels, & pendant cette vie il favorise la passion la plus violente & la plus générale, celle de la volupté. Le plaisir est le plus éloquent missionnaire & tout imposteur qui ne le gênera point, & qui au contraire le favorisera, doit se promettre le succès le plus rapide & le plus éclattant.

BRUMOY.

BRUMOY.

*Justes Louanges & Critiques très-injustes
de M. de V.*

IL est étonnant que M. de V. qui parle
tant de la franchise de son caractere, ait
si peu ménagé après leur mórt, ceux
qu'il avoit le plus encensé pendant leur
vie. Le Pere *Brumoy* a eu le malheur
d'éprouver cette triste alternative. Voyons
d'abord comment M. de V. en pensoit,
lorsqu'il avoit besoin de lui. „ Je vous
„ prie, dit-il, à un de ses Correspondants
„ (*Lettres secrettes* in-8. 1765. Lettre 31.)
„ Je vous prie d'aller voir les Jésuites ;
„ le Pere *Brumoy* sur-tout. Il vous recevra
„ bien, & comme vous le méritez. Qu'il
„ vous montre *Merope : assurez-le de mon*
„ *estime, de mon amitié & de ma recon-*
„ *noissance.* Dites - lui que je lui écrirai
„ incessamment. Il aime *Rousseau* ; mais
„ il aime encore plus la vérité & la paix.
„ *Il me paroît un homme de grand mérite.*
„ Mettez au net en sa présence les procé-
„ dés de *Rousseau* & les miens ; faites-lui
„ sentir que depuis 50 ans *Rousseau* a
„ déchiré Maîtres, bienfaiteurs, amis, tous
„ les gens de lettres, & que je suis le
„ dernier à qui il a fait la guerre. Je sais
„ me venger ; mais je sais pardonner : j'ai
„ eu des occasions d'exercer ma juste ven-

Tome I.   E

„ geance, qu'on m'en donne de montrer
„ que je peux oublier l'injure : affûrez fur-
„ tout les Jéfuites d'une vérité qu'ils doi-
„ vent favoir, c'eft qu'il n'eft pas dans
„ ma maniere d'être, d'oublier mes maî-
„ tres & ceux qui m'ont élevé. „

Tournons à préfent la médaille. „ *Bru-*
„ *moy* s'imaginoit (eft-il dit dans la Pré-
„ face de *Scythes*) comme on l'a déjà
„ remarqué ailleurs, qu'on ne pouvoit trai-
„ ter que des fujets hiftoriques. Il cher-
„ choit les raifons pour lefquels les fujets
„ d'invention n'avoient point réuffi ; mais
„ la véritable raifon eft que les pieces de
„ *Scuderi* & de *Bois-Robert* qui font dans
„ ce goût, manquent en effet d'invention,
„ & ne font que des fables infipides,
„ fans mœurs & fans caractere. *Brumoy*
„ ne pouvoit deviner le génie. „

Il femble que M. de V. en avançant en
âge, contracte l'humeur rude & grondeufe
de la vieilleffe ; car dans l'Epitre Dédi-
catoire de fa *Sémiramis*, il avoit pris un
autre ton, en parlant du célebre Jéfuite.
„ Si le Pere *Brumoy*, dit-il, s'eft trompé
„ dans cet endroit & quelques autres, fon
„ livre eft d'ailleurs un des meilleurs &
„ des plus utiles que nous ayons, & je ne
„ combats fon erreur qu'en eftimant fon
„ travail & fon goût. „

Mais il eft faux que le Pere *Brumoy* fe foit
trompé. Il penfoit très-jufte en croyant
que les fujets feints réuffiffent plus difficilement que les autres. La raifon qu'il en
donne eft très-bonne.

„ Je crois en trouver une raison , dit-
„ il , dans la nature de l'esprit humain :
„ il n'y a que le vraisemblable dont il
„ puisse être touché. Or il n'est pas vrai-
„ semblable que des faits aussi grands que
„ ceux de la Tragédie soient absolument
„ inconnus ; si donc le Poëte invente tout
„ le sujet jusqu'aux noms , le spectateur
„ se révolte , tout lui paroît incroyable,
„ & la piece manque son effet , faute de
„ vraisemblance. „

Il est question à présent de savoir *si le
Pere Brumoy ne pouvoit deviner le génie,*
& pour cela il faut écouter ceux qui ont
mis ses talents dans la balance. „ Il y a
„ beaucoup de goût (dit l'Abbé *des Fon-*
„ *taines* , en parlant de son *Theatre des*
„ *Grecs.* Dans sa maniere de penser ; il
„ cherche à nous ramener à la source du
„ beau ; il ouvre cette source à ceux qui
„ ignorent la langue Grecque , & il n'ou-
„ blie rien pour rendre , aux anciens , le
„ dégré d'estime qu'ils méritent. A l'égard
„ du style , il est bien difficile qu'une ima-
„ gination familiarisée avec la pompe de
„ la Poésie , n'ait laissé quelque trace dans
„ le style même didactique . . . . On peut
„ dire qu'un tel livre étoit nécessaire dans
„ ce Siecle où le mérite des Poëtes Grecs
„ étoit avili ou ignoré. Il n'a point encore
„ rien paru de si raisonnable & de si pro-
„ fond sur ce sujet. A la place des origi-
„ naux que peu de personnes sont en état
„ de lire aujourd'hui , c'est une ressource

„ pour notre pareſſe & notre ignorance ;
„ de les trouver tellement traduits & ex-
„ pliqués par le Pere *Brumoy* , que nous
„ pouvons en quelque ſorte , ſans ſavoir
„ le Grec , pratiquer le précepte d'*Horace.*
„ *Vos exemplaria Græca noċturna verſate*
„ *manu verſate diurna.* „ Nous demanderons d'après ce jugement de l'Abbé des
Fontaines comment un homme d'eſprit &
de goût, tel que le Pere *Brumoy* a pu
traduire des hommes de génie de la Grece,
ſans pouvoir deviner le génie. Ce Jéſuite
a fait des Vers nobles & énergiques qui
approchent de la mâle vigueur de *Lucrece.*
Il a produit un Poëme des paſſions où il
y a des deſcriptions qui tiennent du ſublime. Pourquoi croirions nous donc qu'il
étoit ſi fort éloigné du génie ? M. de V.
a ſoumis pluſieurs fois ſes ouvrages &
entr'autres *Merope* à la cenſure du Pere
Brumoy ; ſes conſeils ne lui ont même
pas été inutiles ; il croyoit donc alors
qu'il pouvoit deviner le génie , puiſqu'il
le rendoit juge du génie.

§. II.

Si les Religieux peuvent réuſſir dans les Sciences.

L'*Ancyclopédie* en parlant des *Freres de la Charité* qui ſe conſacrent uniquement au ſervice des malades , ajoute. „ Seroit-
„ ce aller trop loin que de prétendre que

„ cette occupation est la seule qui convient
„ à des Religieux ? En effet, à quel autre
„ travail pourroit-on les appliquer ? A rem-
„ plir les fonctions du ministere Evangéli-
„ que ? Mais les Prêtres Séculiers destinés
„ par état à ce ministere, ne sont déjà que
„ trop nombreux .... Appliquera-t-on les
„ Religieux à l'instruction de la jeunesse ?
„ mais les préjugés de corps, les intérêts
„ de parti ou de communauté ne doivent-
„ ils pas faire craindre que l'éducation qu'ils
„ donneront ne soit ou dangereuse, ou
„ tout au moins puérile ? Les Moines
„ s'occuperont-ils à écrire ? Mais dans quel
„ genre ? L'histoire ? L'ame de l'histoire
„ est la vérité, & des hommes si chargés
„ d'entraves doivent être toujours mal à
„ leur aise pour la dire, souvent réduits
„ à la taire, & quelquefois forcés de la
„ déguiser. L'éloquence & la Poésie latine ?
„ Le latin est une langue morte, qu'aucun
„ moderne n'est en état d'écrire, & nous
„ avons assez en ce genre de *Ciceron*, de
„ *Virgile*, d'*Horace*, de *Tacite* & des
„ autres. Les matieres de goût ? Ces ma-
„ tieres pour être traitées avec succès de-
„ mandent le commerce du monde ; com-
„ merce interdit aux Religieux. La Philoso-
„ phie ? Elle veut de la liberté, & les
„ Religieux n'en ont point. Les hautes
„ sciences comme la Géometrie, la Physi-
„ que, &c ? Elles exigent un esprit tout
„ entier, & par conséquent ne peu-
„ vent être cultivées que foiblement par

,, des perſonnes vouées à la priere. ,,

Ces jugements portés par de grands Philoſophes , ne ſont aſſurement guere Philoſophiques. Ils peuvent ſervir à démontrer que la nouvelle Philoſophie n'eſt pas exempte de préjugés. Mon deſſein n'eſt pas de réfuter en détail les raiſonnements que je viens de tranſcrire. Je ne dirai donc rien de l'utilité des Religieux dans l'Egliſe. J'écouterai plûtôt ſur cela tous les Prélats du monde Chrétien que les Philoſophes de Paris. L'Evangile ne s'explique point par des ſophiſmes. Je ne m'arrêterai point à prouver que les Religieux peuvent donner de très-bonnes inſtructions ſans aucun danger. Ainſi le penſoit le fameux Chancelier Bacon , le maître de Meſſieurs les Encyclopédiſtes. Ils font profeſſion de le ſuivre en tout ; pourquoi l'abandonnent-ils ici ? Mais les Religieux ſont-ils capables d'écrire ſur l'hiſtoire. ? On n'en avoit point douté juſqu'à préſent. Le Chevalier *Marsham* , quoique Proteſtant aſſure dans la Préface du *Monaſticum Angelicanum* , que ſans le ſecours des Moines , on ne connoîtroit rien dans l'hiſtoire d'Angleterre. Quiconque eſt libre de préjugés avouera la même choſe de tous les Royaumes qui ſubſiſtent aujourd'hui. Pour méconnoître les ſervices que les Religieux ont rendu à l'hiſtoire , & les excellents ouvrages qu'ils ont compoſés en ce genre , il faut n'avoir lu ni *Voſſius* ni les autres Bibliographes. Meſſieurs les Encyclopédiſtes n'eſtimeroientils point par hazard l'histoire de *Fra-Paolo* ? Il étoit Religieux. Je pourrois citer d'autres Religieux meilleurs Historiens, dont ils feroient peut-être moins de cas.

Les Religieux, dit-on, *ne peuvent avec succès s'appliquer à l'éloquence ni à la Poésie Latine.* On entend ici sans doute l'éloquence Latine ; car *Bourdaloue* & d'autres Religieux se sont appliqués avec succès à l'éloquence Françoise. Je ne nommerai point les Religieux qui ont réussi dans l'éloquence Latine. Les savants les connoissent. *Le Latin est une Langue morte.* Elle est morte en effet pour bien des gens qui ne pourroient pas écrire quatre lignes en cette langue sans solécismes ; elle est morte pour ceux qui se mêlent de traduire des Auteurs Latins qu'ils n'entendent point ? Mais elle n'étoit pas morte pour *Erasme*, *Buchanan*, *Sigonius*, *Bembe*, *Muret*, *Sadolet*, *Moffée*, *Strada*, *Fracastor*, *Sannazar*, *Vida*, *Heinsius*, *Grotius*, &c. qui ont écrit en très-bon Latin. Elle n'étoit pas morte pour *Bayle*, *Descartes*, *Viete*, *Newton* que Messieurs les Encyclopédistes nomment dans ce même article, *les hommes du premier ordre*, & qui ont écrit en cette langue. Elle étoit moins morte pour le Chancelier de l'Hôpital & le Président de *Thou*, que la langue Françoise ; puisque M. de V. dans son siécle de Louis XIV, article des beaux Arts, dit : „Les mêmes génies qui avoient „très-bien écrit en Latin, comme un

„ Préfident de *Thou* , un Chancelier de
„ l'*Hôpital* ; n'étoient plus les mêmes
„ quand ils manioient leur propre langue
„ rebelle entre leurs mains. „

Ces grands hommes qui auroient écrit
très-mal en François , avoient-ils tort d'é-
crire très-bien en Latin ? Si on ne peut
plus écrire en Latin , à quoi fervent les
longues differtations fur la Grammaire
Latine qu'on nous donne dans l'Encyclopédie ? Quel fond peut-on faire fur les
fubtilités grammaticales Latines qu'on nous
débite aux mots *génitif* , *gérondif* , *futur* ,
du feptieme Volume & dans quantité
d'autres articles des Volumes précédents.

Les Religieux , ajoutent les Encyclopédiftes , *ne peuvent réuffir dans les matieres
de goût , parce que le commerce du monde
leur eft interdit.*

Voilà donc tous les Solitaires anciens
& modernes déclarés incapables d'un ouvrage de goût. Un tel paradoxe ne mérite
pas qu'on s'amufe à le réfuter. Je ne fais
pas ce que l'oracle des Encyclopédiftes ,
M. de V. , en penfe aujourd'hui ; mais il
eft certain qu'il n'étoit pas autrefois En-
cyclopédifte en ce point , car il a placé
dans fon temple du goût beaucoup de
Religieux. Il atteftoit alors que le Dieu
du Temple les y voyoit de très-bon œil.
Il a dit dans fon fiecle de *Louis* XIV ,
que „ la langue & le bon goût ont beaucoup
„ d'obligation au Pere *Bouhours.* „ Il a
dit encore dans le même ouvrage , que

,, les Solitaires de Port-Royal ne contri-
,, buerent pas peu à répandre en France
,, le bon goût & la vraie éloquence. ,,
M. *Formey* autre Encyclopédiste a jugé
que le *traité du beau* par le Pere *André*,
étoit une ouvrage de goût, un chef d'œuvre. On pourroit citer une foule de Religieux qui ont fait des Poésies agréables &
des réflexions poétiques pleines de goût.
Mais comme dit M. de V. l'ennui est le
plus grand de tous les péchés pour un
Auteur & il ne faut pas s'en rendre coupable en détaillant trop.

Il est certain que les plus savants hommes
qui ont illustré la République des Lettres,
ont été les plus solitaires & cela ne peut
pas être autrement. Le commerce du monde
peut fournir des matériaux pour des écrits
contre la Religion, pour des Romans
licencieux, des Elégies amoureuses, de
mauvaises Pieces de Théatre ; mais *Pascal*
a puisé ses *pensées* dans les SS. Peres,
Fénélon son *Telémaque* dans *Homere*,
Boileau son art Poétique, dans *Horace*
& dans *Vida*. Le grand *Corneille* n'a point
cherché les sentiments héroïques de ses
Tragédies dans le commerce du monde ;
il ne les y auroit pas trouvés.

Les Solitaires ou les Religieux seront
apparemment propres à la Philosophie, car
les Philosophes de l'antiquité se retiroient
dans des lieux écartés pour y méditer.
Quelques-uns s'y trouvant encore trop
dissipés s'arracherent les yeux pour ne plus

rien voir, & philosopher plus à leur aise. M. *Descartes* se retira en Hollande, dans une solitude où il composa ses *méditations*. Messieurs les Encyclopédistes prétendent pourtant que les Religieux ne peuvent réussir dans la Philosophie. *Eh pourquoi ? parce que la Philosophie veut de la liberté, & que les Religieux n'en ont point.* Mais qu'appelle-t-on liberté ? Ne seroit-ce point ce funeste pouvoir d'écrire contre la Religion, les mœurs & le gouvernement, source des maux qui inondent les Empires ? Heureux *Marsenne*, *Maignan*, *Kircher*, *Mallebranche*, vous avez composé d'excellents ouvrages sans avoir la liberté de débiter des impiétés Philosophiques !

Les Religieux pourront du moins réussir dans les hautes sciences, comme la géométrie, la physique &c. Point du tout : Eh pourquoi encore ? *Parce que les hautes sciences exigent un esprit tout entier.* Fort bien, mais c'est en cela même qu'elles peuvent être approfondies par les Religieux qui ne sont point exposés aux distractions & aux embarras du monde, il y a un nouvel obstacle. *Ces sciences ne peuvent être que foiblement cultivées par des personnes vouées à la prière.* Voilà ce qu'on n'auroit pas deviné aisément ; car la prière dispose l'esprit au recueillement qu'exige l'étude. M. de V. dit avec raison dans un de ses ouvrages „ qu'on n'a vu „ que trop souvent des jeunes gens qui ont

„ commencé par donner de grandes espe-
„ rances, finir enfin par n'écrire que des
„ sottises, parce qu'ils ont substitué la
„ vanité à l'étude & la dissipation qui
„ affoiblit l'esprit, au recueillement qui le
„ fortifie. „ Les *Boyle*, les *Descartes*, les
Viete, les *Newton*, ne sont point dit-on
sortis des Cloîtres. Non, mais ils étoient
plus Cloîtrés dans leur cabinet que dans
un véritable Cloître. Messieurs les Encyclopédistes, disent eux-mêmes dans leur discours préliminaire, que *Bacon* a écrit plusieurs de ses ouvrages dans une retraite à
laquelle ses amis l'avoient forcé. *Gerbert*,
qui selon l'Encyclopédie, placé au temps
d'Archimede l'auroit peut-être égalé,
Roger Bacon, la merveille de son siecle,
& peut-être, dit M. *Freind*, le plus grand
génie qui ait été au monde pour les
Mathématiques depuis *Archimede ; Cava-
lerius* & *Grégoire* de St. *Vincent* loués
dans l'Encyclopédie ; *Clavius*, *Riccioli*,
Scheiner, *Tacquet*, de *Chales*, *Prestet* ;
le Pere *Sebastien*, &c. étoient Religieux,
Boscovich & le Maire le sont encore. On
remarque dans l'Encyclopédie, au mot
Fribourg en Briscaw, comme une chose
fort honorable à cette ville, que c'est la
patrie du Moine *Schwartz* qui passe en
Allemagne pour l'inventeur de la poudre
à canon. Dans quelle classe des sciences
Messieurs les Encyclopédistes placeroient-
ils l'invention de la poudre ? Dans quelle
classe mettront-ils la science de gouverner

les peuples ? Les Moines en font très-ca-
pable. *Suger* , *Ximenés* , *Sylveſtre* II ,
Sixte V. étoient Moines. Je ne dois pas
diffimuler qu'on avoue dans ces articles
de l'Encyclopédie , que les matieres d'é-
rudition font celles où les Religieux p᷉᷉-
vent mieux réuffir , & où ils ont en effet
réuffi le mieux. On ne leur accorde fans
doute que ce qu'on ne pouvoit abfolument
leur refufer ; mais qu'on n'eftime guere ,
parce qu'il ne doit guere coûter , fi l'on
en croit ces Meffieurs. La vie fedentaire
des Religieux , difent-ils , les rend plus
propres à ces matieres qui demandent le
moins d'application & fouffrent les dif-
tractions plus aifément. Quand l'Auteur
de cet article aura fait d'auffi grands progrès dans les matieres d'érudition que les
Peteau , les *Hardouin* , les *Banduri* , les
Montfaucon , il trouvera qu'elles demandent plus d'application & moins de dif-
traction qu'il ne penfe. Mais comment les
Religieux ont-ils pu fans goût réuffir dans
les matieres d'érudition ? On a vu que le
goût leur eft abfolument refufé ; comment
ont-ils pu réuffir en écrivant dans une
langue morte ? La plûpart ont écrit en
Latin.

Si Meffieurs les Encyclopédiftes vouloient prendre la peine de lire le traité
du Pere *Mabillon* , fur les études Monaf-
tiques , ils fentiroient la foibleffe de leurs
objections. *Mabillon* étoit Moine , mais
un Moine tel que *Mabillon* , peut auffi

bien raisonner qu'un Séculier. Le Chancelier *Bacon* & le Chevalier *Marsham* , que
j'ai déjà cités sur les services que les Religieux ont rendu aux lettres , étoient
Anglicans. Je pourrois citer encore quantité de savants Protestants qui ont été plus
équitables en cela que nos Encyclopédistes,
mais il suffira de faire remarquer que le
célebre *Albert Fabricius* Lutherien a adopté
& inséré dans sa *Bibliotheque Grecque*
livre 3 Ch. 28 un morceau d'un homme
de goût intitulé : *Merita Monachorum in
litteras* : ce morceau est mieux appuyé
que l'arricle des *Freres de la Charité* dans
l'*Encyclopédie* ,, certains Auteurs, dit le
,, Pere *Mallebranche*, s'appliquent rarement
,, à des sujets qui peuvent servir à la con-
,, duite de la vie ; cela leur semble trop
,, commun , ce qu'ils cherchent n'est pas
,, d'être utiles aux autres , ni à eux-mêmes,
,, c'est seulement d'être estimés savants. Ils
,, n'apportent point de raisons des choses
,, qu'ils avancent , ou ce sont des raisons
,, mystérieuses & incompréhensibles que
,, ni eux ni personne ne conçoivent avec
,, évidence . . . . . Leur principal but n'est
,, pas de perfectionner leur raison & encore
,, moins de bien régler les mouvements
,, de leur cœur , mais seulement d'étourdir
,, les autres. ,, Nous avons tiré cette apologie des Moines , des remarques de M.
Saves sur l'*Encyclopédie* , au mot *Freres
de la Charité.*)

CHAULIEU.

Quelle étoit sa morale?

MR. de V. a beaucoup célébré la Philosophie de l'Abbé de *Chaulieu* ; mais elle étoit toute Epicurienne. C'est ce qui paroît presque dans toutes ses Poésies ; ses Odes sont presque toutes morales , mais d'une morale à n'épouvanter ni à glacer personne. C'est aussi comme à un Disciple d'*Epicure*, que M. de V. lui adresse une Epitre.

> A vous l'*Anacréon* du Temple
> A vous le sage si vanté ,
> Qui nous prêchez la volupté
> Par vos Vers & par votre exemple.

Ayant évoqué l'ombre de *Chappelle* , il lui fait dire . . . .

> A *Chaulieu* l'Epicurien
> J'ai servi quelque temps de Maître.

M. l'Abbé de *Chaulieu* parle souvent de la mort dans ses Poésies , & il fait parade d'une grande tranquillité sur ce sujet. C'est ainsi qu'après avoir fait, dans la seconde Epitre, adressée à M. le Chevalier de *Bouillon*, la peinture de l'état où la vieillesse l'avoit réduit, il ajoute :

Au milieu cependant de ces peines cruelles,
De notre triste hiver compagnes trop fidelles,
Je suis tranquille & gai ; quel bien plus précieux
Puis-je esperer jamais de la bonté des Dieux ?
  Tel qu'un rocher dont la tête
  Egale le mont Athos
  Voit à ses pieds la tempête
  Troubler le calme de flots ;
  La Mer autour de lui gronde ;
  Malgré ses émotions
Sur son front élevé regne une paix profonde,
  Que tant d'agitations
  Et les fureurs de l'onde ,
  Respectent à l'égal du nid des Alcyons.

  „ Il devoit , dit-on , cette profonde tran-
„ quillité à la Philosophie d'*Epicure* qu'il
„ avoit toujours suivie. C'étoit elle qui, en
„ l'accoutumant à regarder la mort d'un
„ œil fixe, & à ne pas trop en appréhen-
„ der les suites , lui donnoit sur l'autre
„ monde des idées plus gaies , que ne les
„ inspirent ordinairement les réflexions
„ que l'on fait sur cette matiere , & un
„ peu plus bas : loin que les plaisirs qui
„ ne pouvoient revenir lui donnassent lieu
„ de s'affliger , il en regardoit le souvenir
„ comme une douce & agréable illusion ,
„ qui sembloit l'en faire jouir de nouveau :

 „ Ami voilà comment, sans chagrin, sans noirceurs,
 „ De la fin de nos jours poison lent & funeste ,

» Je seme encore de quelques fleurs,
» Le peu de chemin qui me reste.

» Voilà le fond de la morale de M.
» l'Abbé de *Chaulieu* , & ce qu'il tourne
» de plusieurs façons différentes , selon les
» divers endroits où il la place. (*Bibliothe-*
» *que raisonnée* , Tome VIII. Partie prem.
» p. 10. & 12. »)

Je ne sais cependant si notre voluptueux
Poëte étoit aussi tranquille qu'il vouloit le
paroître. Cette espece d'affectation à revenir sans cesse à l'idée de la mort , pour
l'égayer par mille tours , ne marqueroit-elle
pas un fond secret d'inquiétude & de frayeur ? Et n'y auroit-il pas ici quelque
chose de semblable à ce qu'on voit dans
les faux braves , qui parlent sans cesse de
leur courage , & qui font parade de leur
intrépidité ? Il me semble qu'un homme
bien affermi dans son systême , tel que
l'Abbé de *Chaulieu* a voulu le paroître,
un homme bien tranquille sur l'état à venir,
n'en auroit pas parlé si souvent. Il y a
là dedans quelque chose de forcé , qu'on
sent encore mieux , qu'on ne peut l'exprimer. Un homme qui ne craint ni ne
désire la mort , tel que doit être un Epicurien , ne doit pas naturellement s'en
occuper si fréquemment , & en faire revenir perpétuellement l'idée. Cette attention à la braver & à s'égayer sur ce lugubre sujet, décele , si je ne me trompe,
une

une frayeur cachée, qu'on tâche de calmer.
En un mot, le secret de la conscience
échappe, par les soins rédoublés qu'on
se donne pour le cacher.

Cependant M. de V. le fait mourir avec
intrépidité après avoir vécu dans les délices. (*Siecle de Louis* XIV, article des
Ecrivains.) Cette mort intrépide n'est pas
assurément une mort Chrétienne dans le
style de l'Auteur. Il avoit pourtant dit
dans sa lettre à M. le Duc de *Sully* que
l'Abbé de *Chaulieu* avoit reçu les Sacrements. Il ajoute,

> Il fit même un très-beau Sermon,
> Qui satisfit tout l'Auditoire.
> Tout haut il demanda pardon
> D'avoir eu trop de vaine gloire.
> C'étoit là, dit-il, le péché
> Dont il fut le plus entiché ;
> Car on sait qu'il étoit Poëte
> Et que sur ce point tout Auteur,
> Ainsi que tout Prédicateur,
> N'a jamais eu l'ame bien nette.

XXXXXXXXXXXXXXXXXXXXXXXXXXXXXXXXXXXXXXXXXXXX

CORNEILLE.

Examen du Commentaire de M. de V.
sur ce Poëte.

SI ce grand homme revenoit au monde,
il auroit peut-être plus de reproches que
de remerciments à faire à M. de V. Il est

vrai qu'il l'a commenté, mais il l'a traité non en commentateur enthousiaste, mais en juge sévere. Dans le grand nombre de bonnes remarques grammaticales dont son commentaire est rempli, il y en a de superflues, de minutieuses ou qui sentent un peu la chicane, & elles ne sont pas toutes justes.

Ce qu'il y a d'étrange c'est que *Racine*, dans un commentaire consacré à la gloire de *Corneille*, soit toujours ramené pour recueillir les principales louanges. On convient de la supériorité de l'Auteur d'*Athalie*, quant à la pureté du langage, à l'exactitude, à la correction, à l'art de traiter l'amour & tous les sentiments naturels, à l'observation des bienséances, &c. mais il semble trop que *Corneille* ne soit si sévérement discuté que pour servir d'ornement au triomphe de son rival. L'Auteur du *Cid* a sans doute ses défauts ; mais celui de *Phedre* n'a-t-il pas les siens ? Ne peut-on pas lui reprocher de n'avoir pas toujours mis dans l'amour toutes les fureurs tragiques dont cette passion est susceptible ; de s'être quelquefois borné à la galanterie d'un courtisan François, & contenté d'une froide élégance ; de n'avoir que touché le cœur quand il pouvoit le déchirer ; d'avoir été foible dans presque tous ses derniers actes. D'ailleurs ce Poëte est venu après *Corneille*, & celui-ci n'ayant eu devant les yeux aucun Auteur qui pût le guider, a eu de plus grands

CRÉBILLON.

Réfutation d'une critique de ce Poëte.

LE talent le plus décidé, les succès les moins équivoques, ce dégré de gloire & de réputation qui semble inspirer le respect, rien dans ce Siecle ne met à l'abri des traits de la basse jalousie, & de la rage des Libelles diffamatoires. Un impudent anonyme dans l'instant que M. de *Crébillon* recevoit les hommages de la nation, & que sa cendre étoit à peine refroidie, s'élança du sein de la méchanceté pour souffler ses poisons contre la mémoire de ce grand homme. On vit éclore en 1762 une Satyre infâme intitulée *Eloge de M. de Crébillon* in-8. de 34 pages qui n'est, à proprement parler, qu'une lacération des écrits de cet illustre Auteur. On nous le présente d'abord comme un *homme de peu de Littérature, dans sa jeunesse homme de plaisir, & déjà d'un certain âge lorsqu'il travailla pour le théatre. Le Satyrique commence sa critique par Idomenée.* Comment peut-il dire que l'intrigue de cette Piece est foible & commune ? Qu'on la lise & qu'on juge. Rien d'ailleurs de plus intéressant que le sujet. Son seul défaut est qu'il approche de celui d'*Iphigenie* en Aulide. Le Satyrique a-t-il pu refuser son suffrage à ces beaux Vers que dit *Idomenée* :

F 3

Une effroyable nuit fur les eaux répandue
Déroba tout à coup ces objets à ma vue.
La mort feule y parut .... le vafte fein des mers
Nous entrouvrit cent fois la route des enfers, &c.

Ce récit eft auffi bien verfifié que touchant , & refpire cette noble fimplicité
dont les Siecles anciens nous ont laiffé
des modeles. Les fcenes entre le Pere &
le Fils produifent le plus vif intérêt. Les
amateurs de la Poéfie en trouveront toute
la force , toute l'énergie dans le morceau
d'*Egefippe* à *Idomenée. Au pied du mont
facré* , &c.
Idomenée eft fans doute la plus médiocre des Pieces de *Crébillon.* Malgré tous
ces défauts il y a peu de Tragédies modernes qui lui foient comparables, quoiqu'elles jouiffent du fuccès le plus éclatant.
Le rôle d'*Atrée* eft ce qu'il y a de plus
beau fur notre Théatre ; il fe foutient
dans toutes fes parties. *Crébillon* à la vérité ne s'eft pas fauvé de l'écueil du Siecle ;
il a jetté de l'amour au milieu de ce beau
terrible. M. de V. lui - même dans un
temps où l'on commençoit à fentir le ridicule de cet amour , n'a-t-il pas fait
Jocafte & *Philotecte* amoureux ? *Varus* n'eft-
il pas un amant à la mode ? Sa *Sémiramis* , fon *Mahomet* , ont les mêmes défauts ; & cependant M. de V. a été le
premier à condamner cet emploi ennuyeux
& revoltant de la paffion de l'amour,

qui gâte la plûpart des nos meilleures Tragédies.

On objecte les fautes de style d'*Atrée*. Et une 50°. de Vers près, elle est sur le ton que demande la Tragédie. Et quelle est la Piece même de *Racine* où il ne se trouve pas de mauvais Vers ? Il suffit que le plus grand nombre soit reconnu bon, pour qu'un Drame passe pour bien écrire : le style de *Crébillon* ressemble assez à sa maniere. Il est vigoureux & énergique ; ce qui quelquefois occasionne des incorrections. Comment peut-on parler d'*Atrée*, & ne pas prodiguer des éloges à la scene de la reconnoissance ? Celle de la coupe, est du plus grand tragique. Le rôle de *Plistene* contraste admirablement avec celui d'*Atrée*. En un mot, cette Tragédie, au défaut près de la seconde reconciliation ; est un chef d'œuvre & de la plus grande maniere. C'est un le Brun dans l'école de *Melpomene*.

Electre amoureuse n'est pas de la dignité du Cothurne Grec ; j'en conviens ; mais cet amour produit une scene touchante dans laquelle *Electre* veut empêcher *Itys* d'aller aux Autels. D'ailleurs le rôle d'*Electre* est supérieur, ainsi que ceux d'*Oreste* & de *Palamede*. Tout le monde a senti, comme censeur, les défauts que l'on peut reprocher à cette piece ; mais personne n'a été assez injuste, assez aveuglé par la haine, & par l'envie, pour fermer les yeux à toutes les beautés qui, si l'on peut le dire , jaillissent sous la main de M. *Crébillon*, dans ce sujet traité depuis avec si peu de succès, par M. de V. sous le noms d'*Areste* ....

. *Rhadamiste* après les chefs-d'œuvres des *Corneilles* & des *Racines*, est une des plus belles pieces qui soient restées à notre théatre. Le rôle de *Radamiste* réunit toute cette énergie de passions, tous ces feux, qui forment le grand caractere Théatral ; son amour produit des effets terribles .... *Sémiramis* renferme des morceaux où respire le génie de *Crébillon*.

On vante peu le sang dont j'ai reçu la vie ,
Mais je n'en connois point à qui je porte envie.

Le Public voit toujours avec plaisir *Pyrrhus*. Il y a du génie dans le plan ; cette Tragédie respire la générosité , la noblesse d'ame. Ce qu'on peut lui reprocher , c'est trop de complication ; mais *Heraclius* peut faire excuser ce défaut.

Catilina est à son tour en butte aux piqueures de l'insecte vénimeux. Il ne convient pas que les trois premiers actes de cette piece sont trois chefs-d'œuvres , que le rôle de *Catilina* est de la plus grande force. Celui de *Ciceron* est peu de chose, parce que dans ce Drame tout est sacrifié au personnage de *Catilina* , comme nous avons en des exemples dans *Ariane , Phedre Médée* , &c. le Satyrique a bien soin de nous rapporter les mauvais Vers ,

les Vers foibles de *Catilina* ; mais il falloit pour annoncer l'impartialité nous en
préfenter auffi les beaux Vers.

M. de *Crébillon* fit le triumvirat à l'âge
de 80 ans. C'en étoit affez pour adoucir
la cabale, & pour défarmer la cenfure.
Le tableau des profcriptions & la tête
de *Ciceron* découverte aux yeux de fa
fille, font de ces morceaux qui ne peuvent être que le fruit du génie. Cette derniere qualité diftinguera toujours *Crébillon*.
C'eft le troifieme de nos Poëtes tragiques.
Il a un genre à lui, & fi M. de V. a
un coloris plus brillant, un ftyle plus
pur, il n'a que foiblement cette fureur
Tragique qui diftingue l'Auteur d'*Atrée*,
& il ne l'a eue qu'en l'imitant.

Au refte *l'éloge de Crébillon* que nous
venons de réfuter fut attribué généralement à M. de V. : l'infuffifance des dé-
faveux qu'il en donna, l'amertume de
fa critique, la fecrette jaloufie qui l'ani-
moit contre M. de *Crébillon* ; tout cela
n'a pas fervi à détromper le Public.

C R E V I E R.

Sa vie & fon Apologie.

Jean-Batifte-Louis **Crevier**, Profeffeur
Emerite de l'Univerfité de Paris, mourut
dans cette Capitale d'une attaque d'Apo-
plexie le jour de St. André 1765 à l'âge

d'environ 73 ans, étant né en Février 1693.

Son Pere Compagnon Imprimeur, Rue & Montagne Ste. *Genevieve*, l'envoya en claſſe au College des Graſſins, où il ſe diſtingua par ſon application & par ſes ſuccès ; ſon Regent de cinquieme, M. *Poitevin*, ayant paſſé à la chaire de Philoſophie du College de Beauvais, parla de lui à M. *Rollin*, qui en étoit principal. Tout Paris a connu le zele de cet homme célebre pour former de bons ſujets. Le jeune *Crevier* fut donc appellé à Beauvais en qualité de Bourſier du principal & non pas du College, c'eſt-à-dire, à titre de pure charité. M. *Rollin* ne la faiſoit point à demi. Cet enfant dénué des biens de ce monde, mais riche en talent & en bonne volonté devint l'objet de ſon attention particuliere. Auſſi les progrès du jeune homme ne ſe démentirent point dans tout le cours de ſes études ; & ſa conduite dans cet âge critique avoit été ſi exemplaire, qu'il fut bientôt jugé digne de conduire les autres. M. *Rollin* le fit Précepteur dans le College. En 1719 M. *Coffin*, alors principal, le nomma Profeſſeur de quatrieme, d'où il paſſa peu de temps après à la chaire de ſeconde, & enfin à celle de Rhétorique.

On reproche avec aſſez de fondement à la plupart des Profeſſeurs, de borner leur érudition au Grec & au Latin. M. *Crevier*, outre notre hiſtoire & la littérature

Françoiſe qu'il poſſédoit très-bien, réuniſ-ſoit encore des connoiſſances utiles pour lui & pour les autres ; ſachant même aſſez d'Hébreu pour entendre les Pſeaumes dans leur langue originale. Il avoit hérité de M. *Rollin* un vrai zele pour l'éducation de la jeuneſſe ; zele qui eſt ſi rare aujourd'hui & qu'il ſeroit ſi important de ranimer. Il travailloit encore plus à former le cœur de ſes Eleves, qu'à orner leur eſprit ; & ſa *Rhétorique Françoiſe*, (deux Vol. in-12.) Dont la publication n'a précédé ſa mort que de quelques ſemaines, porte ſingu-liérement ce caractere.

Croiroit-on que c'eſt cet homme ſi reſ-pectable par ſes mœurs, ſi eſtimable par ſes connoiſſances, que M. de V. a traité avec la derniere indignité dans ſes *contes de Guillaume Vadé?*

,, Le lourd *Cervier*, pedant craſſeux & vain,

,, Prend hardiment la place de *Rollin*

,, Comme un Valet prend l'habit de ſon Maître.

,, Que voulez vous ? Chacun cherche à paroître.

,, *Crevier*, dit M. de V. dans une note,

,, mauvais Auteur d'une hiſtoire Romaine,

,, & d'une hiſtoire de l'Univerſité, & beau-

,, coup plus fait pour la ſeconde que pour

,, la premiere. Il a depuis fait un Libelle

,, contre le célebre *Monteſquieu* dans lequel

,, il s'efforce de prouver que *Monteſquieu*

,, n'étoit pas Chrétien. Voilà un beau ſervice

,, que cet homme rend à notre Religion,

» de chercher à nous convaincre qu'elle
» étoit méprisée par un grand-homme. La
» monture de *Bathos* (L'âne) paroît assez
» convenable à ce Monsieur. „

On peut opposer à cette tirade si injuste
& si maligne les jugements des personnes
impartiales , & on ne sera pas porté à
blâmer M. *Crevier*, de ce qu'il a pris la
place de *Rollin* dans la continuation 'de
l'*Histoire Romaine.*

» Il seroit à souhaiter (dit l'Abbé *des*
» *Fontaines* , Tome XXX. des *observa-*
» *tions des écrits modernes*) que tous les
» hommes rares trouvassent de pareils
» successeurs ; leur perte seroit moins sen-
» sible. Dans les lettres les minces sujets ,
» les ignorants , les imbécilles , ne sont que
» trop aisément & que trop souvent rem-
» placés , par ces ineptes qui leur ressem-
» blent. Ce sont des hydres , dont les
» têtes ne cessent de renaître. Il n'en est
» pas ainsi des hommes excellents d'un
» savoir, d'un génie & d'un goût distin-
» gués. *Corneille* , *Racine* , *Moliere* ; la
» *Fontaine* , *Pascal* , *Bossuet* , *Fénelon* ,
» *Bourdaloue* , n'ont pas été remplacés.
» Quelque cas que je fasse du savoir & de
» l'esprit de M. *Crevier* , je suis persuadé
» qu'il m'avouera , lorsque je dirai de lui
» seulement, qu'il va représenter M. *Rollin*;
» mais j'ajouterai que personne aujour-
» d'hui n'est plus digne de s'acquiter de ce
» glorieux rôle „

» Quelque estime , dit encore l'Abbé

obstacles à surmonter. Il y a d'autres avantages que M. de *Fontenelle* a fait valoir dans son *Parallele de Corneille & de Racine* ; mais comme cette comparaison vient d'un neveu, elle peut être suspecte. Tout ce qu'on peut dire de vrai c'est que *Corneille* réunit toutes les parties, le tendre, le touchant, le terrible, le grand, le sublime. Mais ce qui domine sur toutes ces qualités & qui les embrasse, c'est la grandeur & la hardiesse. *Corneille* est peut-être le plus fort génie, qui ait paru depuis les Grecs : c'est le génie qui fait tout en lui, qui a créé les choses & les expressions. Il y a par tout une majesté, une force, une magnificence, dont personne n'approcha jamais. Quelle gloire pour notre langue qu'on dit moins forte que la Latine & la Grecque, d'avoir pu fournir à cet homme divin des traits capables de rendre son feu & ses idées !

Voilà ce que dit M. l'Abbé *Bateux* & ce que M. de V. n'a point assez dit. Il repete souvent „ mon Commentaire n'est » ni un Panégyrique, ni une Censure, mais » un examen impartial.... » Je ne puis, dit-il, en s'adressant à *Corneille* » ni ajou- » ter, ni ôter rien à votre gloire. Mon » seul but est de faire des remarques utiles » aux étrangers qui apprennent votre langue, » aux jeunes gens qui veulent vous imiter, » aux Lecteurs qui veulent s'instruire. »

Mais pourquoi, dit-on, rappeller dans les préfaces sur le *Cid*, sur *Sertorius* &

ailleurs, ces odieuſes & affreuſes Satyres faites contre *Corneille*, ces traits injurieux lancés contre lui par les d'*Aubignac*, & par d'autres Ecrivains auſſi plats, aujourd'hui parfaitement oubliés ? S'il en a beaucoup épargné à la délicateſſe des honnêtes gens, il n'en a que trop mis encore pour le but qu'il ſe propoſoit. Pourquoi toutes ces perſonnalités ſur *Corneille* ? Quelle néceſſité de le plaindre d'avoir dédié *Cinna* à un Financier qui apparemment lui étoit bon à quelque choſe ? Pourquoi même, faiſant revivre *Corneille*, ſoit pour la gloire de la nation, ſoit pour l'inſtruction de notre Siecle, avoir réimprimé ſon Epitre à *Montauron* ? Quelle néceſſité encore d'avoir réimprimé la dédicace d'*Œdipe* au Sur-Intendant *Fouquet*, pour avoir occaſion de dire : *qu'il eût mieux valu pour l'Auteur de* Cinna, *vivre à Rouen, avec du pain bis & de la gloire, que de recevoir de l'Argent d'un ſujet du Roi, & de lui faire de ſi mauvais Vers pour ſon Argent ?* Qui ſait mieux que M. de V. qu'on ne vit pas ſeulement de gloire & même de pain blanc ? Enfin pourquoi cette application à réiterer toujours ces mêmes plaintes ſur l'indigence de *Corneille* qui le forçoit à travailler ?

Toutes ces réflexions tant ſur ſa perſonne que ſur ſa fortune, n'étoient certainement utiles ni aux *Etrangers qui veulent apprendre notre langue, ni aux jeunes gens qui étudieront l'art Dramatique dans* Corneille, *ni aux Lecteurs curieux d'inſtructions ſolides.*

„ *des Fontaines* dans ſes jugements ſur les
„ ouvrages modernes, dont le Public ſoit
„ prévenu pour M. *Rollin*, on ne peut
„ pas dire, ce me ſemble, que M. *Crevier*
„ ait le ſort ordinaire des continuateurs
„ toujours inférieurs à ceux qu'ils rempla-
„ cent. Il s'eſt même heureuſement ga-
„ ranti de quelques défauts reprochés à
„ M. *Rollin*, qui dans le deſir de ſervir
„ plus promptement le Public, & de ſe
„ rendre plus utile, ſans ſe mettre en peine
„ de ſa propre gloire, a quelquefois adopté
„ le travail des autres. On ne remarque
„ point non plus d'écarts dans la conti-
„ nuation de M. *Crevier*, qui quoique auſſi
„ zélé que ſon Prédéceſſeur, ne ſe laiſſe
„ point aller à des digreſſions longues &
„ fréquentes ſur des points de morale &
„ de Religion. „

Quant aux *obſervations de M. Crevier
ſur l'eſprit des loix*, elles ſont dignes
d'un Chrétien zélé pour les intérêts de la
foi. L'Auteur ne prétend point porter coup
à la Religion, en traitant M. de *Monteſquieu* comme il le traite. Il fait voir ſeulement que les plus grands hommes font
ſouvent les plus grands écarts, lorſqu'ils
ne ſe laiſſent pas diriger par le flambeau
de la foi.

Nous avons cité la *Rhétorique* de M.
Crevier comme un ouvrage qui ne reſpire
que l'utilité publique, & nous rapporterons à cette occaſion le jugement de M.
de *Querlon*, qui eſt un nouvel hommage
rendu à ce ſavant eſtimable.

„ M. *Crevier*, dont la mort vient de
„ terminer les travaux, & que l'Université
„ diftinguera dans fes faftes, n'a pas fait
„ un meilleur ouvrage que cette nouvelle
„ Rhétorique. Elle eft tirée des Sources
„ ordinaires : c'eft le fond d'*Ariftote*, de
„ *Cicéron*, de *Quintilien*, mais tellement
„ digéré que ces trois grands Maîtres fem-
„ blent n'avoir pas plus écrit pour leur
„ temps & relativement aux propriétés de
„ leurs langues, que pour nous & pour
„ tous les ufages que nous pouvons faire
„ de la nôtre.... Qui peut douter (quoi-
„ qu'en difent quelques modernes Nova-
„ teurs) qu'il n'exifte un Art pour toutes
„ les formes du Langage, & que l'emploi
„ de la parole, dans tout Miniftere pu-
„ blic n'en foit un auffi caractérifé par les
„ mouvements dont il eft fufceptible, que
„ la Poéfie l'eft par fon méchanifme ? Qui
„ doute auffi qu'en revenant fur les obfer-
„ vations, dont eft né cet Art de bien
„ dire, on ne puiffe en tirer toujours le
„ même fruit que ceux qui fe font formés
„ par ce genre d'étude. Nous favons bien
„ qu'il eft un âge pour fe remplir des
„ préceptes que nous retrace ici l'Auteur,
„ mais, fi dans toutes les profeffions qui
„ ont pour objet le miniftere de la pa-
„ role, nul âge n'eft difpenfé d'en faire
„ l'ufage le plus efficace, ou le plus noble
„ & le plus utile, nous croyons qu'en cette
„ matiere un bon guide eft toujours de
„ faifon. C'eft principalement fous ce

„ point de vue que nous avons examiné
„ la Rhétorique Françoise. Quoiqu'elle
„ n'ait point d'autres fondements que ceux
„ qu'ont posés les Anciens ; l'Auteur a su
„ la rendre usuelle & propre à nous diri-
„ ger sûrement dans tous les genres d'E-
„ locution. Tout est ici précepte, ou mo-
„ dele. La partie de l'Instruction est saine,
„ exacte, judicieuse, & le choix des Exem-
„ ples ne sauroit être mieux fait. „ Affi-
ches de province de 1765.

XXXXXXXXXXXXXXXXXXXXXXXXXXXXXXXXXXXXXXXXXX

DANCHET.

Eloge de son esprit & de son erreur.

CEt Ecrivain est un de ceux que M. de
V. pris à tâche de décrier, on ne sait pourquoi. Il fait annoncer par la trompette
postérieure de la Renommée.

Vers de Danchet, Prose de Marivaux.

Il dit dans le Catalogue des Ecrivains
du siecle de Louis XIV qu'il *a réussi à
l'aide du Musicien dans quelques Opera
qui sont moins mauvais que ses Tragédies.*
M. *Danchet* méritoit plus d'égards &
comme homme & comme Poëte. M.
Gresset son successeur à l'Académie la peint
sous ces deux points de vue, de façon à
faire sentir, combien les critiques de M.
de V. sont injustes.

„ Toute sa vie fut appliquée, remplie,

„ & digne de ſes modeles. Né avec un
„ eſprit facile & fécond , un talent heureux
„ pour la poéſie , une ame faite pour
„ ſaiſir & peindre les idées élevées & les
„ ſentiments nobles , un jugement toujours
„ maître du talent , M. *Danchet* avoit joint
„ à ces dons de la nature tous les ſecours
„ de l'art , toute la culture de l'étude &
„ de la réflexion , les richeſſes des Muſes
„ d'Athenes & de Rome , & tous les nou-
„ veaux tréſors dont le Parnaſſe de l'Eu-
„ rope eſt enrichi depuis la fin des ſiecles
„ barbares , & la naiſſance des lettres.
„ Inſtruit , formé par les oracles de la
„ Poéſie , rempli de leurs beautés , animé
„ de leur eſprit , il mérita de parler leur
„ langue , & de partager leurs lauriers.

„ Je ne m'arrêterai point à caractériſer
„ ſes différents écrits , ni à rappeller le
„ ſuccès des *Tindarides* , de *Cyrus* , de
„ *Nitetis* , couronnés pluſieurs fois ſur la
„ ſcene tragique , & le rang diſtingué
„ qu'*Héſione* , *Tancréde* , & les Fêtes Véni-
„ tiennes tiendront toujours ſur la ſcene
„ Lyrique ; c'eſt aux ouvrages à parler de
„ leur Auteur ; tout autre témoignage eſt
„ ſuſpect ou ſuperflu , mais il eſt un tribut
„ plus cher que je puis payer à la mé-
„ moire de M. *Danchet* avec toute l'auto-
„ rité du témoignage public & avec cette
„ ſatisfaction du cœur qui accompagne la
„ vérité ; un tribut dont je ne dois rien
„ omettre pour ſa gloire & celle des ta-
„ lents mêmes ; un titre plus honorable

que

» que les succès & que le frivole mérite
» de n'avoir que de l'esprit ; un éloge fait
» pour intéresser également & celui qui le
» donne & ceux qui l'écoutent : avantage
» bien rare pour la louange !

» Ce n'est pas seulement, Messieurs, à
» l'idée générale d'une franchise respecta-
» ble, d'une probité sans nuages & d'une
» conduite sans variations que je viens
» rappeller votre souvenir pour peindre
» tout le mérite de son ame. Je n'ai nommé
» là que les vertus & les devoirs qu'il
» partageoit avec tous les véritables hon-
» nêtes gens ; il n'avoit d'amis qu'eux, il
» ne pouvoit ressembler à d'autres ; mais
» pour y joindre des traits plus person-
» nels : un mérite dont il faut lui tenir
» compte, un avantage qu'il emporte dans
» le tombeau, c'est de n'avoir jamais dés-
» honoré l'usage de son esprit par aucun
» abus de la poésie ; caractere si rare dans
» l'art dangereux qu'il cultivoit, & où le
» talent ne doit pas être plus estimable
» par les choses mêmes qu'il produit, que
» par celles qu'il a le courage de se re-
» fuser. Instruit dès sa jeunesse & con-
» vaincu toute sa vie que la Poésie ne
» doit-être que l'interprete de la vérité &
» de l'honneur, la langue de la sagesse
» & de l'amitié, & le charme de la so-
» ciété, il ne partagea ni le délire ni l'igno-
» minie de ceux qui la profanent. Au-des-
» sus de cette lâche envie qui est toujours
» une preuve humiliante d'infériorité ;

„ ennemi du genre fatyrique , dont l'art
„ eſt ſi facile & ſi bas ; ennemi de l'ob-
„ ſcénité dont le fuccès même eſt ſi hon-
„ teux ; inacceſſible à cette aveugle licence
„ qui oſe attaquer le reſpect dû aux loix ,
„ au trône , à la religion , audace dont
„ tout le mérite eſt en même temps ſi cou-
„ pable & ſi digne de mépris ; incapable
„ enfin de tout ce que doivent interdire l'eſ-
„ prit ſociable , la façon noble de penſer ,
„ l'ordre , la décence , & le devoir , ſes
„ écrits porterent toujours l'empreinte de
„ ſon cœur.

„ Malgré l'opinion preſque générale , il
„ n'eſt pas toujours vrai qu'on ſe peigne
„ dans ſes ouvrages. Il eſt aiſé d'être le
„ Panégyriſte de l'honneur , l'organe des
„ ſentiments vertueux , & l'orateur des
„ mœurs ; mais quand on parcourt l'hiſ-
„ toire de la Poéſie , on a quelquefois le
„ regret de trouver les plus belles maximes
„ en contradiction avec la vie de leur
„ déclamateur, & l'élévation des préceptes,
„ dégradées par la baſſeſſe des exemples :
„ telle a été la malheureuſe deſtinée de quel-
„ ques Ecrivains , qui ne prétendoient qu'à
„ la célébrité , qui n'ont ni connu , ni
„ mérité l'eſtime.

„ La mémoire de M. *Danchet* n'a rien à
„ craindre d'un ſemblable reproche. La
„ candeur , la raiſon & la nobleſſe que
„ reſpirent tous ſes ouvrages ſont l'hiſtoire
„ de ſa vie : heureux en la perdant d'obte-
„ nir les regrets ſinceres de tous ceux qui

„ l'ont bien connu ! heureux d'avoir uni
„ à ses talents tous les titres de l'honnête
„ homme & du sage, & d'avoir toujours
„ mis avant le vain bruit de la renommée,
„ le soin de s'immortaliser dans l'estime
„ publique ! „

Nous sentons que le portrait de M. *Danchet* a dû être mortifiant pour M. de V. mais nous ne savons qu'y faire. Il en résulte toujours que notre Académicien étoit un membre estimable, de la premiere compagnie du Royaume, & qu'il méritoit la place qu'il y avoit obtenue. M. de V. plaisanta pourtant beaucoup de ce qu'on lui avoit ouvert les portes. Il fit cette Epigramme si connue.

> *Danchet* si méprisé jadis
> Apprend aux pauvres de génie,
> Qu'on peut gagner l'Académie,
> Comme on gagne le Paradis.

Il est certain qu'il seroit à souhaiter que les talents qui donnent entrée à l'Académie, ne la fermassent pas par leurs abus au Paradis. Nous croyons que M. *Danchet* à eu cet avantage & nous desirons que M. de V. l'obtienne.

DANIEL.

Contradiction de M. de V. sur cet Historien.

CE n'est point l'Apologie de cet Auteur que je veux faire ; je sais que ce n'étoit point un *Tacite* & que s'il satisfait à quelques égards, il laisse beaucoup de choses à désirer. Mon but est de montrer le fond que l'on peut faire sur les jugements que M. de V. porte sur ces Ecrivains par les contradictions où il tombe en parlant de celui-ci. *Le Pere Daniel* (dit-il, dans ses *nouveaux Mélanges ;* tome III. p. 389.) *ne passe pas pour un Historien assez profond & assez hardi, mais il passe pour un Historien très-véridique.*

Voici les preuves que M. de V. nous fournit de la véracité de ce Jésuite.

,, Que le Pere *Daniel* dans ses Abrégés
,, Chronologiques de *Louis* XIII. & de
,, *Louis* XIV. se trompe sur quelques noms,
,, sur la position de quelques villes, qu'il
,, prenne l'entrée de quelques troupes dans
,, une ville ouverte pour un siege ; ces
,, légeres fautes ne sont presque rien,
,, parce qu'il importe peu à la postérité qu'en
,, ait eu tort ou raison dans des petits faits
,, qui sont perdus pour elle. Mais on ne peut
,, souffrir les *déguisements* avec lesquels il
,, raconte les batailles importantes. (*Sup-*
,, *plément au Siecle de Louis* XIV.)

„ Sied - il bien à *Daniel* (ajoute M.
„ de V. dans ses *Contes* de *Guillaume*
„ *Vadé*) de dire dès la premiere page de
„ son histoire : *Ce ne fut que sous le*
„ *grand Clovis, que les François se ren-*
„ *dirent maîtres pour toujours de ces gran-*
„ *des Provinces.* Certainement le grand
„ *Clovis* ne s'en rendit pas maître pour
„ toujours, puisque ses successeurs perdirent
„ tout le pays qui s'étend de Cologne à la
„ Franche-Comté. Ce *Daniel* vous dit d'a-
„ près le Romancier *Grégoire* de Tours,
„ que les Soldats de *Clovis* après la ba-
„ taille de Tolbiac, s'écrierent comme de
„ concert : *Nous renonçons aux Dieux*
„ *mortels ; nous ne voulons plus adorer*
„ *que l'immortel ; nous ne reconnoissons*
„ *plus d'autre Dieu que celui que le Saint*
„ *Evêque* Remi *nous prêche.*

„ En vérité il n'est pas possible que toute
„ une armée de Francs ait prononcé de
„ concert cette Phrase, & ces Antitheses
„ de *mortel* & *d'immortel.* Votre *Daniel*
„ ressemble à votre la *Motte*, qui dans
„ une abréviation d'*Homere* fait dire une
„ pointe à toute l'Armée Grecque, & lui
„ fait prononcer ce Vers, quand *Achille*
„ se reconcilie avec *Agamemnon : que ne*
„ *vaincra-t-il point ? Il s'est vaincu lui-*
„ *même.*

„ Comment l'Armée des Francs pouvoit-
„ elle renoncer à des Dieux mortels ?
„ Adoroit-elle des hommes ? Le *Theut*,
„ l'*Irminsul*, l'*Odin*, la *Frida*, que ces

» Barbares révéroient n'étoient-ils pas des
» immortels à leurs yeux ? *Daniel* ne devoit
» pas ignorer que tous les Peuples du
» Nord adoroient un Dieu Suprême qui
» préfidoit à toutes ces divinités fecon-
» daires. Il n'avoit qu'à confulter l'an-
» cien livre de l'Edda, cité par le favant
» *Huet* Evêque d'Avranches ; il n'avoit
» qu'à lire ce que *Tacite* dit expreffément
» dans fon traité des Mœurs des Ger-
» mains : *Regnator omnium Deus :* ce Dieu
» s'appelloit *God* ou *Goth*, *Goth* le bon,
» & on ne peut affez admirer que des Bar-
» bares euffent donné à la Divinité un
» tire fi digne d'elle. *Daniel* ne devoit
» donc pas mettre une pareille fotife dans
» la bouche de toute une Armée, fotife
» convenable tout au plus au *Pedagogue*
» *Chrétien.* Mais en quelle langue, s'il
» vous plait préchoit *Remi*, à ces Bruc-
» teres & à ces Sicambres ? Il parloit ou
» Latin ou Welche, & les Sicambres par-
» loient l'ancien Tudefque. »

M. de V. dans un autre ouvrage, où il
parle du goût de Madame la Marquife du
Chatelet pour l'hiftoire s'exprime ainfi :
» Rien ne la révoltoit plus que la puéri-
» lité de quelques Ecrivains qui penfent
» orner ces fiecles de Barbarie, & qui
» donnent le portrait d'*Agiluf* & de
» *Grifon*, comme s'ils avoient *Scipion* &
» *Céfar* à peindre. Elle ne pouvoit fouf-
» frir dans *Daniel* ces récits continuels de
» batailles, tandis qu'elle cherchoit l'hif-

,, toire des Etats Généraux, des Parlements,
,, des Loix municipales, de la Chevalerie,
,, de tous nos usages, & sur-tout de la
,, société autrefois sauvage, & aujour-
,, d'hui civilisée. Elle cherchoit dans *Da-*
,, *niel* l'histoire du grand *Henri* IV, &
,, elle y trouvoit celle du Pere *Coton* :
,, elle voyoit dans cet Ecrivain le Pere
,, de St. Louis attaqué d'une maladie mor-
,, telle ; ses Courtisans lui proposant une
,, jeune fille comme une guérison infailli-
,, ble, & ce Prince mourant martyr de la
,, chasteté. Ce conte tant de fois répété,
,, rapporté long-temps auparavant de
,, tant de Princes, démenti par la médecine
,, & par la raison, étoit gravé dans *Daniel*
,, au-devant de la vie de *Louis* VIII.

,, Elle ne pouvoit comprendre comment
,, un Historien qui a du sens, pouvoit
,, dire après tant d'autres mal instruits,
,, que les Mammelucs voulurent choisir en
,, Egypte pour leur Roi St. *Louis*, Prince
,, Chrétien leur ennemi, l'ennemi de leur
,, Religion, leur prisonnier, qui ne con-
,, noissoit ni leur langue, ni leurs mœurs.
,, On lui disoit que ce fait est dans *Joinville* ;
,, mais il n'y est rapporté que comme un
,, bruit populaire, & elle ne pouvoit sa-
,, voir que nous n'avons pas la véritable
,, histoire de *Joinville*.

,, La fable du vieux de la Montagne,
,, qui dépêchoit deux devots du Mont
,, Liban pour aller vite assassiner Saint
,, *Louis* dans Paris, & qui le lendemain

„ fur le bruit de ſes vertus , en faiſoit par-
„ tir deux autres pour arrêter la pieuſe
„ entrepriſe des deux premiers , lui paroiſ-
„ ſoit fort au deſſous des *mille & une nuit.*

„ Enfin , quand elle voyoit que *Daniel*
„ après tous les autres Chroniqueurs don-
„ noit pour raiſon de la défaite de Crécy
„ que les cordes de nos arbalêtes avoient été
„ mouillées par la pluie pendant la bataille,
„ ſans ſonger que les arbalêtes Angloiſes
„ devoient être mouillées auſſi ; quand elle
„ liſoit que le Roi *Edouard* III accordoit
„ la paix parce qu'un orage l'avoit épou-
„ vanté , & que la pluie décidoit ainſi de
„ la paix & de la guerre , elle jettoit le
„ livre. „

M. de V. (dans ſon *hiſtoire générale*
Chapitre de *Henri* IV.) n'eſt pas plus content de notre hiſtorien. „ *Daniel* , dit-il ,
„ raconte une particularité qui paroît bien
„ extraordinaire , & il eſt le ſeul qui la
„ raconte. Il prétend que *Henri* IV , après
„ avoir reconcilié le Pape avec la République de Veniſe , gâta lui-même cet
„ accommodement , en communiquant au
„ Nonce à Paris une lettre interceptée d'un
„ Prédicant de Geneve , dans laquelle ce
„ Prêtre ſe vantoit que le Doge de Veniſe
„ & pluſieurs Sénateurs étoient Proteſtants
„ dans le cœur , qu'ils n'attendoient que
„ l'occaſion favorable de ſe déclarer ; que
„ le Frere *Fulgentio* de l'ordre des Servites ,
„ le Compagnon & l'ami du célebre *Sarpi* ,
„ ſi connu ſous le nom de *Fra Paolo* ,

„ travailloit efficacement dans cette Vigne.
„ Il ajoute que *Henri* IV fit montrer cette
„ lettre au Sénat par son Ambassadeur, &
„ qu'on en retrancha seulement le nom du
„ Doge accusé. Mais après que *Daniel* a
„ rapporté la substance de cette lettre dans
„ laquelle le nom de *Fra-Paolo* ne se trou-
„ ve , il dit cependant que ce même *Fra-*
„ *Paolo* fut cité & accusé dans la copie
„ de la lettre montrée au Sénat. Il ne
„ nomme point le Pasteur Calviniste qui
„ avoit écrit cette prétendue lettre inter-
„ ceptée.

„ Il faut remarquer encore que dans
„ cette lettre il étoit question des Jésuites ,
„ lesquels étoient bannis de la République
„ de Venise. Enfin *Daniel* emploie cette
„ manœuvre , qu'il impute à *Henri* IV,
„ comme une preuve du zele de ce Prince
„ pour la Religion Catholique. C'eût été
„ un zele bien étrange dans *Henri* IV , de
„ mettre ainsi le trouble dans le Sénat,
„ de Venise, le meilleur de ses alliés , &
„ de mêler le rôle méprisable d'un brouillon
„ & d'un délateur au personnage glorieux
„ de pacificateur.

„ Il se peut faire qu'il y ait eu une
„ lettre vraie ou supposée d'un Ministre
„ de Geneve ; que cette lettre même ait
„ produit quelques petites intrigues
„ fort indifférentes aux grands objets de
„ l'histoire ; mais il n'est point du tout
„ vraisemblable que *Henri* IV soit des-
„ cendu à la bassesse dont *Daniel* lui fai-

„ soit honneur. Il ajoute que *quiconque a*
„ *des liaisons avec les Hérétiques est de leur*
„ *Religion, ou n'en a point du tout.* Cette
„ réflexion odieuse est même contre *Henri*
„ IV, qui, de tous les hommes de son
„ temps, avoit le plus de liaisons avec les
„ Reformés. Il eût été à desirer que le
„ Pere *Daniel* fût entré plutôt dans les dé-
„ tails de l'administration de *Henri* IV &
„ du Duc de *Sully*, que dans ces petitesses,
„ qui montrent plus de partialité que d'é-
„ quité, & qui décelent malheureusement
„ un Auteur plus Jésuite que Citoyen. Le
„ Comte de *Boulainvilliers* a bien raison
„ de dire qu'il est presque impossible qu'un
„ Jésuite écrive bien l'histoire de France. „

Enfin M. de V. dit ailleurs que c'est
mauvaise fois dans le Jésuite Daniel *de prétendre que* Henri IV *changea de Religion
par conviction.* Je ne garantirai pas ces
différentes Critiques? La plupart sont téméraires & fausses, & on peut voir à ce sujet
les *erreurs de* V. ; mais je dis qu'un Auteur n'est pas *très-véridique* quand il donne dans les *déguisemens*, dans les *exagé-
rations*, les *contes ridicules*, & qu'il est
de *mauvaise foi & partial.* Or tel étoit
le Pere *Daniel* en prenant le résultat des
différentes observations de M. de V. s'il
étoit question cependant de mettre dans
la balance le mérite de cet Ecrivain Jésuite
nous ne serions peut-être pas aussi séveres
que son Censeur. Le Pere *Daniel*, quoique sans force & sans élégance, narre

avec beaucoup de netteté & de justesse, & arrange bien les faits. C'est dans ses jugements sur le caractere de nos Rois, qu'excelle principalement ce sage & savant Historien de notre Monarchie, qui, quoiqu'on en dise n'a pas peut-être un défaut essentiel qu'on ne puisse également reprocher à la plupart des historiens de l'antiquité.

DESCARTES.

Services qu'il a rendus aux sciences.

Mr. de V., amoureux des nouveautés de *Nevvton*, n'a pas rendu une entiere justice à *Descartes*. Il l'a même traité quelquefois avec mépris. Nous croyons rendre service à la patrie, en retraçant (d'après *l'éloge de Descartes* par M. *Gaillard* couronné par l'Académie Françoise en 1765) les obligations que nous avons à l'illustre Philosophe François.

„ C'est *Descartes*, dit-il, qui a fixé pour
„ jamais les bornes, souvent confondues
„ jusqu'à lui, de la Métaphysique & de
„ la Physique ; c'est lui qui saisissant & dans
„ l'esprit & dans la matiere le trait dis-
„ tinctif, le caractere essentiel, a posé
„ entre ces deux substances, unies & dis-
„ tinctes dans l'homme, cette barriere que
„ rien ne peut renverser & qui empêchera

„ toujours d'attribuer à l'une la moindre
„ portion de l'héritage de l'autre ; c'eſt
„ lui qui a détruit le regne des mots, qui
„ a fait rentrer la raiſon dans ſes droits,
„ qui l'a établie juge ſouverain des choſes
„ ſur le rapport de l'évidence. C'eſt lui
„ qui eſt le créateur ſi non de la vraie
„ Philoſophie, du moins de la vraie ma-
„ niere de Philoſopher, de cette méthode
„ géométrique qui marche d'idée en idée,
„ de preuve en preuve, qui joignant par
„ un nœud intime & progreſſif toutes les
„ parties d'un raiſonnement, d'une dé-
„ monſtration, d'un ouvrage entier, les
„ fortifie les unes par les autres & rap-
„ porte tout à l'Unité. Eh ! qui peut dire
„ juſqu'où s'eſt étendue cette heureuſe
„ influence ! Elle ne s'eſt point bornée à
„ la Philoſophie.

„ Il s'eſt fait dans les eſprits une révo-
„ lution générale ; la raiſon & la méthode
„ ont pénétré dans tous les genres : c'eſt
„ depuis *Deſcrates* que les ouvrages ſont
„ bien faits, que les objets y ſont pré-
„ ſentés dans l'ordre qui leur convient,
„ dans le jour qui les embellit, que l'éru-
„ dition eſt ſobre, que le bel eſprit eſt
„ décent, que le ſtyle eſt précis, que le
„ génie eſt ſage, que le goût eſt pur,
„ que tous les arts peignent la nature,
„ & ſe rapprochent de la vérité. C'eſt
„ cet amour du ſimple & du vrai, dont
„ *Deſcartes* a donné l'exemple, qui a pré-
„ paré ce Siecle admirable de *Louis* XIV.

„ La pensée & le doute, ces deux fon-
„ dements de la Philosophie, sont deux
„ bienfaits de *Descartes* envers les hommes,
„ qui depuis tant de Siecles savoient seu-
„ lement croire & répérer. C'est lui qui
„ leur a rendu l'usage des deux premieres
„ facultés de l'esprit, en les avertissant
„ que Dieu ne les leur avoit pas données
„ pour qu'elles restassent inutiles.

„ A ces deux bienfaits, joignons-en un
„ troisieme, l'ordre, cet ordre si néces-
„ saire qui a tant débrouillé le cahos des
„ idées, qui a tant facilité les connoissan-
„ ces en tout genre. On peut avoir été plus
„ loin que *Descartes*, mais c'est dans la
„ route qu'il a tracée. On peut s'être élevé
„ plus haut ; mais c'est en partant du point
„ d'élévation, où il a porté les esprits.
„ On peut enfin l'avoir combattu lui-même
„ avec succès ; mais c'est en se servant des
„ armes qu'il a fournies. Voilà ce que le
„ temps ne sauroit lui enlever ; voilà ce
„ que son Siecle voulut lui contester, parce
„ qu'il faut pour l'épreuve du génie, com-
„ me pour celle de la vertu, que les con-
„ temporains soient injustes. „

M. de V. partageant les sentiments des
ennemis de ce grand homme, a beaucoup
fait valoir les services que *Newton* a rendu
aux sciences. Mais voici à ce sujet un
passage de *l'eloge de Descartes* par M.
Thomas, qui prouvera que le Philosophe
Anglois a dû beaucoup aux Philosophes
Etrangers. „ *Newton* a créé une Optique

,, nouvelle, & démontré les rapports de
,, la gravitation dans les Cieux. Je ne pré-
,, tends pas ici diminuer la gloire de ce
,, grand homme ; mais je remarque feu-
,, lement tous les fecours qu'il a eu pour
,, fes grandes découvertes. Je vois que
,, *Galilee* lui avoit donné la Théorie de la
,, pefanteur ; *Kepler* les loix des aftres dans
,, leurs révolutions ; *Huyghens* , la combi-
,, naifon & les rapports des forces centra-
,, les & des forces centrifuges ; *Bacon* , le
,, grand principe de remonter des Phéno-
,, mênes vers les caufes ; *Defcartes* , fa
,, méthode pour le raifonnement , fon Ana-
,, lyfe pour la géométrie , une foule innom-
,, brable de connoiffances pour la Phyfi-
,, que , & plus que tout cela peut-être ,
,, la deftruction de tous les préjugés. La
,, gloire de *Nevvton* a donc été de profiter
,, de tous ces avantages , de raffem-
,, bler toutes ces forces étrangeres , d'y
,, joindre les fiennes propres , qui étoient
,, immenfes , & de les enchaîner toutes
,, par les calculs d'une géométrie auffi fu-
,, blime que profonde.

,, Si maintenant je rapproche *Defcartes*
,, de ces trois hommes célebres , j'ofe dire
,, qu'il avoit des vues auffi nouvelles &
,, bien plus étendues que *Bacon* , qu'il a
,, eu l'éclat & l'immenfité du génie de
,, *Leibnitz* , mais bien plus de confiftance
,, & de réalité dans fa grandeur ; qu'enfin
,, il a mérité d'être mis à côté de *Nevvton* ,
,, parce qu'il a créé une partie de *Nevvton* ,

„ & qu'il n'a été créé que par lui-même ;
„ parce que si l'un a découvert plus de
„ vérités, l'autre a ouvert la route de tou-
„ tes les vérités ; géometre aussi sublime,
„ quoiqu'il n'ait point fait un aussi grand
„ usage de la géométrie ; plus original par
„ son génie quoique son génie l'ait sou-
„ vent trompé, plus universel dans ses
„ connoissances comme dans ses talents,
„ quoique moins sage & moins assuré dans
„ sa marche ; „ ayant peut-être en étendue ce que *Nevvton* avoit en profondeur ;
fait pour concevoir en grand, mais peu
fait pour suivre les détails, tandis que
Nevvton donnoit aux plus petits détails l'empreinte du génie ; moins admirable sans
doute pour la connoissance des Cieux,
mais bien plus utile pour le genre-humain
par sa grande influence sur les esprits &
sur les Siecles. C'est ici le vrai triomphe
de *Descartes*, &c.

L'influence de ce vaste génie ne s'est point
bornée à la Philosophie. Semblable à cette
ame universelle des Stoïciens répandue
dans toute la nature, & agitant toute sa
masse, l'esprit de *Descartes* est par tout.
On l'a appliqué aux lettres & aux arts
comme aux sciences .... L'Astronome,
le géometre, le métaphysicien, le grammai-
rien, le moraliste, l'orateur, le politique,
le poëte, tous ont une portion de cet
esprit qui les anime. Il a guidé également
Pascal & *Corneille*, *Loke* & *Bourdaloue*,
Nevvton & *Montesquieu*.

Voilà les obligations que nous avons à *Defcartes*. Reconnoiſſons-le de bonne foi, de peur qu'on ne nous accuſe de battre notre nourrice.

Le but général du Philoſophe François étoit l'utilité des hommes. Au lieu de cette Philoſophie vaine & ſpéculative enſeignée dans les Ecoles, il vouloit une Philoſo-phie pratique, d'où réſultât le bonheur du genre-humain. Elle avoit deux branches, la médecine & la méchanique. Par l'une, dit M. *Thomas*, il vouloit affermir la ſanté de l'homme, diminuer ſes maux, étendre ſon exiſtence & peut-être affoiblir l'impreſſion de la vieilleſſe ; par l'autre, faciliter ſes travaux, multiplier ſes forces & le mettre en état d'embellir ſon ſéjour. Auſſi s'appliqua-t-il particuliérement à l'A-natomie, qu'il étudia pendant douze ans. Il penſoit que tout ce qu'on avoit fait juſqu'à lors ſur la médecine n'étoit rien en comparaiſon de ce qui reſtoit à faire. Il voulut que la Phyſique appliquée au corps humain, fût la grande étude des Philoſophes, & que tous réuniſſent leurs veilles & leurs travaux, pour former en ce genre un vaſte dépôt de connoiſſances utiles. Le bien de l'humanité étoit le but unique qu'il ſe propoſoit dans toutes ſes recherches.

DES-

DESFONTAINES.

Histoire de ses disputes avec M. de V.

L'Origine de cette querelle si longue & si vive fut une réflexion sur la *Tragédie de la mort de César*, & une plaisanterie sur le *Temple du Goût*, insérées dans les *Feuilles périodiques*; on peut ajouter la liberté que prit l'Abbé de trouver mauvaise une Tragédie *d'Eriphile*, que personne ne connoît aujourd'hui, & qui fut jouée & sifflée. Le Poëte ne pardonna pas cette chûte honteuse au critique qui la lui avoit annoncée, & dès le moment ils se déclarerent une guerre scandaleuse qui n'a pas même cessé par la mort de l'un des combattants.

M. de V. se signala d'abord par plusieurs petites Epigrammes & enfin par le *preservatif ou critique de ses observations sur les Ecrits modernes*. Cet ouvrage qui porte le cachet de son Auteur, finissoit par une lettre, dans laquelle M. de V. disoit qu'il avoit tiré l'Abbé *Desfontaines* de Bicêtre & que pour prix de ce service, il avoit envoyé vingt Libelles en Hollande contre son Libérateur.

Il est vrai que l'Abbé *Desfontaines* fut enfermé à Bicêtre en 1725. Il travailloit alors au *Journal des Savants*; mais tous les gens de Lettres inftruits n'ignorent pas que c'eft un tour abominable qui lui fut joué par des ennemis cruels. M. de V. démontra la fauffeté & l'abfurdité de l'accufation dans un petit Mémoire dreffé par lui-même. Il le fit à la follicitation de M. le Préfident *de Bernières* parent de l'Abbé *Desfontaines*, chez lequel M. de V. logeoit & étoit nourri gratuitement. Après quinze jours d'une difgrace auffi peu méritée, l'Abbé *Desfontaines* fut rendu à la Société & à fes occupations littéraires. Le Magiftrat de la Police, affligé d'avoir été, fans le favoir, l'inftrument d'une baffe vengeance, le juftifia lui-même, non-feulement aux yeux de fa famille, mais encore par une Lettre qu'il écrivit à M. l'Abbé *Bignon* qui étoit alors à la tête du *Journal des Savants*. Cette Lettre fut lue folemnellement dans l'affemblé du *Journal* ; en conféquence l'Abbé *Desfontaines* fut fur le champ rétabli dans fon emploi par M. l'Abbé *Bignon*.

M. de V. renouvellant une accufation auffi grave, ne pouvoit que s'attirer toute l'indignation de l'Abbé *Desfontaines*. Dans le premier accès de fon reffentiment, il enfanta la *Voltairomanie*.

A Dieu ne plaife que je me rende l'apologifte de cette piece, & que je refufe de convenir que l'Obfervateur y paffe les bornes d'une défenfe légitime ! Mais pourquoi ne pas prodiguer les mêmes qualifications aux libelles de fon adverfaire, qui font encore plus déshonorants pour l'Auteur, & plus injurieux à la partie outragée ? Quels font les reproches faits à M. de V. dans la *Voltairomanie* ? Des *impoftures*, des *fourberies*, des *baffeffes*, des *vols publics & particuliers*, en genre littéraire fans doûte, une *fuperbe impertinence*, des *difgraces humiliantes*, une *ignorance orgueilleufe*, une *impicté* pour laquelle rien n'eft facré, &c. toutes ces accufations font fans doute, calomnieufes & bien contraires à l'efprit de charité qui défend de publier le mal même connu. Mais les horreurs que vomit M. de V. contre *Desfontaines* dans des vers que la délicateffe empêche de citer, font-elles donc moins calomnieufes ? & l'Abbé en fut-il coupable : étoit-il permis à fon ennemi de les lui reprocher en public, uniquement parce qu'il lui refufoit le don d'invention ? Quiconque lira avec les yeux de l'équité la *Voltairomanie* & les différents endroits où M. de V. infulte fon adverfaire avec la plus groffiere brutalité, décidera que c'étoit au Poëte & non à l'Abbé à défavouer fes libelles, fur-tout la tirade atroce qui commence par ce vers :

Cent fois plus malheureux, & plus infâme encore,

& cette autre, encore plus infâme par les abominations & les impiétés qu'elle préfente,

Il n'a point l'air de ce pefant Abbé.

Comment M. de V. ne rougit-il pas de la seule idée de la lettre scandaleuse qui est à la fin de son *préservatif ?* L'Abbé *Desfontaines* n'avoit certainement rien fait alors contre lui qui eût mérité des reproches si honteux & si publics. Il l'avoit en général très-ménagé dans ses *observations*, & il lui avoit donné plusieurs fois des louanges qui paroissoient très-sinceres. „ Dans „ toute notre histoire, (dit-il, dans une „ note sur *l'essai sur la Poësie Epique* de „ M. de V.) il n'y avoit que le sujet de „ la *Ligue* dont on peut faire un Poëme „ intéressant. Un grand homme l'a traité „ avec le plus éclatant succès, & a vengé „ la nation du reproche que les étrangers „ lui faisoient de n'avoir pu produire un „ Poëme Epique. „

La reconnoissance ou l'amitié de l'Abbé *Desfontaines* pour M. de V. alloit jusqu'à le justifier dans l'occasion. „ On sait „ depuis long-temps, (dit-il, dans le Tome „ II. de son *Nouveliste du Parnasse.*) Que „ M. de V. est un excellent Poëte ; mais „ j'ignorois qu'il fût Janséniste. C'est un „ fait que je viens d'apprendre depuis peu „ de jours en lisant la *Bibliotheque Janséniste*, où il est placé pour certains endroits de son Poëme de la *Ligue*. Je n'aurois jamais cru qu'il eût été inscrit sur „ une pareille liste. Mais ne pouroit-on „ pas dire que M. de V. n'a jamais prétendu faire le Théologien. En décrivant „ la liberté esclave & prisonniere, il a plus

„ songé à peindre, qu'à définir la liberté.
„ La contrainte de la versification exige
„ qu'on suppose des restrictions, & qu'on
„ tolere le peu d'exactitude. Il semble mê-
„ me que c'est un privilege poétique de
„ donner peu de force à la liberté. *Virgile*,
„ *Ovide*, *Catule* pourroient servir de
„ garant à M. de V. ; ces autorités suffi-
„ sent pour ne pas lui imputer sérieuse-
„ ment le poison Jansénien, qu'on dit être
„ répondu dans le Poëme de la *Ligue*. „
Voici de quelle façon l'on parle de ce
Poëme dans le même Journal. „ Quelque
„ chose qu'on dise, on le lit avec plaisir
„ & presque toujours avec admiration; on
„ le relit on en retient les Vers, & on le
„ cite. Nous n'avons pas plus de goût au-
„ jourd'hui pour les Enchanteurs & les
„ Fées & pour le merveilleux de la ma-
„ gie, que pour les divinités chimériques
„ des anciens. Les Anges même & les
„ démons nous déplaisent également dans
„ un Poëme Chrétien. La majesté de notre
„ Religion ne s'accommode pas de ces
„ fictions & l'irréligion les méprise. M. de
„ V. , sans l'intervention insipide des Dieux
„ de la fable, sans le secours frivole des
„ Magiciens, des Fées ; enfin sans em-
„ ployer ni Anges, ni démons, est venu
„ à bout de faire un Poëme de dix Chants,
„ qui plait malgré l'observation peu exacte
„ des regles de l'Epopée ; car j'avoue que
„ la *Henriade* n'est pas absolument confor-
„ me à ces regles. Mais puisqu'elle est si

„ goûtée dans un Siecle éclairé & délicat,
„ n'eſt-elle pas conforme à la principale de
„ toutes ? C'eſt un Poëme d'un nouveau
„ genre & que vous n'appellerez point Epi-
„ que ſi vous voulez. A la place des
„ Dieux de l'antiquité, des Anges, des
„ Diables, des Enchanteurs & des Fées,
„ vous y trouverez des êtres moraux ingé-
„ nieuſement perſonnifiés, tels que la Re-
„ ligion, la ſuperſtition, la juſtice, l'hy-
„ pocriſie, la diſcorde, & tout cela donne
„ lieu à des fictions ſublimes, à des images
„ vives, à des portraits brillants, à des
„ traits ſententieux, à des épiſodes heu-
„ reux & agréables.

„ L'*Arioſte* des Italiens dans ſon *Roland*
„ *furieux*, l'*Alfonſe* des Eſpagnols dans
„ ſon *Araucana*, le *Camoens* des Portu-
„ gais dans *Luſiade*, n'ont point ſuivi le
„ goût d'*Homere* & de *Virgile*, & n'ont
„ aucunement obſervé les regles d'*Ariſtote*.
„ Cependant les Italiens, les Eſpagnols,
„ les Portugais ſe glorifient de ces trois
„ Poëmes. Pourquoi à leur exemple ne
„ nous ferions-nous pas honneur de la
„ Henriade, qui eſt le premier & le ſeul
„ Poëme digne de louange, que la France
„ ait produit juſqu'ici ? Si on fait peu de
„ cas d'un Poëme parce que l'ordonnance
„ en eſt défectueuſe, pourquoi depuis
„ tant de Siecles admire-t-on l'*Enéïde*,
„ dont les ſix derniers livres, mal aſſortis
„ aux ſix premiers contiennent des Epiſodes
„ peu liés à l'action principale, & où l'on

» voit plufieurs nouveaux perfonnages ,
» dont il n'eſt fait aucune mention dans
» le commencement du Poëme , tandis
» que la plûpart de ceux qui avoient d'a-
» bord paru fur la fcene , font entiére-
» ment oubliés ? Ce défaut de conduite ,
» joint à quelques autres , n'empêche pas
» que Virgile ne foit le premier des Poëtes
» Latins.

» L'Abbé *Desfontaines* ne loue pas
» moins le *Brutus* de M. de V. le plaifir
» que fait la lecture de cette piece , & le
» cours qu'elle a dans le monde , la ven-
» gent , (dit-il , dans le Journal déjà
» cité) un peu de la froideur avec laquelle
» elle a été reçue lorfqu'on l'a repréſentée.
» Malgré fes défauts , il faut avouer qu'à
» plufieurs égards , c'eſt un ouvrage digne
» d'eſtime , & digne de fon Auteur. On
» ne peut foutenir la lecture de certaines
» pieces repréſentées avec un très-grand
» fuccès. C'eſt tout le contraire par rap-
» port à celle-ci ; elle a médiocrement
» plu fur le Théatre , & on la goûte beau-
» coup en la lifant ; ce qui prouve qu'elle
» a un certain mérite , & des beautés qui
» peuvent fe voir de près. On feroit pref-
» que tenté d'imputer à la foibleſſe des
» Acteurs le fort qu'elle a eu au Théatre ;
» mais ce feroit une nouvelle injuſtice.
» Prefque tous les Vers de cette Tragédie
» font des Vers de génie ; & à l'exception
» d'un petit nombre qui femblent négligés ,
» plus on les lit , plus ils plaifent. Que de

„ penſées, que de ſentiments, que d'images,
„ que de ſentences, que de traits, quelles
„ expreſſions, quelle harmonie ! On trou-
„ ve le rôle de *Tullie* peu intéreſſant , &
„ on a raiſon. C'eſt un grand défaut par
„ rapport à nous, qui ſommes accoutumés
„ à regarder l'amour comme l'ame de la
„ Tragédie , & qui voulons toujours être
„ émus par des idées & des intrigues de
„ Roman. „

L'*Hiſtoire de Charles* XII Roi de Suede
trouve auſſi ſon Apologie dans le *Nouvel-*
liſte du Parnaſſe. „ Cette hiſtoire eſt
„ lue & goûtée de tout le monde, ſoit
„ pour les faits qu'elle contient , ſoit pour
„ la maniere agréable dont ils ſont contés.
„ On a reproché à *Q. Curce* d'avoir don-
„ né un air de Roman à ſon hiſtoire d'*A-*
„ *lexandre* , d'avoir fait pluſieurs fautes
„ contre la vérité hiſtorique , & contre
„ la géographie. *Charles* XII a fait des
„ choſes ſi ſingulieres, & a parcouru tant
„ de vaſtes pays, qu'il ne ſeroit pas ſur-
„ prenant que la même accuſation ſe re-
„ nouvellât contre l'Hiſtorien de ce Héros.
„ Ce qu'il y a de certain , c'eſt que M. de
„ V. a travaillé ſur des Mémoires qui lui
„ ont été fournis & ſur le récit de quelques
„ Officiers qui avoient ſervi ſous le con-
„ quérant du Nord. „ Nous avons déjà
rapporté cette endroit dans l'article de M.
de V. , mais il a fallu le rappeller ici.

Ces citations multipliées ne prouvent-
elles pas que l'Abbé *Desfontaines* ſaiſiſſoit

toutes les occasions de faire des admirateurs à M. de V. & de répondre à ses critiques ? Avec très-peu de ménagement de la part de ce Poëte, il auroit eu un défenseur ; mais au lieu de se conserver cet Apologiste si nécessaire, il rappelle des crimes abominables, dont il n'étoit peut-être pas coupable. Il l'accuse d'avoir envoyé contre lui vingt Libelles en Hollande : accusation encore moins fondée que les autres. Car l'Abbé *Desfontaines* protestoit non-seulement du ton le plus affirmatif qu'il n'avoit envoyé aucun Libelle en Hollande ; mais les Libraires Hollandois disoient qu'ils ne connoissoient aucune des Satyres, dont M. de V. se plaignoit. Il y a grande apparence que ce Poëte feignit d'avoir été insulté, afin d'avoir droit d'insulter à son tour. Il supposa des Libelles publiés contre lui, qui pussent lui donner lieu d'en publier lui-même. C'est le loup de la fable qui dit à l'agneau : *tu médis de moi l'an passé.*

C'est dans le même esprit que M. de V. dans sa lettre parle du *Libelle composé contre lui, à la campagne, chez M. le Président de Bernieres, par l'Abbé* Desfontaines, *qui, si* on l'en croit, *le montra à M.* Tiriot, *qui l'obligea à le jetter au feu.* M. Tiriot cité ici pour témoin a toujours répondu qu'il n'avoit aucune connoissance de ce fait. L'Abbé *Desfontaines* proposa à M. de V. de produire ce Libelle, & on n'a jamais pu le montrer. Il résulte donc de tout ce que nous venons de dire , que quoique l'Abbé *Desfontaines* exerçât souvent une critique févere & maligne contre les Ecrivains, il fut fort réfervé à cet égard envers M. de V. , qui eût dû plutôt le remercier que fe plaindre ; du moins jufqu'au temps où le *préfervatif* le força à ne garder plus aucune mefure.

Une juftice que l'on doit à l'Abbé *Des-fontaines* comme Citoyen & comme Chrétien, c'eft que fes ouvrages ne refpirent ni l'irréligion, ni la licence, ni l'indépendance ; que dans fes écrits il a toujours refpecté Dieu & fon culte , fon pays & fon Roi , & que les bonnes mœurs n'y font point bleffées. Son adverfaire peut-il fe rendre le même témoignage ?

XXXXXXXXXXXXXXXXXXXXXXXXXXXXXXXXXXXXXXXXXXXX

EPICURE.

Si ce Philofophe étoit Vertueux ?

MR. de V. & les *Encyclopédiftes* veulent abfolument qu'*Epicure* ait été un homme de bien. „ Ceux-ci difent qu'il reçut dans „ fes jardins plufieurs femmes célebres , „ *Leontium* maîtreffe de *Metrodore , Phile-* „ *nide* une des plus honnêtes femmes d'*A-* „ *thénes , Necidie , Herotie , Hedie , Mar-* „ *marie , Boidie , Phedrie.* „ toutes ces femmes *célebres* étoient des femmes perdues de reputation , fuivant *Diogene Laerce ,* & les anciens Ecrivains.

Il faut compter extrêmement fur l'ignorance de fes lecteurs, pour leur préfenter
Philenide, ou *Philenis* pour une des plus
honnêtes femmes d'*Athenes*. Il ne refte plus
qu'à leur faire croire que *Meffaline* étoit
une des plus honnêtes femmes de Rome.
Philenis étoit plus coupable que *Meffaline*.
Non contente d'avoir corrompu la jeuneffe
de fon temps, elle voulut encore corrompre la jeuneffe des Siecles futurs, par un
livre abominable qu'elle compofa. (Voyez
les Adages de *Junius* fur ces mots *Phi-
lainidis commentarii*, & la remarque P.
de l'article *Helene* dans le Dictionnaire de
Bayle.) On ne peut lire St. *Clement* d'A-
lexandrie, *Lucien*, *Martial*, *Athenée*,
Suidas, *Lilio*, *Gyraldi* &c. fans avoir
le nom de *Philenis* en exécration. Si Meffieurs les Encyclopédiftes avoient feulement
ouvert les Dictionnaires de *Gouldman*,
d'*Etienne*, d'*Hoffman* &c, & ils y auroient
trouvé le nom de *Philenis* fuivi d'un
Epithete infâme, & *Diogene* Laerce donne
la même Epithete à *Necidie*, à *Herotie*
& aux autres compagnes de *Philenis*.

Epicure étoit auffi débauché que les
femmes qu'il fréquentoit. „ Quand je le
„ voudrois, dit Plutarque, il me feroit
„ impoffible de paffer par-deffus l'impu-
„ dence & impertinence de cet homme ....
„ Dont les appétits voluptueux requéroient
„ des viandes exquifes, des vins délicieux,
„ des délicates fenteurs & odeurs précieufes
„ de parfums, des patifferies, & par-def-

,, fus tout cela encore de belles jeunes
,, femmes, comme une *Leontium*, une *Boin-*
,, *dion*, une *Hédia*, une *Nicedion* qu'il
,, entretenoit & nourriſſoit. ,, Je n'oſe
tranſcrire ce qu'ajoute enſuite *Plutarque*
des affreux débordements d'Epicure avec
ſon familier *Polyenus* & une Courtiſane
native de la Ville de *Cyzique*. (Voyez
Plutarque dans le traité : *qu'on ne peut*
vivre joyeuſement ſelon Epicure, traduit
par *Amyot*, & l'article *Leontium* du Dictionnaire de *Bayle*.)

　　La doctrine d'*Epicure* ne valoit pas mieux
que ſes mœurs. ,, Il nioit au fond l'exiſ-
,, tence de toute Divinité ; & s'il parloit
,, des Dieux, ce n'étoit que par politique
,, pour ne pas ſe rendre odieux & s'atti-
,, rer des affaires. Entre pluſieurs choſes
,, qui contribuerent à le jetter dans cette
,, erreur abominable, une des plus conſi-
,, dérables eſt, qu'il n'avoit qu'une con-
,, noiſſance légere & ſuperficielle de la
,, nature, ce qui l'enhardit de nier la
,, providence . ... . Mais *Epicure* s'eſt ſur-
,, paſſé lui-même en extravagance, quand
,, il a fait naître d'un concours fortuit d'a-
,, tomes, ſans l'aide d'aucune intelligence,
,, l'ame de l'homme, la raiſon même, la
,, ſageſſe & toutes les ſciences, &c. ,,
(Voyez *Traité philoſophique des Loix Na-*
turelles par *Cumberland*, Chapitre V.)

　　On m'objectera, ſans doute, que pluſieurs Savants ont fait l'Apologie d'*Epicure*;
j'en conviens, mais *Epicure* n'en voudra

pas mieux pour cela , & ces Savants ont bien mal employé leur temps. J'en croirai les SS. Peres , Ciceron , Plutarque , Cumberland , Fabricius , le Cardinal Polignac &c. avant les Apologistes d'*Epicure.* Un ancien Poëte a fait l'Apologie de Philenis , un ancien Orateur celle de Busiris , Cardan a composé l'éloge de *Néron* , &c. Mais ce qui n'étoit qu'un jeu d'esprit de la part de ces Ecrivains , est devenu l'étiquette de la nouvelle Philosophie , une entreprise sérieuse de la part des nouveaux Philosophes. Ils prodiguent leur encens à *Julien l'Apostat.* Ils prétendent justifier les persécutions de *Néron* , de *Domitien* , de *Dece* , de *Diocletien* de *Maxence* , &c. Mais ils déchirent *Samuel* , *David* , *Constantin* , *Theodose* , *Charlemagne* , St. *Louis* &c.

Leur admiration pour les Philosophes de l'antiquité n'a point de bornes. L'Historien critique de la Philosophie (M. *Deslandes*) ne voit , dit M. *Guer* , dans les plus foux des anciens que des génies sublimes , des esprits transcendants. Je peux citer M. *Guer* à MM. les Encyclopédistes ; car ils copient par-tout l'ouvrage de cet Auteur sur les Turcs. Les nouveaux Philosophes croient d'avoir trouvé le secret d'une teinture qui blanchit tout ce qui est noir & qui noircit tout ce qui est blanc ; déplorable fécret ! malheureufe invention qui s'évanouira avec les inventeurs. J'avoue cependant qu'on a fait dans certains ouvrages un plus grand

ufage de cette teinture que dans l'Enci-
clopédie.

M. *Morin* dans fon hiftoire critique du
célibat , inferée dans les Mémoires de
l'Académie des infcriptions , a eu de la
chafteté des anciens & des nouveaux Philofophes l'idée qu'il en faut avoir. A l'é-
gard de la chafteté des anciens Philofophes , pour leur honneur, nous n'en dirons rien , on fait affez, dit M. *Morin*,
à quoi s'en tenir fur leur chapitre. Ceux
de ce temps-là , comme ceux d'aujour-
d'hui, ne fe contraignoient fur rien. La
feule chofe qui les diftinguoit fur les autres
hommes , étoit leur habit, & l'exemption
des liens du mariage dont ils s'abftenoient
plutôt par libertinage , que par vertu ; *non
ut meliores , fed ut liberiores.*

Je ne fais fi c'eft pour faire honneur à
plufieurs Ecrivains très-connus dans la République des Lettres qu'on les compte au
nombre des Epicuriens , dans l'article Epi-
curéifme de l'Encyclopédie. Je fuis perfuadé que plufieurs illuftres morts qu'on met
dans cette claffe fans leur aveu ne s'en
trouveroient nullement honorés. Quelle
gloire peut-on tirer de fe donner pour
Epicurien ? *Horace* ne fe nommoit : *Epi-
curi de grege porcum* " que pour faire
„ rire fon ami Tibulle aux dépens des
„ Epicuriens. *Horace* étant Philofophe Aca-
„ démicien , dit M. *Dacier* , fur l'Epitre
„ quatre du premier livre , il y a de l'apa-
„ rence qu'il n'épargnoit pas les Epicuriens

„ qui étoient ordinairement le jouet des
„ autres Philosophes. Ciceron qui étoit
„ Stoïcien traite aussi Pison de pourceau
„ d'*Epicure*. Voyez son oraison sur Pison. „
Voyez encore sur l'article Epicuréisme les
préjugés légitimes sur l'Encyclopédie.

E S P R I T.

Apologie de son Livre, de la fausseté des
vertus humaines.

Jacques *Esprit*, né à Beziers 1611, entra
dans la Congrégation de l'Oratoire en
1629. Il s'y appliqua pendant quatre ou
cinq années à l'étude des belles lettres &
de la Théologie, & en sortit par des vues
d'ambition. Il avoit une heureuse phisio-
nomie, de la délicatesse dans l'esprit, une
aimable vivacité, de l'enjouement, beaucoup de facilité à bien parler & à bien
écrire. Il plut à l'hôtel de Liancourt, à
celui de Rambouillet, où on l'avoit introduit ; il en fut flatté, & quitta sa congrégation pour devenir Courtisan. Ce ne
fut pas sans succès.

Goûté d'abord par M. le Duc de la
Rochefoucauld, Auteur des *maximes* si
connues, & qui méritent tant d'être lues,
ce Seigneur le produisit par-tout. Le Chancelier *Seguier* voulut l'avoir ensuite, lui
donna sa table, & cinq cents écus de
pension. Il lui procura de plus une pension

de deux mille livres fur une Abbaye , le brevet de Conseiller d'Etat , & une place à l'Académie Françoise. Une tel fortune est bien rare aujourd'hui parmi les gens de lettres ; elle étoit plus commune alors. Celle de M. *Esprit* souffrit quelque atteinte en 1644. On lui rendit quelque mauvais office auprès du Chancelier. Il se retira pour la seconde fois au Séminaire de St. Magloire , mais sans vouloir reprendre l'habit de la Congrégation.

M. le Prince de *Conti* pensoit alors sérieusement à se donner tout entier à Dieu. Il fréquentoit souvent ce Seminaire , pour conférer avec ceux à qui il avoit donné sa confiance. Il eut occasion d'y voir M. *Esprit* , dont la conversation le charma. Il le tira de St. Magloire , & lui donna un logement dans son Hôtel , avec mille écus de pension.

En 1646 M. *Esprit* accompagna à Munster Mad. & Madlle. de *Longueville*. Il les suivit dans le voyage qu'elles firent à Osnabrug , & en Hollande où il fit connoissance avec la savante Madlle. *Schurman* & le docte Heinsius.

De retour à Paris , il cultiva la faveur du Prince de *Conti* , qui lui fit une promesse de 40 mille livres , lorsqu'il se maria avec *Genevieve Bollain* dont il falloit assurer le douaire , quand ce Prince alla dans son Gouvernement de Languedoc , M. *Esprit* le suivit. Son crédit devint tel que toutes les affaires passoient par ses mains.

Ce

Ce généreux protecteur mourut en 1666, & M. *Esprit* le suivit douze ans après. Il termina sa carriere à Beziers en 1678. M. *Esprit* avoit été en liaison avec les plus beaux esprits de son temps : MM. de *Cerisy*, *Conrad*, *Godeau*, la *Chambre*, *Chapelein*, *Boisrobert*.

Il nous reste de lui un petit nombre de Poésies, qui ne méritent guere d'être lues. Il est plus connu par son livre *de la fausseté des vertus humaines*, en deux vol. in-12, dont l'un est de 1677, & l'autre de l'année de sa mort. On voit par cet ouvrage qu'il avoit lu les meilleurs Poëtes Italiens, dont il entendoit la langue, & les Philosophes Payens les plus estimés.

L'Auteur du *Dictionnaire Philosophique* parle bien mal de ce livre estimable. „ „ Quand le Duc de la *Rochefoucauld*, „ dit-il, eut écrit ses pensées sur l'amour „ propre, & qu'il eut mis à découvert ce „ ressort de l'homme, un M. *Esprit*, de „ l'Oratoire, écrivit un livre captieux, „ intitulé, *de la fausseté des vertus hu-* „ *maines*. Cet Esprit dit, qu'il n'y a point „ de vertu ; mais par grace il termine „ chaque chapitre en renvoyant à la cha- „ rité Chrétienne. Ainsi selon le sieur *Es-* „ *prit*, ni *Caton*, ni *Aristide*, ni *Marc-* „ *Aurele*, ni *Epictete*, n'étoient des gens de „ bien ; mais on n'en peut trouver que „ chez les Chrétiens. Parmi les Chrétiens, „ il n'y a de vertu que chez les Catho- „ liques ; parmi les Catholiques, il falloit

„ encore en excepter les Jéfuites, enne-
„ mis des Oratoriens ; partant la vertu
„ ne fe trouvoit guere que chez les enne-
„ mis des Jéfuites. „

On peut croire , qu'il n'y a pas un
mot de vrai dans cette tirade fatyrique.
Le livre de M. *Efprit* ne fauroit être captieux. Il eft entiérement fondé fur les
autorités les plus refpectables. Il ne dit
point qu'il n'y a point de vertu ; mais qu'on
n'en peut reconnoître de véritable que
dans les cœurs animés par une Religion
vraie. Il n'eft queftion chez lui ni des Jéfuites ni des Oratoriens qui n'avoient que
faire là.

Si l'Auteur du *Dictionnaire Philofophique*
s'étoit borné à lui reprocher la longueur
des Phrafes, le défaut d'ordre , de profondeur & d'agrément , fa critique auroit
peut-être été plus jufte , mais telle qu'elle
eft , elle ne mérite aucune confidération.
Il y a, à la fin de l'article *Ovide* du Dictionnaire de *Bayle* , une remarque fur le
livre de M. *Efprit* , dans laquelle le lexicographe veut prouver contre lui , que les
anciens Philofophes connoiffoient ou du
moins foupçonnoient l'étrange changement,
que la concupifcence a fait dans la raifon
de l'homme. Mais cette obfervation n'eft
ni affez jufte , ni affez importante , pour
ious y arrêter.

FLÉCHIER.

D'une apostrophe de cet Orateur Critiquée par M. de V.

Mr. de V., dans sa *lettre sur l'esprit*, blâme M. *Rollin* d'avoir cité avec éloge ce trait de l'Oraison Funebre de M. de *Turenne* par M. *Fléchier* : „ puissances „ ennemies de la France, vous vivez : & „ l'esprit de la charité Chrétienne m'inter- „ dit de faire aucun souhait pour votre „ mort. Puissiez-vous seulement reconnoître „ la justice de nos armes, recevoir la paix „ que malgré vos pertes vous avez tant de „ fois refusée, & dans l'abondance de vos „ larmes éteindre les feux d'une guerre „ que vous avez malheureusement allumée ! „ À Dieu ne plaise que je porte mes sou- „ haits plus loin ! Les jugements de Dieu „ sont impénétrables. Mais vous vivez : & „ je plains dans cette Chaire un sage & „ vertueux Capitaine, dont les intentions „ étoient pures, & dont la vertu sem- „ bloit mériter une vie plus longue & plus „ étendue. „ Voilà le morceau critiqué, qu'il étoit à propos de rapporter tout entier. Voici maintenant les observations du Censeur.

„ Une apostrophe dans ce goût eût été „ convenable à Rome dans la guerre civile „ après l'assassinat de *Pompée* ou dans Lon-

» dres après le meurtre de *Charles* I ;
» parce qu'en effet il s'agiſſoit des intérêts
» de *Pompée* & de *Charles* I. mais eſt-il
» décent de ſouhaiter adroitement en
» Chaire la mort de l'Empereur, du Roi
» d'Eſpagne, & des Electeurs, & de mettre
» en balance avec eux le Général d'Armée
» d'un Roi leur ennemi ? Les intentions
» du Capitaine, qui ne peuvent être que
» de ſervir ſon Prince, doivent-elles être
» comparées avec les intérêts politiques des
» Têtes Couronnées, contre leſquels il
» ſervoit ? Que diroit-on d'un Allemand
» qui eût ſouhaité la mort d'un Roi de
» France, à propos de la perte du Géné-
» ral *Merci*, dont les intentions étoient
» pures ? Pourquoi donc ce paſſage a-t-il
» toujours été loué par tous les Rhéteurs ?
» C'eſt que la figure en elle-même eſt belle
» & pathétique ; mais ils n'examinoient
» point le fond & la convenance de la
» penſée. *Plutarque* eût dit à *Fléchier* :
» *tu as tenu, ſans propos, un très-beau*
» *propos.* »

Il faut avouer que cette critique eſt
bien ſévere ; j'ajoute que néanmoins elle
ne peut partir que d'un homme d'un eſprit
fin & très-au fait des convenances.

Mais eſt-il bien vrai que l'Orateur ſou-
haite la mort à l'Empereur & au Roi
d'Eſpagne ? Il condamne ce ſouhait ; il le
déſavoue ; & il s'en tient à des vœux plus
conformes à la ſaine morale & à la
Religion, & qui ne bleſſent point le

respect dû aux puissances, même ennemies.

Il est vrai qu'il fait, quoiqu'avec beaucoup de ménagement une comparaison entre les Princes qui étoient alors en guerre avec la France, & M. de *Turenne*, & que de cette comparaison il résulte que le Capitaine François étoit, ce me semble, plus digne de vivre, en sorte que s'il eût été au choix & au jugement de l'Orateur, de déterminer sur qui devoit tomber la foudre, il auroit sauvé M de *Turenne*. Mais cette préférence, uniquement fondée sur les qualités personnelles, & qui n'attaquent point la prééminence sublime des Têtes Couronnées, qu'a-t-elle d'offensant pour des Princes, non-seulement étrangers mais ennemis ? Sans doute une telle apostrophe n'eût pas été à sa place dans Vienne ou dans Madrid. Mais c'est à Paris qu'elle a été prononcée.

Pour ce qui est des intentions pures de M. de *Turenne*, qui ne peuvent avoir été, dit-on, que de servir son Roi, il est hors de doute que dans l'Etat Monarchique, c'est là le premier devoir d'un Général, considéré comme tel. Mais comme homme & comme Chrétien, il peut & doit ajouter à l'intention de servir son Prince celle de contribuer à ramener la paix, & tendre à cette fin avec une droiture parfaite qui ne soit jamais détournée, de son but par l'intérêt particulier. C'est cette pureté & cette droiture d'intention pour la paix que M. *Fléchier* paroît avoir eu principalement en vue, & qu'il oppofe à la conduite des Princes ennemis qui ont malheureufement allumé la guerre.

Il paroît donc que ce morceau de M. *Fléchier* n'eft point un *beau propos tenu fans propos* & qui ne puiffe être loué que par des *Rhéteurs*.

Au refte il eft bon d'oppofer à ce titre de Rhéteur que M. de V. affecte de donner à M. *Rollin* quelques mots qui fervent à ne pas le faire prendre pour une injure. Toute profeffion d'homme de lettres eft noble par fon objet, fur-tout quand on l'exerce avec fupériorité. M. *Rollin* n'auroit donc pas pu s'offenfer du titre de Rhéteur qui n'eft pas moins honorable que celui de Poëte. Mais il étoit aifé, en parlant de lui, d'y ajouter d'autres caracteres, celui d'écrivain poli, animé, plein de feu, d'Auteur dont les ouvrages infpirent l'amour de la vertu, & le refpect pour la Religion, d'amateur du bien public, de Cenfeur modefte, d'ame noble & généreufe, qui difpenfe la louange avec joie, & la critique avec réferve & avec repugnance. Il étoit dis-je, fi aifé de le défigner par ces traits & par un très-grand nombre d'autres, qui lui ont mérité les fuffrages de toute l'Europe. Je ne faurois affez m'étonner, de le trouver défini par le plus mince de tous ces titres. Quand on fe croit obligé de cenfurer un tel Ecrivain, il me femble qu'on ne peut faire moins que de commencer par lui payer le

tribut qui lui eft dû & que c'eft être foi-
gneux de fa propre réputation , que de
faire hommage à celle d'un homme fi généralement eftimé , c'eft ce que dit M.
Crevier , que nous avons copié dans l'a-
vertiffement du dixieme vol. de l'*Hiftoire
Romaine*.

LA FONTAINE.

Sa Converfion ; Sageffe de fon Directeur.

Mr. de V. reproche au Pere *Pouget* * de
s'être *fait un mérite d'avoir traité* la Fontaine *comme* la Brinvilliers & la Voifin.
Il faut favoir que vers la fin de 1692 , ce
Poëte tomba dangéreufement malade. Le
Pere *Pouget* , Vicaire de la Paroiffe de
St. Roch, fur laquelle *la Fontaine* demeu-
roit , alla le voir , & parvint enfin à l'engager à faire une confeffion générale , à
jetter au feu une piece de Théatre qu'il
fe difpofoit à faire repréfenter , & à faire
amende honorable devant Meffieurs de
l'Académie qu'il avoit prié de fe rendre
chez lui par députés. Pouvoit-on exiger
moins d'un Poëte licencieux , dont les
ouvrages avoient corrompu tant de jeunes
gens ? Le Pere *Pouget* fe conduifit donc
avec lui felon les fages regles de l'Eglife,

____

* Auteur de l'excellent *Catéchifme de Montpellier.*

I 4

que quelques Auteurs de notre Siecle ref-
pectent auſſi peu dans leurs écrits, qu'ils
les ſuivent peu dans leur conduite. On
peut voir dans la lettre du Pere *Pouget*
(inférée dans le tóme IV. de la *Bibliotheque Françoiſe*) ce qu'il fit pour faire
rentrer M de la *Fontaine* en lui-même,
& l'on peut dire qu'à cet égard il fournit
un modele à tous ceux qui ont à diriger
des perſonnes de la profeſſion & du caractere de *la Fontaine*.

Il eſt certain que depuis lors notre
Poëte, touché des réflexions que lui fit
faire ſon Directeur ſur ſes déſordres paſ-
ſés, enviſagea l'autre vie avec une telle
frayeur, que ſes amis crurent que ſon
cerveau ſe troubleroit. Son repentir n'empêcha pas cependant que dans certains in-
tervalles, où ſon inconſtance naturelle
reprenoit le deſſus, il ne rimât encore
deux ou trois petits contes aſſez gais,
dont on lui avoit fait le récit. La veille
de ſa mort, il répéta pluſieurs fois, que
s'il demandoit au Seigneur une prolon-
gation de jours, c'étoit pour ſe faire traî-
ner dans un tombereau par les rues de
Paris, afin que perſonne n'ignorât combien il déteſtoit les Poéſies licentieuſes
qu'il avoit eu le malheur de compoſer.

M. *Broſſette* rapporte (dans ſon Commentaire ſur *Boileau*) une lettre que ſon
ami M. de *Maucroix* lui écrivit le 14 de
Février 1695, (c'eſt-à-dire un mois avant
ſa mort) en réponſe à une autre que M.

de *la Fontaine* lui avoit écrite le 10 du mois. Comme cette derniere sert à faire connoître les dispositions de notre Poëte, je vais la rapporter ici.

„ Tu te trompes assurément, mon cher „ ami, s'il est bien vrai, comme M. de „ *Soissons* me l'a dit, que tu me croies „ plus malade d'esprit que de corps. Il me „ l'a dit pour tâcher de m'inspirer du cou- „ rage, mais ce n'est pas dequoi je man- „ que. Je t'assure que le meilleur de tes „ amis n'a plus à compter sur quinze jours „ de vie. Voilà deux mois que je ne sors „ point, si ce n'est pour aller un peu à „ l'Académie, afin que cela m'amuse. Hier, „ comme j'en revenois, il me prit au mi- „ lieu de la rue . . . . . Une si grande foi- „ blesse que je crus véritablement mourir. „ O mon cher, mourir n'est rien ; mais „ songes-tu, que je vais comparoître devant „ Dieu ? Tu sais comme j'ai vécu. Avant „ que tu reçoives ce billet, les portes de „ l'éternité seront peut-être ouvertes pour „ moi. „ (Ce 10 Fevrier 1695.)

On sera peut-être curieux de savoir quels étoient ses principes au sujet de la Religion. Le Commentateur de Boileau nous apprend, que ceux qui ont connu parti-liérement M. de *la Fontaine*, assurent qu'il ne s'étoit point forgé de systême contraire à la foi. C'étoit seulement un esprit indéterminé & indolent sur la Religion comme sur tout le reste. Il se laissoit gui-der par une sombre lumiere, que lui découvroit en partie la Loi Naturelle. Il vivoit au hazard sans réfléchir sur ce qu'il y a de plus important. Ne pourroit-on pas dire à cet égard, qu'il n'avoit presque qu'une ame poétique ? Le Pere *Pouget* rapporte un trait des plus singuliers au sujet de la Religion de *la Fontaine.* Ce Pere étant venu le voir dans sa maladie, notre Poëte lui dit : *je me suis mis depuis quelque temps à lire le Nouveau Testament ; je vous assure que c'est un fort bon livre ; ouï par ma foi c'est un bon livre ; mais il y a un article sur lequel je ne suis pas rendu ; c'est celui de l'éternité des peines ; je ne comprends pas comment cette éternité peut s'accorder avec la bonté de Dieu.*

§. II.

Si les Contes de la Fontaine *sont aussi peu dangereux, que le prétend M. de V.*

Notre critique, après avoir parlé *d'un Prêtre de l'Oratoire nommé Pouget , qui se fit un grand mérite d'avoir traité cet homme, de mœurs si innocentes , comme s'il eût parlé à la* Brinvilliers *& à la* Voisin, ajoute. „ Ces contes ne sont que ceux „ du *Pogge ,* de l'*Arioste* & de la Reine „ de Navarre. Si la volupté est dangereuse, „ ce ne sont pas des plaisanteries qui ins- „ pirent cette volupté. On pourroit appli- „ quer à *la Fontaine* son admirable fable „ des *animaux malades de la peste ,* qui

„ s'accusent de leurs fautes : on y par-
„ donne tout aux Lions , aux Ours & aux
„ Loups & un innocent est dévoré pour
„ avoir mangé un peu d'herbe. „

Cette belle morale est répétée dans le tome
III. des *nouveaux Mélanges*. „ Le Jour-
„ naliste de Gottingue se trompe , dit M.
„ de V. , quand il croit les contes badins
„ de *la Fontaine* plus dangereux que la
„ seconde Eglogue de *Virgile* , ou que
„ certaines Satyres d'*Horace* ou qu'*Ovide* ,
„ ou que *Petronne*. Il n'a pas senti que
„ la gaieté n'est pas ce qui inspire la
„ volupté. „

Non certainement , la gaieté n'inspirera
pas la volupté , quand elle ne roulera
que sur des badinages , qui n'ont aucun
rapport aux plaisirs des sens. Mais il n'y
a que Auteur de la P... qui puisse soutenir que des contes libertins , des tableaux obscenes des Images libres , des
plaisanteries indécentes ne fassent pas de
malheureuses impressions sur les mœurs.
Quand nous conviendrions que *la Fontaine* n'est pas plus dangereux que *Petronne*
ou qu'*Ovide* , il le seroit toujours beaucoup ; mais ses contes sont infiniment plus
funestes à la jeunesse que les écrits des
Poëtes Latins les plus licencieux. Il faut
toujours une certaine mesure de connoissances pour lire les ouvrages écrits dans
une langue étrangere ; mais un enfant de
dix ans peut lire *la Fontaine* & l'entendre
très-bien.

Quelques Moraliftes ont foutenu que les ouvrages tendres font plus dangereux que les productions obfcenes. Mais c'eft outrer les chofes. Il eft vrai qu'un écrit licencieux révoltera une jeune perfonne bien élevée ; & elle ne le lira point. Or ce qu'on ne lit point ne peut nuire ; mais fi elle le lit, cette horreur qu'il lui faifoit d'abord, diminuera infenfiblement ; bientôt elle fe changera en plaifir, & ce plaifir fera infiniment plus dangereux que celui que procureroit le Roman le plus tendre. Les ouvrages licencieux font donc plus à craindre que ceux qu'on appelle honnêtes. Mais ceux-ci ont affez de dangers pour en faire abfolument interdire la lecture, l'utilité en étant d'ailleurs fi peu confidérable.

Mais, dit M. de V., les plaifirs font un des befoins de l'homme & peut-on en goûter un plus touchant que celui des livres de plaifanterie ? On répondra qu'il y a beaucoup d'ouvrages également utiles & agréables, propres à former le goût & à polir l'efprit, fans expofer les mœurs. Mais les ouvrages obfcenes, fuffent-ils les feuls qui puffent produire cet avantage, rien n'en pourroit autorifer la lecture. Le befoin de manger ne donne point la liberté de s'empoifonner. Plufieurs affurent que ces ouvrages ne leur font aucune impreffion dangereufe, & qu'ils ne s'amufent que de l'efprit qu'ils y trouvent ; mais la plûpart de ceux qui parlent ainfi font peu

finceres , ou fe trompent eux-mêmes. D'ailleurs ce n'eft pas toujours dans le moment
même de la lecture que l'on en éprouve
les dangers. Enfin il eft une infenfibilité
qui ne vient que d'un excès de corruption.

Si les ouvrages libres font le poifon des
vertus c'eft fur-tout chez les femmes. Ils
leur font perdre la fimplicité , la modeftie , la pudeur. Mais, dit-on, il faut que
les femmes foient inftruites, qu'elles connoiffent le peril ? fauffe & ridicule maxime ? Les plus habiles en amour font les
plus prêtes à y fuccomber; l'ignorance en
cette matiere , eft la plus fure gardienne
de l'innocence , la fcience fuppofe le crime ,
ou y difpofe.

Enfin quelques politiques prétendent que
les ouvrages de plaifanterie libre font au
nombre de ces chofes indifférentes qui ne
font ni bien ni mal. Ils font (difent-ils)
dans la République des lettres ce que des
Citoyens oififs font dans un Etat. On voit
aflez qu'en fuppofant même la juftice de
la comparaifon , on pourroit en tirer une
conféquence toute oppofée , & qu'il ne
feroit pas difficile de prouver qu'un Citoyen qui peut , & qui doit fervir fa
patrie lui nuit , dès qu'il ne lui eft pas
utile. Mais fans entrer dans cette difcuffion il faut avoir renoncé à la Religion
& à la raifon pour vouloir approuver des
livres , dont l'effet immanquable eft la
corruption des mœurs & le libertinage de
l'efprit. Comme obfcenes , ils nuifent au

cœur, comme frivoles ils affoiblissent &
retrécissent l'esprit ; ils le dégoûtent des
lectures solides.

Le repentir de *la Fontaine* prouve combien les réflexions de M. de V. sont fausses.
Il faut dire cependant à sa louange (&
nous voudrions pouvoir aussi le dire de
son Apologiste) que malgré l'idée que
doivent donner de lui ses contes, il avoit
les mœurs pures, les propos décents, &
que jamais dans ses conversations, quelqu'agacerie qu'on lui fît, il ne laissoit rien
échapper de libre & de licencieux. Dans
ces mêmes écrits d'ailleurs si dangereux,
on n'apperçoit point cet esprit libertin &
ce cœur corrompu qui infectent les ouvrages de ce Siecle. On y voit un homme
qui se laisse entraîner par le malheureux
talent dont il ne prévoit pas les suites
funestes, & qui nous dit fort sincérement :

> Je ne veux être cause
>
> D'aucun abus ; que plutôt mes écrits
>
> Manquent de sel, & ne soient d'aucun prix.

Il poussa même son étonnante simplicité jusqu'à croire que de pareils écrits
n'avoient rien de dangereux. Dans une
grande maladie, son Confesseur l'exhor-
toit à des prieres & à des aumônes. *La
Fontaine* lui répondit avec candeur : *je n'en
puis faire ; je n'ai rien, mais on fait
une nouvelle Edition de mes contes, & le
Libraire m'en doit donner cent exemplaires :*

*je vous les donne , vous les ferez vendre
pour les pauvres.*

Un autre trait qui prouve que quand il
rimoit des horreurs , son cœur n'y étoit
pour rien ; c'est qu'ayant rimé un conte ,
dans lequel il faisoit une application très-
impie de ces paroles de l'Evangile : *Quin-
que talenta dedisti mihi* &c. il l'adressa au
grand *Arnaud* par un Prologue très-ingé-
nieux , & ne sentit, l'application & l'indécence de la Dédicace que lorsque *Boileau*
& *Racine* la lui eurent fait appercevoir.

S. II.

*Jugement rigoureux de M. de V. sur les
Fables de la Fontaine.*

M. de V. réduit les Fables de *la Fontaine* à cinquante. Si ce Poëte aimable avoit
donné une trentaine de Volumes comme
son critique , ce seroit peut-être le cas
de le réduire ; mais il faut être bien sévere
pour mettre un ouvrage qui n'est qu'en
deux Volumes, à une cinquantaine de pages.
M. de V. ne pensoit pas ainsi , apparemment lorsqu'il publia le temple du goût
où il dit : la *Fontaine* qui avoit conservé
„ la naïveté de son caractere, & qui , dans
„ le *Temple du goût* joignoit un sentiment
„ éclairé à cet heureux & singulier instinct,
„ qui l'inspiroit pendant sa vie retran-
„ choit quelques-unes de ses fables , mais
„ en très-petite quantité. „

Perſonne à mon avis n'a fait une éloge plus propre à réfuter la Cenſure de *la Fontaine*, par M. de V., que M. de la *Motte*. Ce célebre Académicien publia des *Fables nouvelles* à Paris 1719 in-4, & in-12 à la Haye en 1720. Il mit à la tête un diſcours ſur la Fable, que les perſonnes ſenſées, & qui ne ſe laiſſent point aller à un certain eſprit de parti, trouveront toujours dignes d'être mis au rang des meilleures pieces que nous ayons.

„ *La Fontaine*, dit-il, nous tient lieu
„ d'*Eſope*, de *Phedre*, & de *Pilpai*. Il
„ a choiſi ce qu'il a trouvé de meilleur
„ dans les trois, & s'enrichiſſant encore
„ de ce qu'il a pu recueillir de pareilles
„ allégories éparſes de côté & d'autre, il
„ nous a donné cet ample recueil de fables,
„ qui fait tant d'honneur à la Poéſie
„ Françoiſe ; car quoiqu'il en diſe, ce
„ qu'il nous a laiſſé à glaner n'en vaut preſ-
„ que pas la peine ; & il a réduit les Auteurs
„ qui voudroient le ſuivre dans ſon genre à
„ la néceſſité d'inventer ou de traiter les
„ mêmes ſujets que lui. Traiter les mêmes
„ ſujets pour ne pas mieux faire ? Eh ! qui
„ eſpéreroit de mieux faire ? C'eſt du temps
„ perdu. L'entreprenne qui voudra, pour
„ moi j'ai encore mieux aimé prendre le
„ parti d'inventer, tout effrayant qu'il m'a
„ paru d'abord ; mais que je n'oſe plus
„ croire ſi difficile depuis que j'en ſuis venu
„ à bout.
„ *La Fontaine* s'étoit exercé long-temps

à

,, à la narration dans *ses contes*, qui, quant
,, à la maniere, ont autant de rapport aux
,, fables, qu'ils y ont d'oppofition, quant au
,, fond & à la morale; & il femble que,
,, par les fables, il ait voulu rendre aux
,, mœurs ce qu'il leur avoit ôté par fes
,, contes . . . . . Tout original qu'il eft dans
,, fa maniere, il étoit admirateur des an-
,, ciens jufqu'à la prévention, comme s'ils
,, euffent été fes modeles . . . . par une fuite
,, de cette admiration ingénue, il fe croyoit
,, fort au-deffous de *Phedre*; mais un des
,, grands hommes de notre fiecle a dit que
,, *cela ne tiroit pas à conféquence; & que*
,, la Fontaine *ne le cédoit ainfi à Phedre*
,, *que par bêtife* : mot plaifant, mais folide,
,, & qui exprime finement le caractere d'un
,, génie fupérieur, qui fe méconnoît, faute
,, de fe regarder avec affez d'attention.
,, Le public plus jufte en fa faveur que
,, lui-même, s'obftine à lui donner la pré-
,, férence. Il raffemble en effet toutes les
,, beautés dans fon ftyle. On y fent à cha-
,, que ligne ce que le riant a de plus gai,
,, ce que le gracieux a de plus attirant. Il
,, rend le familier élégant & nouveau
,, par l'ufage ingénieux, qu'il en fait faire;
,, & il joint à toute la liberté du naturel,
,, tout le piquant de la naïveté. Je ne lui
,, reprocherai que de n'avoir pas toujours
,, fu finir, où il falloit. ,, Il eft naturel, en
parlant de M. de la *Mote* & de fes fables
de dire un mot du jugement qu'on en pſ
porter, par comparaifon avec celles de

Tome I.   K

de *la Fontaine* ; c'est une de ces discussions où le plan de cet ouvrage permet d'entrer.

Personne de ceux qui ont quelque goût, n'égalera les fables de la *Motte* à celles de *la Fontaine*. Le premier n'a pas prétendu marcher sur la même ligne avec son prédécesseur. „ Je ne me serois pas hazar-„ dé à écrire des fables , dit-il , si j'avois „ cru qu'il fallût être absolument aussi bon „ que lui pour être souffert après lui ; mais „ je pensois qu'il y avoit des places ho-„ norables au-dessous de la sienne.....N'y „ auroit-il pas même quelque injustice à „ me compter, en compensation des beau-„ tés qui me manquent, le mérite de l'in-„ vention que mon prédécesseur ne s'est „ point proposé ?....A huit ou dix idées „ près qui ne m'appartiennent que par des „ additions où par l'usage moral que j'en „ fais, il a fallu inventer mes fables pour „ exprimer mes vérités ; il a fallu enfin „ être tout à fois & l'*Esope* & le *la Fontaine*. „ C'en étoit sans doute trop pour moi ; „ il ne seroit pas juste d'exiger que j'é-„ galasse ni l'un, ni l'autre , & le public „ doit être assez content , ce me semble, „ s'il ne me trouve pas trop loin de l'un „ des deux. „

Voilà avec quelle politesse ingénieuse & fine M. de la *Motte* parloit des autres & de lui-même. Si M. de V. avoit pris cet homme estimable pour modele , on lui passeroit peut-être une partie de ses critiques ; mais on est révolté du ton d'aigreur

& d'amertume qu'il prend à l'égard de nos plus grands hommes.

Il prétend après bien d'autres, que *la Fontaine étoit aussi simple que les Héros de ses fables ;* mais cette simplicité n'excluoit pas en lui les réflexions du goût & de l'esprit. „ Lorsqu'on a entendu parler „ de *la Fontaine* & qu'on vient à lire ses ou- „ vrages, (dit le Marquis de Vauaenargues) „ on est étonné d'y trouver, je ne dis pas „ plus de génie, mais plus même de ce qu'on „ appelle esprit qu'on n'en trouve dans le „ monde le plus cultivé. On remarque „ avec la même surprise la profonde intel- „ ligence qu'il fait paroître de son art, „ & on ne peut comprendre que le mot d'*ins-* „ *tinct* ait été employé avec une affectation „ particuliere à marquer le caractere d'un „ esprit si fin. Il seroit superflu de s'arrêter „ à louer l'harmonie variée & légere de ses „ vers, la grace, le tour, l'élégance, les „ charmes naïfs de son style & de son ba- „ dinage. „ Quand *la Fontaine* n'auroit que ce mérite de la diction, mérite si grand & si rare, M de V. auroit dû se dispenser de le réduire à si peu de pages.

Nous ne parlerons pas de la critique qu'il fait des contes de l'*Esope* François & de la préférence qu'il donne à l'*Arioste*, parce qu'il est à souhaiter que personne ne les lise. Souvenons-nous seulement qu'il s'en repentit, & qu'à sa mort on le trouva couvert d'un cilice.

A des ſujets honteux , ſe livrant à regret
La Fontaine en gémit ; à ſes remords rebelle
Sa main ſert malgré lui ſa plume criminelle :
Vrai dans tous ſes écrits , vrai dans tous ſes
　　　　diſcours ,
Vrai dans ſa pénitence à la fin de ſes jours.
Du maître qui s'approche , il prévient la juſtice,
Et l'Auteur de Joconde eſt armé d'un cilice.
　　　(Racine fils.)

LE FRANC
DE POMPIGNAN.

*Ses talents & ſes ouvrages excitent la
jalouſie de Didon.*

UN homme d'eſprit nous a très-bien
dévoilé la cauſe de la colere de M. de
V. contre cet homme illuſtre dans une
lettre qu'on ſuppoſe que le Czar *Pierre*
écrivit à ſon Hiſtorien. „ Par quelle rage,
„ (fait-on dire à ce Monarque) vous êtes-
„ vous déchaîné contre lui , vous qu'il
„ n'attaquoit point , vous qu'il ne connoiſ-
„ ſoit pas , vous qu'il n'avoit peut-être
„ pas compris dans la claſſe des mauvais
„ Hiſtoriens de laquelle vous auriez dû
„ vous excepter , vous qu'il avoit garan-
„ ti peu de jours auparavant de la plus
„ vive , de la plus vraie , de la plus mor-

„telle *Philippique* que vous eussiez encore
„essuyée ? Le Secretaire *Mirabaud* nous
„a dévoilé ce mystere. Il nous a dit que
„l'envie étoit la véritable cause de ce dé-
„chaînement. On vous écrivit de Paris,
„que l'Académicien avoit récité une excel-
„lente traduction du premier livre des
„*Géorgiques*. Vous futes indigné que la
„France eût encore un bon Poëte ; vous
„prites la plume : le fiel coula en abon-
„dance. Vous ne pouviez critiquer les
„Vers ; vous déchirates le discours. „

En effet la haine , de M. de V. pour
M. *le Franc* n'a pas commencé à l'époque
de la réception de celui-ci à l'Académie.
Didon fut la premiere étincelle de cette
guerre , qu'il lui déclara depuis avec tant
de vivacité & d'acharnement. Cet essai
d'un jeune homme de 24 ans annonçoit
un successeur au grand *Racine* , dont M.
de V. se croyoit le seul héritier. Il ne
cessa de critiquer en secret , en attendant
de le faire en public. Mais les critiques
sont passées & la piece a resté. Peut-on
voir sans admiration le caractere d'*Enée* ,
non tel qu'il est tracé dans *Virgile* , mais
tel qu'il a été conçu & exécuté par M. *le
Franc*. Car il faut en convenir, le Prince
Troyen, dans le Poëte Latin , est un amant
perfide, un Prince foible, un devot scru-
puleux ; & ce beau quatrieme livre de
l'*Enéide* , dont on sera toujours enchanté,
tant qu'il restera quelque étincelle de
goût & de sentiment parmi les hommes,

est défiguré par les faux serments du Héros, par sa fuite honteuse & furtive. On plaint la malheureuse Reine de Carthage, & l'on est indigné contre le fils d'*Anchise*, en le voyant abandonner & trahir si lâchement une amante si tendre, si sincere, & qui ne s'étoit livrée à sa passion que dans l'espérance d'un hymen prochain. Le Poëte François fait agir & parler *Enée* plus noblement. Il est Religieux sans superstition, plein de droiture & de bonne foi, soit avec les Troyens, quand il est à Carthage, soit avec *Didon*, quand il se dispose à la quitter ; en un mot il est honnête homme & grand homme.

Quoi de plus beau, de mieux imaginé, que le dernier trait par lequel M. *le Franc* acheve ce grand caractere ! *Jarbe*, Roi de Numidie vouloit épouser *Didon* ; piqué du refus qu'il a essuyé, il vient fondre avec une armée innombrable sur les États de cette Princesse. *Enée* va le combattre, défait ses troupes, le tue lui-même & ne quitte Carthage qu'après y avoir laissé ce monument de sa valeur, de sa tendresse & de sa reconnoissance.

M. de V. ne pouvant pas critiquer ce plan a attaqué le style. Il dit en parlant du Cardinal de *Richelieu* à propos de M. *le Franc*, que les Vers du *Gascon* peuvent être comparés à ceux du *Poitevin*. Mais rien n'est plus injuste que cette comparaison. On sait comment versifioit le Cardinal, & on n'ignore pas non plus combien les critiques les plus séveres ont loué le *style pur & élégant de M. le Franc. La versification énergique, noble & coulante; les pensées brillantes & justes; la conduite judicieuse, le dialogue régulier; les situations touchantes. Il y a d'ailleurs de fort belles sentences dans la piece; ce qui est un des principaux ornemens de la Tragédie. (Observations sur les écrits nouveaux.* tome I. p. 19.)

C'est ainsi que parloit l'Abbé *Desfontaines*, après les premieres représentations de cette piece. L'Auteur en a remanié depuis tout le cinquieme Acte, pour y mieux peindre l'effrayant tableau de *Didon* désespérée par les avant Coureurs de la mort qu'elle veut se donner. Il sembloit qu'on ne pouvoit rien ajouter à ce cinquieme Acte & l'Auteur l'a encore embelli. Les autres corrections portent sur le dialogue en général, sur des vers foibles, des expressions négligées, des mots parasites, des rimes peu exactes. *On n'est pas forcé*, dit l'Auteur, *de s'ériger en Ecrivain; mais on est obligé de corriger ses fautes.* Avec de pareils principes & de grands talens, peut-on ne pas enfanter de chefs-d'œuvres?

Didon n'est pas le seul ouvrage Dramatique de M. *le Franc*. Nous savons de bonne part qu'il a un grand nombre de pieces de Théâtre soit comiques soit tragiques, que sa modestie cache au public. On connoît d'ailleurs les *adieux de Mars*, petite Comédie en un Acte, en Vers libres, qui fut jouée avec succès aux Italiens en 1735. C'est une peinture délicate, où les passions n'ont de force que ce qu'il en faut pour intéresser, par ce qu'elles ont de plus gracieux & de plus aimable. Elles ne s'expriment que sous le nom & par la voix des Divinités, dont elles sont les attributs, selon la fable. C'est *Venus*, ce sont les graces, c'est l'amour, qui représentent dans cette petite piece ; & pour contracter avec eux, on leur oppose *Mars*, *Apollon*, *Vulcain* lui-même. Cette bagatelle bien versifiée & agréablement dialoguée rassemble le gracieux, le délicat, & le sublime même, avec quelques traits de critique.

Des autres Poésies de M. le Franc.

Les Odes de M. *le Franc* sont remplies de beautés vraiment lyriques, & n'embrassent que des sujets intéressants, tels que la mort du grand *Rousseau*. L'Auteur, au sujet de cette malheureuse victime de l'envie & de la fureur des médiocres Ecrivains de son temps, fait cette réflexion si belle & si juste :

Songeons que l'imposture habite
Parmi le Peuple & chez les Grands ;
Qu'il n'est dignité, ni mérite
A l'abri de ses traits errants ;
Que la calomnie écoutée
A la vertu persécutée

Porte souvent un coup mortel,
Et poursuit, sans que rien l'étonne,
Le Monarque sous la Couronne,
Et le Pontife sur l'Autel.

Les Odes sacrées, tournées si mal à propos en ridicule par nos Satyriques Philosophes, sont dignes de *David* & de *Pindare*. Son génie vivement échauffé par le sublime du texte sacré lui a fourni les plus grandes idées pour rendre la vérité la majesté, la magnificence des expressions & des images de l'original, avec des nombres & des tours qui sembloient affectés au Lyrique des Grecs & des Romains. Ses Cantates peuvent être égalées aux plus belles de *Rousseau*, soit par la variété des figures, soit par la douceur de la versification soit par la vivacité des sentiments.

Dans ses Épitres l'Auteur a répandu des traits de force & de lumiere, de belles maximes, de vives Images. Nous ne citerons que ce morceau qui pourra faire plaisir à M. de V. qui nous a annoncé si souvent la décadence du goût.

Oui, nous verrons bien-tôt de petits Conquerants,
Du Parnasse François audacieux Tyrans,
De leurs Maîtres fameux proscrire les merveilles.
Et leur orgueil briser le Sceptre des Corneilles.
Tels on vit les Romains, dans des jours ténébreux,
Du second des Césars dégrader l'âge heureux;

Ensevelir Horace & déterrer Lucile ;
Préférer la Pharsale aux beaux vers de *Virgile* ;
Vanter l'esprit guindé du maître de Néron,
Et bâiller sans pudeur en lisant Cicéron.
Déjà même la Langue, & moins belle & moins
    pure ,
Rougit de se prêter à la simple Nature.
Cette heureuse clarté , son plus solide appui ,
Et que l'Etranger même admiroit malgré lui ;
Cet ordre lumineux , le nombre & la cadence,
Semblent abandonner nos vers , notre éloquence.
Le style devient sec , moins nerveux que tendu ;
Et , pour vouloir trop dire , on n'est plus entendu.
Le Public désormais , fasciné par ses guides ,
Ne veut qu'être ébloui par des éclairs rapides ;
Amoureux du bizarre , avide du nouveau ,
Et , pour comble d'erreur , ennemi du vrai beau.

Un ouvrage plus piquant pour le commun
des Lecteurs que les Epitres, c'est le *voya-*
ge de Languedoc & de Provence , dans le
goût du chef-d'œuvre de *Chapelle* & de
Bachaumont. ,, Le mérite de ce Poétique
,, itinéraire (dit l'Abbé *Desfontaines* dans
,, ses jugemens, tome VIII p. 283) dé-
,, pend du ton plaisant qui y regne , de
,, la suite , de l'enchaînement des objets
,, qui y sont peints , de la facilité , de la
,, gaieté , de la légéreté des récits. C'est
,, une Poésie Epistolaire, moitié Horacienne,
,, moitié Marotique , moitié Rabelaisienne ,

„ tantôt énergique & élevée, tantôt cou-
„ lante, familiere & même burlesque. La
„ vivacité de la profe répond à celle des
„ Vers. C'est un voyageur toujours animé
„ toujours spirituel, qui souvent dit des
„ riens qu'il fait paroître quelque chose,
„ qui badine sur tout, qui rit de tout, &
„ à qui la rime ne coûte rien. „

Nous sommes forcés de parler ici d'un
autre ouvrage que M. *le Franc* n'a pas mis
dans ses Œuvres, mais que ses ennemis
lui ont reproché ; c'est la *Priere Universelle* traduite de l'Anglois de M. *Pope*.
M. *le Franc* a toujours dédaigné cette bagatelle, parce qu'il n'a jamais eu dans
l'esprit les idées dangereuses qu'elle renferme. L'illustre Auteur ne l'avoit traduite
que parce que certains Anglois, avec lesquels il étoit dans une assez étroite liaison,
l'avoient défié de rendre l'original vers pour
vers. Emporté par la chaleur du travail,
il ne jugea de sang froid de sa traduction
que long-temps après qu'elle fut faite. Il
eût l'imprudence de la livrer à ces Anglois.
Lorsqu'il reprit le sang froid que la chaleur
de la traduction lui avoit ôté, & qu'il
jugea que son ouvrage pouvoit être scandaleux, il voulut retirer la copie. Il n'é-
toit plus temps ; les Anglois avec qui il
étoit étroitement lié, étoient déjà retour-
nés à Londres, sans qu'il en eût rien su.
Il leur écrivit pour les conjurer de ne la
point divulguer, ils le lui promirent. Alors
il oublia totalement la priere & la traduction;

mais un Imprimeur Anglois n'y pensa que trop pour lui & ayant publié cette piece en 1740, il fournit des armes à la calomnie vingt ans après.

Des discours Académiques.

Les ennemis mêmes de M. *le Franc* ont été forcés d'accorder à la Profe de cet Auteur une fupériorité diftinguée fur celle de tous les autres Académiciens de Province. On trouve en effet dans la plûpart de fes difcours de grandes beautés de ftyle & de raifonnement. Nous fommes forcés à regret de nous borner à celui qui a fait diftiller fur M. *le Franc* un fiel fi amer, à fon *Difcours de réception à l'Académie Françoife* dont voici l'hiftoire fimple & naïve.

M. *le Franc de Pompignan* fut recu à l'Academie Françoife à la place de M. *de Maupertuis*; on fe trouvoit alors dans une circonftance malheureufe qui devoit exciter vivement la fenfibilité d'un homme plein de Religion. On étoit inondé d'ouvrages impies. L'*Efprit* avoit fait un éclat fcandaleux. L'*Encyclopédie* avoit donné dans des excès criants. Les gens de bien gémiffoient & n'ofoient élever leur voix. Ce fut alors que le vertueux Citoyen de Montauban prit occafion de la mort chrétienne de fon Prédéceffeur pour venger Dieu outragé. Il eut le courage de plaider fa caufe; il prouva que le *Savant inftruit & rendu meilleur par fes livres* pouvoit, feûl s'appeller homme de lettres , qu'il n'y avoit que le *fage vertueux & Chré-tien* qui méritât le nom de Philofophe , & que fuivant cette exacte définition nous n'avions qu'une fauffe littérature & qu'une vaine Philofophie.

„ Et quel exemple , en effet , quelles
„ inftructions donneroient au genre humain
„ des gens de lettres préfomptueux qui
„ nous enfeigneroient à méprifer les plus
„ grands modeles , de prétendus Philofo-
„ phes qui voudroient nous ôter jufqu'aux
„ premieres notions de la vertu ; les uns
„ & les autres fe pourfuivant avec fureur
„ jufqu'au tombeau , décriant refpective-
„ ment leur efprit , leur ame , leurs mœurs ;
„ s'élevant avec une liberté cynique contre
„ ce que la naiffance & les dignités ont
„ de plus éminent ; faifant tout retentir
„ de leurs cabales , de leurs jaloufies , de
„ leurs animofités ; & forçant enfin le
„ public à regarder comme un problême ,
„ fi les lettres , les fciences , & les arts ,
„ ont plus contribué à épurer les mœurs ,
„ qu'à les corrompre.

„ Delà l'étonnante controverfe élevée de
„ nos jours & défendue de part & d'au-
„ tre avec cette force , avec cet air de con-
„ viction qui femble n'appartenir qu'à la
„ vérité. Je fuis bien éloigné , Meffieurs ,
„ de vouloir applaudir à ce nouveau para-
„ doxe. Ce n'eft pas dans le Sanctuaire
„ des lettres que j'afficherai l'Anathême qui
„ les profcrit ; mais pourquoi le diffimu-

„ ler ? Ce sentiment si pernicieux dans les
„ conséquences, si faux dans le principe,
„ se trouve vrai néanmoins dans l'excep-
„ tion; & malheur au siecle que cette hu-
„ miliante exception désigneroit. En vain
„ se vanteroit-il lui-même d'être un siecle
„ de lumiere, de raison & de goût; ses
„ propres monuments serviroient bientôt
„ à le confondre. Les Bibliotheques, les
„ cabinets des curieux, ces dépots durables
„ de la sagesse & du délire de l'esprit
„ humain ne justifieroient que trop l'a-
„ cusation & le jugement. Ici, ce seroit
„ une suite immense de libelles scandaleux,
„ de vers insolents, d'écrits frivoles ou
„ licencieux. Là, dans la classe des Phi-
„ losophes, se verroit un long étalage d'o-
„ pinions hazardées de systêmes ouverte-
„ ment impies, ou d'allusions indirectes
„ contre la Religion. Ailleurs, l'histoire
„ nous représenteroit des faits maligne-
„ ment déguisés, des anecdotes imagi-
„ naires, des traits satyriques contre les
„ choses les plus Saintes, & contre les
„ maximes les plus saines du gouvernement.
„ Tout, en un mot, dans ces livres mul-
„ tipliés à l'infini, porteroit l'empreinte
„ d'une littérature dépravée, d'une
„ morale corrompue, & d'une Philoso-
„ phie altiere qui sappe également le trône
„ & l'Autel. M. de *Maupertuis* implora-
„ t-il, comme tant d'autres, cette sagesse
„ purement humaine, qui prétend tirer de
„ son propre fonds ses ressources & ses

» vertus ; qui ne veut rien devoir à la
» Religion, qui la proscrit même ; qui ravit
» à l'homme la spiritualité de son ame
» pour ne lui laisser que des passions grof-
» fieres, & qui le dégrade & l'avilit sous
» prétexte de le rendre heureux ? Cette
» Philosophie trompeuse qui dément ses
» maximes par ses actions ; qui déclame
» tout haut contre les riches, & porte
» envie secrettement aux riches ; qui mon-
» tre du mépris pour les dignités, & dé-
» fire de les obtenir ; qui recommande aux
» hommes la sociabilité & cherche à perdre
» ses rivaux ; qui se dit l'organe de la
» vérité & sert d'instrument à la calomnie ;
» qui vante sa modestie & sa modération,
» & se nourrit d'emportement & d'orgueil ?
» Cette Philosophie dont les sectateurs
» fiers & hardis la plume à la main, font
» bas & tremblants dans la conduite ; qui
» n'ont rien d'assuré dans les principes,
» rien de consolant dans la morale, point
» de regle pour le présent, point d'objet
» pour l'avenir ; qui se jouent de leurs
» opinions, les soutiennent, les abandon-
» nent suivant leur crainte ou leurs besoins,
» & dont les exemples font aussi dange-
» reux que les leçons ?

» Avec de tels guides vainement cou-
» rons-nous après le bonheur. Ce fantôme
» s'évanouit dans le tourbillon d'idées con-
» fuses où l'on croyoit le fixer. Il ne nous
» en reste que de l'inquiétude, de l'agi-
» tation, & qu'un vuide immense qui

» s'aggrandit toujours devant nos défirs.

» Peut-être, Meffieurs, que cette Phi-
» lofophie qui n'a point l'art de nous pro-
» curer une vie heureufe, a du moins le
» fecret de nous apprendre à mourir. Mais
» c'eft où l'infuffifance & la foibleffe de
» fon appui fe démontrent plus que jamais.
» Qu'offre-t-elle dans leurs derniers mo-
» ments aux infortunés qu'elle a féduits ?
» Quel foulagement apporte-t-elle aux dou-
» leurs du corps, aux troubles de l'efprit ?
» Que nous fait-elle envifager ? La maté-
» rialité de l'ame, & l'efpérance de fa
» deftruction. Je dis l'efpérance ; car au-
» cun des partifans de cette monftrueufe
» Philofophie n'a ofé parler encore de
» certitude à cet égard. D'où il arrive qu'aux
» approches de la mort, la plûpart des
» incrédules, mal affermis dans leur Doc-
» trine, paffent de l'incertitude au défef-
» poir, & que les plus courageux font
» ceux qui tombent dans un étourdiffement
» ftupide, ou dans une morne infenfibilité.

» Ce ne fut pas dans les bras de cette
» Philofophie que M. de *Maupertuis* cher-
» cha du remede à fes maux, & qu'il vou-
» lut terminer fes jours. Celle qu'il avoit
» cultivée étoit bien différente, & dans les
» derniers temps de fa vie, il ne la fépara
» plus des lumieres de la Religion. »

Un tel difcours devoit *déplaire beaucoup aux Déiftes*, ainfi que le dit le
Roi en le lifant. Auffi vit-on éclore bien-
tôt les *Quand*, les *Si*, les *Pourquoi*,

&

& cette foule de satyres atroces qui mé-
riterent des réponses si vigoureuses à M.
de V. il reprochoit à M. *le Franc* d'avoir
parlé de Religion dans une Académie qui
s'est fait une loi de n'en parler jamais,
d'avoir dénoncé ses Confreres, de les avoir
peints comme des Impies ; mais on montra la fausseté de toutes ces accusations.
On répondit à M. de V. : ,, vous avez
» outragé les défenseurs de la Religion,
» & l'on n'en a pas été surpris ; car elle
» désapprouve votre conduite & vos opi-
» nions, votre cœur & votre esprit. C'est
» un criminel qui entre en convulsion tou-
» tes les fois qu'il entend prononcer le
» nom de son juge.

» Vous écumez lorsqu'on glisse un mot
» contre les Philosophes ; car vous sentez
» que vous avez mérité tous les reproches
» qu'on a fait, aux faux Philosophes. Vous
» sentez que la Philosophie de nos jours,
» cette Philosophie, qui ne croit rien, qui
» n'apporte ni lumiere dans nos erreurs,
» ni consolation dans nos maux, est votre
» ouvrage, & vous êtes le plus sensible
» de tous les peres, lorsqu'on attaque vos
» enfants.

» On peut parler de la Religion dans
» une Académie, car on peut & on doit
» faire le contraire de ce que vous faites ;
» or vous avez affiché plus d'une fois
» l'irréligion dans vos écrits en vers & en
» prose ; vous avez mêlé l'impiété avec
» les matieres les moins faites pour elle.

Tome I.   L

» Pourquoi voulez-vous donc qu'un hom-
» me sage , parlant à une assemblée de Chré-
» tiens , glisse quelques réflexions sur le
» délire du jour ?

» Ce n'est point être délateur que de
» peindre le vice en général , sans désigner
» les vicieux en particulier ; ce n'est point
» calomnier la nation que de dire que
» parmi une foule d'esprits sages, de bons
» Citoyens , d'hommes Religieux , il y en a
» plusieurs qui abusent de leur raison , &
» qui s'en servent contre les objets de la
» foi ; car votre ami d'*Alembert* n'est point
» un Délateur ; il dit pourtant dans ses
» *mélanges Philosophiques* tome IV p. 325.
» (On ne sauroit se dissimuler que les
» principes du Christianisme sont aujour-
» d'hui indécemment attaqués dans un grand
» nombre d'écrits . . . . le désir de n'avoir
» plus frein dans les passions , la vanité
» de ne pas penser comme la multitude
» ont fait plutôt encore que l'illusion des
» Sophismes , un grand nombre d'incré-
» dules ? Nos Ecrivains les plus pieux ont
» été à la découverte de l'impiété dans tous
» les livres nouveaux , & il faut avouer
» qu'ils y ont fait une moisson tristement
» abondante.) Voilà ce que la force de la
» vérité arrache à un de vos amis , à un
» Philosophe , à un de ces hommes de
» génie qui ont présidé au Dictionnaire
» Encyclopédique.

» Vous êtes incapable de lire sans enthou-
» siasme ce qu'on a écrit pour & contre

„ la Philofophie , d'entrer dans les vues
„ fages des Antagoniftes de la fauffe fa-
„ geffe ; car vous ne trouveriez point de
„ l'emportement où il n'y a que du zele.
„ Vous verriez des intentions droites &
„ des fentiments élevés, où vous ne voyez
„ que de la politique & des fentiments
„ auffi vils que les vôtres. Vous verriez
„ qu'on blâme l'abus de la Philofophie &
„ des lettres, fans attaquer ni la Philofo-
„ phie ni les lettres ; vous verriez qu'on
„ refpecte ces noms dont vous vous parez
„ & que vous déshonoreriez s'ils pouvoient
„ l'être ; vous applaudiriez avec les vrais
„ Savants & les Chrétiens ce que vous
„ critiquez avec les Infectes de la Litté-
„ rature. „

Non vous n'avez pas bonne grace de
faire l'apologie de votre fiecle , après en
avoir fait cent fois la fatyre ; vous avez
encore plus mauvaife grace de plaider pour
votre nation que vous avez peinte comme
un peuple *qui plaifante & qui fait des
St. Barthelemi , qui égaie & qui produit
des monftres.* Comment concilieroit-on de
pareilles contradictions , fi l'on ne favoit
qu'entraîné par le démon de la vengeance ,
vous n'avez pas le temps de confulter
votre mémoire , pour favoir ce que vous
avez dit , ni votre jugement , pour favoir
ce que vous devriez dire.

„ Eft-ce bien à vous de parler de la
„ naiffance de M. *le Franc* ? Elle eft pure,
„ elle eft illuftre & fon nom paffera fans

» tâche à la postérité. Il ne fait point
» comme vous le dites parade de ses
» titres ; car il est au-dessus des titres ; il
» ne se fâche point de la généalogie que
» vous lui faites , le public la dément.
» Faites le Bourgeois , faites le Noble, il
» il n'en est pas moins l'Auteur de *Didon*,
» de cette *Didon* qui excita votre envie
» en naissant , & qui vingt-cinq ans après
» a produit les fruits empestés que vous
» avez fait mûrir sur les bords du Lac
» de Geneve.

   » Ne rougissez-vous pas d'appeller li-
» belle , les remontrances faites au Roi
» par le Parlement de Toulouse , qui
» daigne emprunter la plume de M. *le*
» *Franc*. Sachez que des représentations
» respectueuses , faites au nom d'un corps
» illustre , recues par le Pere de la Patrie,
» lues par tous les bons François , ne sau-
» roient jamais être confondues avec vos
» Philippiques. »

   Voilà ce qu'on dit dans le temps à
M. de V. & malheureusement sans pouvoir le corriger. Après avoir outragé l'aî-
né de la respectable famille que nous dé-
fendons , il a déchiré impitoyablement le
cadet , qui en qualité d'Evêque avoit cru
devoir prémunir son troupeau du Puy-
en-Velai contre les prestiges de la nouvelle Philosophie & sur-tout de leur oracle. Mais toutes les satyres n'empêchent pas
que ces deux freres illustres par les qualités solides & brillantes de l'homme ,

du Citoyen & de l'Ecrivain, ne tiennent une place distinguée dans le monde & dans l'Eglise. Occupés à défendre & à célébrer la Religion, l'un chante avec la Harpe de *David* ce que l'autre démontre avec la plume d'*Augustin*.

S'GRAVESANDE.

Ce Philosophe étoit-il matérialiste ? Quelle furent ses liaisons avec M. de V?

LA réputation de *Guillaume-Jacob s'Gravesande* Professeur de Philosophie à Leyde, mort en 1741, n'a pas eu pour bornes les Provinces unies. Mais son nom a passé dans quelques pays avec la malheureuse qualification de matérialiste. Le fondement de cette accusation est une lettre de M. de V. *à M. de s'Gravesande*, dans laquelle ce Poëte badine sur l'immortalité de l'ame. „ Qu'est-ce que l'ame, dit-il, je n'en sais „ rien ? Qu'est-ce que la matiere ? Je n'en „ sais rien. Voilà *Joseph Leibnitz* qui a dé„ couvert que la matiere est un assemblage „ de monades. Soit. Je ne le comprends „ pas, ni lui non plus. Et bien, mon „ ame sera une monade ; ne me voilà-t-il „ pas bien instruit ? Je vais vous prouver „ que vous êtes immortel, me dit mon „ Docteur. * Mais vraiment il me fera

* La lettre de M. de V. roule sur une critique qu'on avoit faite de ses pieuses *lettres Philosophiques.*

„ plaisir ; j'ai toute aussi grande envie que
„ lui d'être immortel. Je n'ai fait la *Hen-*
„ *riade* que pour cela. Mais mon homme
„ se croit bien plus sûr de l'immortalité
„ par ses arguments que moi par la *Hen-*
„ *riade* : *Vanitas vanitatum , & metaphysica*
„ *vanitas.* „

Si M. de *s'Gravesande* , en recevant une
pareille lettre , avoit applaudi aux badinages
indécents qu'elle renferme , on auroit quelque raison d'avoir des préjugés contre sa
religion. Mais premiérement il y a grande
apparence que cette lettre ne lui a jamais
été écrite. C'est une de ses pieces téméraires , qui ne sont adressées à personne
& qu'on ne fait précéder d'un nom respectable que pour leur donner du poids ,
auprès des petits esprits que les noms en
tous genres gouvernent ordinairement. M.
de V. n'a fait imprimer cette lettre qu'a-
près la mort de M. de *s'Gravesande* , qui
vraisemblablement ne l'a jamais reçue. C'est
du moins ce qu'ont assuré quelques Gens
de lettres Hollandois à M. l'Abbé *Trublet* ,
comme il nous l'apprend dans le *Journal*
Chrétien.

Secondement , quand M. de *s'Gravesande*
auroit reçu cette lettre , il n'auroit jamais
pu approuver les principes qu'elle contient.
Voici le témoignage que lui rend l'Auteur
de sa vie : (dans le Dictionnaire de *Pros-*
per Marchand) Ecrivain très-instruit &
honoré pendant long-temps de la familia-
rité , de l'intimité & de la confiance de M.
de *s'Gravesande.*

„ J'étois seul au côté de son lit, quand
„ il rendit l'esprit, & je ne l'ai presque
„ pas quitté pendant tout le cours de sa
„ maladie. Ainsi personne n'est plus en
„ état que moi, de réfuter l'odieuse calom-
„ nie par laquelle on a cherché à ternir
„ sa mémoire ; qu'il étoit mort dans les
„ sentiments des gens qu'on nomme assez
„ improprement esprits forts : calomnie à
„ laquelle j'apprends qu'encore aujourd'hui
„ bien des gens ajoutent foi. Rien n'a ja-
„ mais été plus faux. Durant sa maladie il
„ a tenu le langage qu'il a tenu toute sa
„ vie ; c'est-à-dire, celui d'un homme bien
„ persuadé de la vérité & de la divinité
„ de l'Evangile.

„ Tous ceux qui l'ont connu particulié-
„ rement, en rendront le même témoignage.
„ Jamais il n'a laissé paroître là-dessus
„ le moindre doute, & toujours soit dans
„ ses Colleges, soit dans ses conversations,
„ il a dit ouvertement ce qu'il en pensoit.
„ En voici une preuve. Il avoit fait l'extrait
„ du livre de *Ditton*, sur la résurrection
„ de J. C. (On le trouve dans le *Journal*
„ *Littéraire*, Tom. I. p. 391.) Quand il
„ le lut à la société des Journalistes, M.
„ de St. *Hyacinthe* qui étoit un franc *Déiste*
„ trouva que l'Auteur par' t n Chrétien,
„ & prétendit qu'un Journa 'e comme un
„ Historien, devoit laisser ignorer de quel
„ parti il est. M. *s'Gravesande* ne goûta
„ pas cet *indifférentisme*, & crut que
„ comme Chrétien, il ne devoit pas rou-

» gir de fa profeſſion, & de déclarer ſes
» ſentiments. »

A ſon ſincere attachement à la Religion,
il joignoit toutes les qualités reſpectables
que cette ſainte Religion inſpire. Senſible,
charitable, il étoit toujours auſſi prompt
à tendre aux indigents une main ſecou-
rable dans le beſoin, qu'à ſe réjouir de
leurs petites proſpérités. Au-deſſus des
petiteſſes de l'envie & des plaiſanteries de
la critique, il ſavoit mépriſer les fureurs
de l'une & les traits de l'autre. Un Ecrivain dont la plume, ſeconde & libre,
s'exerce ſur toutes ſortes de ſujets, s'aviſa
de tourner en ridicule ſon *introduction
à la Logique*. Voici ce qu'il en dit dans
ſa *Philoſophie du bon ſens*, qu'on devroit
appeller la *Philoſophie du delire*. (tom.
I. p. 263.)

» M. *s'Graveſande* dans ſon introduction
» à la Logique, a placé un traité ſur l'ar-
» gumentation, ou l'art de raiſonner par
» ſyllogiſmes. Il s'efforce d'apprendre aux
» hommes à parler & à penſer d'une ma-
» niere juſte & préciſe, par un certain
» arrangement des lettres de l'alphabet.
» Un critique moderne s'eſt moqué de
» cette méthode ſi extraordinaire. Je penſe,
» dit-il, que ces préceptes figureroient fort
» bien dans le *Bourgeois Gentilhomme*;
» il me ſemble ouïr M. *Jourdain*, A E E,
» A O O, O A O, E I O, E A E, E A O.
» Que cela eſt beau? Que cela eſt ſavant!
» la façon d'apprendre aux hommes à rai-

„ fonner, eſt bien ſublime & bien élevée ?
„ E A O, E A E, &c. „

Après avoir donné une ſi juſte idée
de l'art d'argumenter, l'Auteur eſt aſſez
équitable pour dire, que M. *s'Graveſande*
n'en eſt pas l'inventeur ; mais qu'*Ariſtote*
s'en étoit ſervi plus de deux mille ans
auparavant „ ainſi, ajoute-t-il agréable-
„ ment, il peut être appellé, renouvellé
„ des Grecs .... comme le jeu de l'oie. „
On comprend aiſément quelle fut la réponſe
de M. *s'Graveſande* à une critique auſſi
ſenſée que celle-là ; le ſilence. Lorſqu'on
lui montra ce beau paſſage, il dit en riant :
*cet homme veut me tourner en ridicule ;
il faut lui en laiſſer le plaiſir tout entier.*

Cette inſenſibilité à la critique s'étendoit
juſqu'aux bruits que ſeme la calomnie.
C'eſt ce que prouveront les deux lettres
que nous allons rapporter. On y verra deux
Philoſophes d'un caractere bien différent ;
l'un très-ſenſible & l'autre plein d'une indifférence, vraiment Philoſophique. Il faut
ſavoir pour les entendre, que lorſque M.
de V. voulut publier ſes *Elements de la
Philoſophie de Nevvton*, il eut la modeſtie de ſouhaiter qu'ils paſſaſſent ſous les
yeux de M. *s'Graveſande*. Il ſe rendit à
Leyde où il lui en lut quelques chapitres,
& où en même temps il fréquenta ſon
école avec beaucoup d'aſſiduité. Mais après
un ſéjour très-court dans cette ville, ſes
affaires l'ayant appellé ailleurs, il remit
ſon manuſcrit à des Libraires d'Amſterdam,

& il partit subitement pour retourner en
France, sans avoir eu le temps de tirer
du Philosophe de Leyde les secours qu'il
en esperoit. On crut que son prompt
départ venoit d'une brouillerie que des
propos imprudents sur la Religion avoient
produite entre lui & M. *s'Gravesande*.
Cette rupture & la cause qu'on en assignoit
étoient également fausses. Ce bruit scandaleux se répandit cependant jusqu'en France
& pour le faire tomber, M. de V. eut recours à M. *s'Gravesande*. On a vu sa lettre
en différents endroits, mais tronquée. La
voici telle qu'elle est sortie de sa plume.

„ Vous vous souvenez, Monsieur, de l'ab-
„ surde calomnie qu'on fit courir dans
„ le monde pendant mon séjour en Hol-
„ lande ; vous savez si nos prétendues
„ disputes sur le Spinosisme & sur des ma-
„ tieres de Religion, ont le moindre fon-
„ dement. Vous avez été si indigné de ce
„ mensonge, que vous avez daigné le
„ réfuter publiquement. Mais la calomnie
„ a pénétré jusqu'à la Cour de France, &
„ la réfutation n'y est pas parvenue. Le
„ mal à des aîles, & le bien va à pas de
„ tortue. Vous ne sauriez croire avec quelle
„ noirceur on a écrit & parlé au Cardinal
„ de *Fleuri*. Vous connoissez par ouï
„ dire ce que peut le pouvoir arbitraire.
„ Tout mon bien est en France, & je suis
„ dans la nécessité de détruire une impos-
„ ture, que dans votre pays, je me con-
„ tenterois de mépriser à votre exemple.

„ Souffrez donc, mon aimable & ref-
„ pectable Philofophe, que je vous fupplie
„ très-inftamment de m'aider à faire con-
„ noître la vérité. Je n'ai point écrit encore
„ au Cardinal pour me juftifier. C'eft une
„ pofture trop humiliante, que celle d'un
„ homme qui fait fon apologie ; mais c'eft
„ un beau rôle, que celui de prendre
„ en main la défenfe d'un homme inno-
„ cent. Ce rôle eft digne de vous, & je
„ vous le propofe comme à un homme
„ qui a un cœur digne de fon efprit.

„ Il y a deux partis à prendre, ou celui
„ de faire parler M. votre beau Frere à
„ M. de *Fénelon*, & d'exiger de M. de
„ *Fénelon*, qu'il écrive en conformité à
„ M. le Cardinal, ou celui d'écrire vous-
„ même. Je trouverois ce dernier parti,
„ plus prompt, plus efficace, & plus con-
„ venable à un homme comme vous. Deux
„ mots & vôtre nom feroient beaucoup,
„ je vous en réponds. Il ne s'agiroit que
„ de dire au Cardinal, que l'équité feule
„ vous force à l'inftruire, que le bruit
„ que mes ennemis ont fait courir eft fans
„ fondement, & que ma conduite en
„ Hollande a confondu leurs calomnies.
„ Soyez fûr que M. le Cardinal vous
„ répondra, & qu'il en croira un homme
„ accoutumé à démontrer la vérité. Je
„ vous remercie, & je me fouviendrai
„ toujours de celle que vous m'avez en-
„ feignée. Je n'ai qu'un regret, c'eft de
„ ne plus en apprendre fous vous. Je

„ vous lis au moins , ne pouvant plus
„ vous entendre. L'amour de la vérité
„ m'avoit conduit à Leyde ; l'amitié seule
„ m'en a arraché. En quelque lieu que
„ je sois je conserverai pour vous le
„ plus tendre attachement & la plus par-
„ faite estime , &c.

Voici la réponse de M. s'Gravesande.

„ Je voudrois de tout mon cœur , mon
„ cher Monsieur , vous être utile dans
„ l'affaire que vous m'écrivez. Vous savez
„ dans quels termes je me suis exprimé
„ sur la calomnie , qu'on a fait courir
„ que nous étions brouillés. Je suis tou-
„ jours prêt de déclarer, que notre querelle
„ est aussi fausse que le fondement qu'on
„ a jugé à propos de lui donner. Je ne
„ me suis pas opposé que ma déclaration
„ fût mise dans les Gazettes , ce qui a été
„ fait dans la Gazette d'Amsterdam , d'une
„ maniere si obscure, que personne ici n'y
„ a rien compris. On y a même ajouté une
„ queue , qu'on met sur mon compte , &
„ qui n'est pas de moi. Si je puis faire
„ quelque chose de plus pour faire cesser
„ ce bruit , que je croyois cessé , mais
„ qui ne l'est pas tout à fait , à ce que
„ je vois par votre lettre , je suis prêt ;
„ mais, mon cher Monsieur , je trouve des
„ difficultés aux deux partis que vous me
„ proposez.

„ I. M. de *Fénélon* est à Paris . & quand
„ il seroit ici , je ne sais s'il faudroit

,, s'adreſſer à lui ; je ne le crois pas,
,, ſans quoi je ne ferois point de difficulté
,, de lui parler à ſon retour ; car on dit
,, que ſon abſence ne ſera pas longue.

,, II. Pour ce qui regarde d'écrire au
,, premier Miniſtre en droiture, comme
,, vous me le propoſez, je ne me crois
,, pas un perſonnage aſſez conſidérable
,, pour cela. Si ſon Eminence a jamais
,, ouï prononcer mon nom, ce ſera qu'on
,, m'a nommé en parlant de vous ; ainſi
,, permettez - moi de ne me pas donner
,, des airs qui ne me conviennent pas.
,, Vous ſavez comment je vis iſolé, à
,, l'égard des études, ſans aucun commerce
,, avec les gens de lettres, travaillant à
,, être utile dans le poſte où je me trou-
,, ve, & cherchant à paſſer agréablement
,, le peu de temps qu'il me reſte : ce que
,, je regarde comme plus utile que ſi je
,, me tuois le corps & l'ame pour être
,, plus connu. Quand on veut vivre de cette
,, maniere, il faut que tout y réponde,
,, & ne pas faire l'important. Je ne dois pas
,, ſuppoſer que des gens, qui ne doivent
,, pas avoir lu ce que j'ai fait imprimer,
,, ſachent qu'il y a à Leyde, un homme,
,, dont le nom commence par une apoſ-
,, trophe.

,, Je conclus que ſi j'écris à Mon-
,, ſeigneur le Cardinal ce doit être ſur
,, le pied d'un homme tout à fait inconnu,
,, & comme lui pourroit écrire mon. jar-
,, dinier ; & dans un ſens je ne vois pas

„ par où débuter ; je ne connois point
„ l'air du bureau ; & en écrivant je m'ex-
„ poſerois à jouer un perſonnage très-ri-
„ dicule , ſans vous être d'aucune utilité.

„ Je vous dis naturellement comment
„ j'enviſage la choſe ; trouvez quelque
„ route praticable & je ne vous manquerai
„ pas.

„ La plus naturelle , il me ſemble , ſe-
„ roit que vous fiſſiez parler directement
„ à S. E. par quelqu'un , qui pourroit lui
„ faire voir un témoignage que je vous
„ aurois envoyé ; ou bien , que quelqu'un
„ de vos amis en France me demandât par
„ une lettre des éclairciſſements ſur ces
„ bruits , & qu'on mit ma réponſe entre
„ les mains du Cardinal. „

Qu'il nous ſoit , permis à cette occaſion
de rappeller la belle lettre que M. *Haller*
écrivit à M. de V. dans une occaſion à
peu près ſemblable. Ce Philoſophe trouve
étrange avec quelque raiſon qu'un homme
immortel , tel que l'Auteur de *Zaïre* perde
ſon temps & ſon repos à prouver des petits
faits pour détruire des bruits qui ſe détrui-
ſent ordinairement eux-mêmes. Il finit ainſi
ſa lettre , & nous ne pouvons que partager ſes ſentiments.

„ Si les ſouhaits avoient du pouvoir j'en
„ ajouterois un aux bienfaits du deſtin.
„ Je vous donnerois de la tranquillité , qui
„ fuit devant le génie , qui ne le vaut pas par
„ rapport à la ſociété ? Mais qui vaut bien
„ davantage par rapport à nous-mêmes. Dès-

,, lors l'homme le plus célebre de l'Europe
,, feroit auffi le plus heureux.

XXXXXXXXXXXXXXXXXXXXXXXXXXXXXXXXXXXXXXXX

G R E S S E T.

Ses Comédies. Examen de l'utilité du Théatre.

CEt homme aimable, le Poëte de la raifon & des graces, n'a pas échappé aux
traits venimeux de M. de V., quoiqu'il dût
refpecter en lui le tire de fon Confrere à
l'Académie & au Parnaffe. La tirade qui
le regarde dans le *pauvre diable* eft des plus
malignes & des plus injuftes.

> *Greffet* doué du double privilege
> D'être au College un bel efprit mondain,
> Et dans le monde un homme de College ;
> *Greffet* dévot, long-temps petit badin,
> Sanctifié par fes palinodies ;
> Il prétendoit avec componction
> Qu'il avoit fait jadis des Comédies,
> Dont à la Vierge il demandoit pardon.
> *Greffet* fe trompe ; il n'eft pas fi coupable ;
> Un vers heureux & d'un tour agréable
> Ne fuffit pas, il faut une action,
> De l'intérêt, du comique, une fable,
> Des mœurs du temps un portrait véritable,
> Pour confommer cette œuvre du demon.

Ces Vers portent leur explication avec

eux. M. *Gresset* croyant que le Philosophe Chrétien ne pouvoit s'accommoder avec le Poëte comique, touché d'ailleurs par les leçons d'un Saint prélat, (l'Evêque d'Amiens) se détermina par ses sages conseils à abjurer solemnellement le Théatre. Il crut qu'il n'y avoit point d'accommodement à faire avec le Ciel à l'égard de la Comédie ; il se repentit d'en avoir fait, il consigna ses regrets dans une lettre également ingénieuse & éloquente, répandue dans tous les Journaux & plusieurs fois réimprimée. Cette amende honorable faite à la Religion par un homme, dont le nom pouvoit en imposer, allarma M. de V. qui croit qu'hors du Théatre il n'y a point de salut. Il fit semblant d'abord de rire de cette démarche ; il en empoisonna ensuite le motif. Il ne vit que le langage de l'amour propre, & qu'un vain éclat dans cette même lettre, où M. *Gresset* exprimoit ses remords & sa modestie. Delà la tirade que nous avons mise sous les yeux du Lecteur & qu'il faut examiner.

M. de V. dispute d'abord à M. *Gresset*, les graces qu'il montre dans la société ; il n'y trouve que le ton d'un homme de College. Il est certainement difficile & tous ceux que nous avons consultés, tous les amis de M. *Gresset*, tous ceux qui ont été à portée de vivre avec lui, conviennent que les agréments de son commerce sont aussi peu aprêtés que ceux de son style. Dans sa conversation ainsi que dans

ses

ſes ouvrages, il eſt l'enfant de la nature.

Quant à ſes Comedies M. de V. prétend qu'il ne joint pas la juſteſſe du plan aux graces du détail. Nous n'examinons pas, ſi c'eſt à lui à faire un pareil reproche ; mais nous diſcuterons, d'après les plus grands critiques, les deux pieces qui ont illuſtré M. *Greſſet* dans la ſcene comique. Commen-çons par *Sidney.*

„ Il s'agit ici (dit l'Auteur des *jugemenis* „ *ſur les ouvrages nouveaux*, tome IX. „ p. 138 & 186.) d'un Seigneur Anglois „ retiré dans une ſolitude, où dégoûté de „ la vie, il prend la réſolution de s'en dé- „ livrer. Qui croiroit que cela pût jamais „ devenir le ſujet d'une Comédie ? M. „ *Greſſet* en a conçu le deſſein, & l'a „ exécuté avec le plus grand bonheur. Il „ a rempli ſon ouvrage des plus belles „ penſées & des plus beaux vers, par „ rapport au Suicide, & a ſu tempérer fort „ naturellement le lugubre de la piece, „ par des dialogues agréables entre le Sei- „ gneur chagrin & ſon valet de chambre „ gai, content & judicieux. Enfin j'ai lu „ peu de pieces avec autant de ſatisfaction. „ Le ſtyle en eſt ingénieux & *on ne peut* „ *rien reprocher au plan ni à la conduite.* „ Je ne crains pas même d'avancer que „ l'ouvrage m'a ſemblé admirable ; en ſorte „ que je crois que quelque ſuccès qu'il ait „ eu au Théatre, il a été au-deſſous de „ ſon mérite, & qu'on peut l'appeller le „ chef-d'œuvre du Poëte. Il eſt ſelon moi,

Tome I. M

,, admirable pour les mœurs : que j'en
,, aime les leçons, & la sagesse sublime qui
,, y regnent !

,, Quelque bien représentées que soient
,, ces sortes de pieces, elles brillent tou-
,, jours plus sur le papier que sur le Théa-
,, tre. Telle est la comédie du *Misantrope:*
,, D'ailleurs le principal personnage de
,, celle-ci n'offre rien que de triste & de
,, noir ; il excite la pitié & l'horreur
,, comme un personnage de Tragédie. Un
,, homme désesperé qui veut se défaire,
,, peut-il jamais réjouir le spectateur ? Ce-
,, pendant on prend part à sa douleur ; on
,, s'intéresse à son sort d'autant plus que
,, c'est un homme ferme & éloquent. C'est
,, donc par l'intérêt, par les pensées, &
,, par la belle versification que cette piece
,, plaît infiniment à la lecture. Dans le
,, fond j'aurois mieux aimé que M. *Gresset*
,, eût réservé toutes les beautés qui écla-
,, tent dans cette piece, pour en orner
,, une Tragédie où un Héros malheureux
,, auroit formé la résolution de se soustraire
,, aux persécutions de la fortune, en se
,, délivrant de la vie. Toutes les grandes
,, idées, tous les dialogues sublimes de M.
,, *Gresset* pourroient entrer, par exemple,
,, dans une Tragédie, dont Caton d'Uti-
,, que seroit le sujet.

Quoique l'intrigue du *méchant* ait été
plus critiquée que celle de *Sidney*, il seroit peut-être aussi facile de la justifier.
On l'a trouvé mal imaginé & sans vrai-

femblance ; mais ne voit-on pas qu'elle en repréfente mieux la fottife du Héros de la piece. C'eft un tableau vivant des menées de la méchanceté , mais un tableau qui devoit montrer des écarts pour être reffemblant, & quand même le plan en feroit un peu défectueux , on ne peut difconvenir que le méchant ne foit l'ouvrage d'un homme de génie , verfé dans la connoiffance du monde, peintre fidele & brillant des mœurs de notre âge. On y trouve, ainfi que dans toutes les productions de l'Auteur , beaucoup d'élégance & d'efprit ; non pas de cet efprit qu'on s'efforce en vain d'accréditer ; de cet efprit fans corps , fi je puis parler ainfi , qui s'évapore dans le creufet du bon fens, mais de cet efprit fin & naturel à la fois , de cet efprit avoué par le jugement, & qui dans le fond n'eft que la raifon ornée. La vertu pour plaire , doit fe montrer fous les traits de l'agrément ; la raifon , pour être goûtée , a befoin qu'on la pare de fleurs. Que de beautés & de graces dans la piece de M. *Greffet* ! quelle abondance d'heureux tours ! quels détails charmants ! quelle facilité ! quelle douceur ! quelle harmonie dans la verfification ! quel coloris dans les tableaux ! quelle délicateffe dans les nuances ! quelle fublimité dans la morale !

Si les converfations ingénieufes , les portraits pleins d'ame & de vérité , les réflexions juftes, les Vers heureux ou faits avec foin , font les ornements d'un ouvrage

dramatique les plus agréables & les plus
frappants, M. de V. au lieu de critiquer
M. *Greffet*, devoit lui dire avec un Académicien plein d'efprit :

Le méchant te demande un frere
Et Paris empreffé l'attend.

Quelques critiques firent dans le temps
à M. *Greffet* un reproche, que nous ne
devons pas oublier. On auroit voulu que
l'Auteur eût pris pour fujet de comédie un
caractere moins générique & plus déterminé. En effet, difoient-ils, on comprend
fous le nom de méchant *une foule de vices
prefque fynonymes, qui ne font que les ruif-
feaux qui coulent d'une même fource ; c'eft-
à-dire, l'ingrat, le fatyrique, le fourbe,
le médifant, le calomniateur, l'impofteur.*
Mais il ne faut pas être grand Métaphy-
ficien pour voir qu'il n'y a pas d'efpece
fi fimple qui ne renferme quelque fub-
divifion. Que deviendroit le Poëte fi fon
caractere principal n'avoit qu'un trait ?
Ou il eft impoffible de faire une piece de
caractere, ou il eft faux qu'il ne foit pas
permis d'en choifir un qui renferme quelques vices de la même claffe, dont l'en-
femble forme l'efpece. L'avare n'eft pas
feulement l'homme qui enfouit fon argent,
c'eft celui qui fe refufe le néceffaire, qui
laiffe déperir fa maifon, mourir fes chevaux ; c'eft un ufurier qui prête fur gages
même à fon fils ; c'eft un homme qui
dans fa paffion ne fera effrayé ni du vol

ni de l'affassinat. Le *glorieux* est non-seulement enflé de son mérite & de sa naissance ; il est encore menteur, dédaigneux, fat, impertinent.

Ce qui distingue sur tout M. *Gresset* des autres Poëtes comiques c'est l'excellente morale dont il a rempli sa piece ; morale qui n'a pu le rassurer sur les dangers du Théatre, parce qu'étant débitée par des hommes, quelquefois sans mœurs elle manque son effet. Nous dirons à cette occasion, que l'Auteur, du *méchant* n'est pas le seul qui ait pensé sur le Théatre comme la partie la plus saine & la plus nombreuse de nos casuistes. Voici sur ce sujet un beau morceau de M. de la *Motte* dans son discours sur la Tragédie de *Romulus.*

Après avoir parlé des caracteres odieux qu'on peut mettre sur le Théatre avec succès, pourvu qu'ils ne le soient qu'en partie, & que de plus on les embellisse en quelque sorte par le mélange de quelques-unes de ces grandes qualités qui peuvent se rencontrer avec de grands vices, M. de la *Motte* dit :

„ Si on concluoit de tout ce que je viens
„ de dire, que les Tragédies ne peuvent
„ donc pas être d'un grand fruit pour les
„ mœurs, la sincérité m'obligeroit d'en de-
„ meurer d'accord. Nous ne nous propo-
„ sons pas d'ordinaire d'éclairer l'esprit
„ sur le vice & la vertu, en les peignant
„ de leurs vraies couleurs; nous ne songeons

,, qu'à émouvoir les perſonnes par le mé-
,, lange de l'un & de l'autre. Nous met-
,, tons ſouvent les préjugés à la place des
,, vertus. Dans les perſonnages intéreſſants
,, nous faiſons preſque aimer les foibleſſes
,, par l'éclat des vertus que nous y joignons.
,, Dans les perſonnages odieux, nous affoi-
,, bliſſons l'horreur du crime par de grands
,, motifs qui les relevent, ou de grands
,, malheurs qui les excuſent. Tout cela ne
,, va que bien indirectement à l'inſtruction;
,, & c'eſt ce qui a fait dire à une Dame
,, illuſtre (Mad. de *Lambert*) dans les avis
,, qu'elle donne à ſa Fille, qu'on reçoit
,, au *Théatre de grandes leçons de vertu,*
,, *& qu'on en rapporte l'impreſſion du vice.*
,, Ce n'eſt pas que du moins dans nos
,, dénouements nous n'ayons de grands
,, égards à la morale.....
,, Quand nous faiſons triompher le crime,
,, nous laiſſons les coupables dans un état
,, de trouble & de remords qui leur tient
,, lieu de ſupplice, & qui les fait trouver
,, plus malheureux que ceux mêmes qu'ils
,, oppriment. Nous ne réuſſirions pas ſi dans
,, ce dernier état de nos perſonnages, nous
,, bleſſions une juſtice naturelle, & tou-
,, jours préſente à tous les eſprits. Je pour-
,, rois employer pour notre Apologie, le
,, ſoin que nous avons de nous y confor-
,, mer ; mais, à parler de bonne foi,
,, ce n'eſt pas aſſez. Cet hommage paſſa-
,, ger que nous rendons à la raiſon, ne
,, détruit pas l'effet des paſſions que nous

» avons flattées dans tout le cours de la
» Tragédie. Nous l'inftruifons un moment,
» mais nous l'avons long-temps féduit.
» Le remede eft trop foible & vient trop
» tard. »

C'eft ainfi qu'un Philofophe, qui d'ailleurs ne fe piquoit pas d'une morale auftere,
penfoit fur le Théatre. Peut-on faire un
crime à M. *Greffet* d'avoir penfé comme
lui & d'après lui.

Nous n'examinerons pas les autres ouvrages de M. *Greffet*, on fait qu'il refpire par-tout ces graces molles & élé-
gantes qui n'excluent pas la force. C'eft le
goût de l'Abbé de *Chaulieu*, mais avec
plus de hardieffe, de verve, de pureté
& d'exactitude. Il y a peu de Poëtes,
qui renferment autant de Vers bien frappés. Son ftyle energique & repréfentatif
a quelque chofe de vraiment original.
Enfin ce qui eft très-important l'honnête-
homme fe peint dans fes écrits avec toutes les couleurs de l'imagination la plus
agréable.

HOMERE.

Quelle eſt la ſource de l'ennui que quelques Lecteurs trouvent en liſant ce Poëte?

Mr. de V., après avoir beaucoup loué *Homere* dans ſon *eſſai ſur la Poéſie Epique*, le blâme beaucoup, dans ſon *Candide*. Il fait dire au Senateur *Pococuranté* qu'il *lui cauſe le plus mortel ennui.* » J'ai de- » mandé quelquefois à des Savants s'ils » s'ennuyoient autant que moi à cette » lecture ? Tous les gens ſinceres m'ont » avoué que le livre leur tomboit des » mains ; mais qu'il falloit toujours l'avoir » dans ſa Bibliotheque comme un monu- » ment de l'antiquité & comme ces mé- » dailles rouillées qui ne peuvent être de » commerce. „

» Mais ſi *Homere* cauſe du dégoût, c'eſt plutôt la faute de ſes Lecteurs que la ſienne. I. Preſque perſonne ne le lit dans ſa langue originale, & la traduction en Proſe d'un Poëme, dont le ſtyle fait le principal mérite, eſt toujours inſipide. D'ailleurs parmi les perſonnes qui ſeroient en état d'admirer la féconde imagination de ce grand Auteur, il y en a peu qui ſoient aſſez au-deſſus du préjugé pour ſe pouvoir tranſporter dans les temps reculés & ſe rendre en quelque ſorte contemporains d'*Homere* , lorfqu'ils le lifent. Le bons fens les porte à avoir de l'indulgence pour les mœurs de l'antiquité ; mais il ne peut les porter à goûter ces mœurs peintes dans les ouvrages d'*Homere*. Les rayons de fa lumiere frappent leurs yeux de trop loin, pour leur caufer autre chofe qu'un foible & fombre crépufcule, fans aucune chaleur. Nous reffemblons à ces vieillards qui formoient le confeil de *Priam;* ils admiroient la beauté d'*Hélene* fans rien fentir pour elle.

II. Une autre raifon de notre dégoût , eft l'uniformité qui regne dans les ouvrages d'*Homere*. Il n'eft parlé que de batailles dans les trois quarts de l'*Iliade*. Cette couleur dominante fatigue & rebute un Lecteur médiocrement touché de la diverfité des teintes & des ombres , apperçues feulement par les vues fines.

III. Le Poëme de l'*Iliade* eft certainement trop long , mais il n'y a guere de Poëme épique qui n'ait ce défaut. La Poéfie épique eft le fruit d'une imagination forte, & une imagination forte eft fujette à fe déborder.

Je ne parlerai point de toutes les querelles excitées par les ennemis d'*Homere* fur quelques endroits de fon *Iliade* , qui peuvent bien être les objets de notre critique, mais qui ne font pas affez défectueux pour être appellés abfolument mauvais. Ces Dieux font peut-être abfurdes & ridicules ; ils font néanmoins , auffi amusants que les extravagances de l'*Ariofte*, qui nous cause une espece d'enchantement. A l'égard de ses autres fautes, la Majesté & la force de ses expressions les changent souvent en beautés ; mais encore une fois pour sentir les charmes de ces expressions, il faut les lire dans le Grec.

IV. Mais ce qui cause principalement cette langueur qui gagne l'esprit de la plûpart des Lecteurs, malgré les beaux endroits qu'ils y peuvent admirer, est qu'*Homere* ne nous intéresse pour aucun de ses Héros. *Achille* est trop violent pour nous inspirer un tendre intérêt pour lui, & quand même sa fierté & sa valeur s'attireroient de notre part cette favorable disposition que produit d'ordinaire l'idée d'un grand courage, sa longue oisiveté feroit évanouir cette idée ; le Lecteur le laisse là à l'imitation du Poëte.

Ménélas, qui est le véritable Auteur de la guerre, & auquel on devroit principalement s'intéresser, n'est pas assûrément un caractere fort brillant ; celui de *Pâris* son rival, est méprisable ; *Ménélas* n'est dans le Poëme que le Frere d'*Agamemnon*, & *Pâris* que le Frere d'*Hector*. *Agamemnon*, le Roi des Rois, nous blesse par son orgueil, sans nous donner une haute idée de sa conduite. Je ne sais comment cela se fait, mais on n'aime point le sage *Ulysse* ; la belle *Hélene*, cause de tant de désordres & de malheurs, est un personnage insipide ; on se soucie peu de quel côté elle restera ; elle paroît elle-même indifférente à l'égard de ses deux maris, & ne pancher ni pour l'un ni pour l'autre.

Lorsque deux guerriers combattent dans l'*Iliade*, nous sommes frappés par la description du combat, & souvent même nous nous sentons saisis de la même fureur qui les anime ; mais nous ne craignons ni n'esperons pour aucun d'eux.

Nous plaignons, il est vrai, les malheurs de *Priam*, & il paroît mériter les larmes que nous répandons pour lui. Cependant *Homere* devoit nous intéresser pour les Grecs durant tout son Poëme, puisqu'il a prétendu les célébrer, & que ce sont ses Héros. Observons en même-temps que si nous nous intéressons pour *Priam* à la fin du Poëme, il nous est très-indifférent pendant tout le cours de l'action.

De tous les guerriers de l'*Iliade* c'est le brave, le tendre, le pieux, *Hector*, qui mérite le plus notre affection. Il a le meilleur caractere, quoiqu'il défende la mauvaise cause & il est trahi par les Dieux, quoiqu'il soit le plus vertueux. Mais l'intérêt que nous prenons à ce qui le touche s'évanouit dans la foule de tant de Héros. Notre attention partagée, diminue comme une riviere divisée en plusieurs bras, ne forme que plusieurs ruisseaux : ainsi l'imagination du Lecteur est souvent pleine d'idées grandes & nobles, pendant que les affections de l'ame sont oisives. Il n'est donc pas étonnant que les mouvements du cœur ne suivent point ceux de l'imagination, & que nous nous trouvions remplis d'admiration sans sentir cette émotion agréable que le cœur seul peut inspirer.

xxxxxxxxxxxxxxxxxxxxxxxxxxxxxxxxxxxxxxxxxx

HYACINTHE. (St.)

Cet Ecrivain est-il l'Auteur du Mathanasius ?

ON ne peut nier que M. de V. n'eût quelque raison de se plaindre de St. *Hyacinthe*, Auteur du *chef-d'œuvre d'un inconnu*, plaisanterie fort répandue. Il y a à la fin de ce livre un badinage intitulé *déification du Docteur Aristarchus Masso*. On rappelle dans cette momerie un outrage fait à M. de V. qui indigné de cette lâcheté, ne manqua pas de s'en venger bientôt dans ses *conseils à un Journaliste*.

» Il y a, dit-il, des Anecdotes Litté-» raires, sur lesquelles il est toujours bon » d'instruire le public, afin de rendre à » chacun ce qui lui appartient. Apprenez, » par exemple, au public que le *chef-d'œu-» vre d'un inconnu*, ou *Mathanasius* est de » feu M. de *Desalengre*, & d'un illustre » Mathématicen consommé dans tout genre » de littérature, & qui joint l'esprit à l'é-» rudition ; enfin de tous ceux qui tra-» vailloient à la Haye au *Journal Litté-*

„ *raire* , & que M. de St. *Hyacinthe* four-
„ nit la chanſon avec beaucoup de remar-
„ ques. Mais ſi on ajoute à cette plaiſan-
„ terie une infame brochure digne de la
„ plus vile canaille , & faite ſans doute
„ par un de ces mauvais François qui vont
„ dans les pays étrangers déshonorer les
„ belles lettres & leur patrie , faites ſen-
„ tir l'horreur & le ridicule de cet aſſem-
„ blage monſtrueux. „

Dans le temps que M. de V. écrivoit
cette Anecdote pour le public, il peignoit
St. *Hyacinthe* à ſes amis particuliers de la
maniere la plus horrible. „ Voici comme il
„ s'exprime dans ſes *lettres ſecrettes* : infâme
„ eſcroc & ſot plagiaire , voilà l'hiſtoire de
„ ſes mœurs & de ſon eſprit. Il a été
„ Moine , Soldat , Libraire , Marchand
„ de Caffé , & vit aujourd'hui du profit
„ du *Biribi.* Il y a vingt ans qu'il écrit
„ contre moi des Libelles , & depuis *Œdipe*
„ il m'a toujours ſuivi comme un roquet
„ qui aboie après un homme qui paſſe
„ ſans le regarder. Je ne lui ai jamais
„ donné le moindre coup de fouet ; mais
„ enfin je ſuis las de tant d'horreurs ,
„ & je me ferai juſtice d'une maniere
„ qui le mettra hors d'état d'écrire . . . .
„ Eſt-il vrai que vous ayez vu *Saint Hya-*
„ *cinthe* ? Ce malheureux n'en vaut pas
„ la peine. C'eſt un de ceux qui désho-
„ norent le plus les Lettres & l'humanité.
„ Il n'a guere vêcu à Londres que de mes
„ aumônes & de ſes Libelles ; il m'a volé,

» & il a ofé m'outrager. Efcroc public,
» plagiaire qui s'eft attribué le *Mathana-*
» *fius* de *Sallengre* & de *s'Gravefande* , fait
» pour mourir par le bâton ou par la corde ;
» je ne dis rien de trop. Dieu merci, .je
» n'ai des ennemis que de cette efpece ,
» &c. »

St. *Hyacinthe* fe défendit de l'imputation de *Plagiat* dans une lettre adreffée à
M. de V. il y mêla beaucoup de perfonna-
lités , que nous nous garderons bien de
copier. Nous nous bornerons à prouver
d'après lui que le *chef-d'œuvre d'un inconnu*
eft une production de fon génie.

» Quelle eft votre imprudence, Monfieur,
» (dit St. *Hyacinthe*. en parlant de M. de
» V.) d'aller dire que je n'ai pas fait un
» livre dont, depuis plus de trente ans,
» il eft de notoriété publique que je fuis
» l'Auteur ? N'eft-ce pas , pour me fervir
» d'une expreffion qui fente le *Mathanafius* ,
» n'eft-ce pas , dis-je , vouloir arracher à
» *Hercule* fa maffue ?

» Ignorez-vous que M. *Pierre Goffe* Li-
» braire de la Haye , qui a fait la premiere
» édition du *chef-d'œuvre d'un inconnu* ,
» vit encore ; qu'il étoit ami particulier de
» M. de *Sallengre* , qu'il connoiffoit tous
» ceux qui ont commencé avec moi le
» *Journal Littéraire* ; que fi le Commen-
» taire fur la Chanfon : *l'autre jour Colin*
» *Malade* , avoit été l'ouvrage de la petite
« fociété qui travailloit à ce Journal, M.
» *Johufon* qui étoit un des Auteurs , en

» même temps qu'il en étoit le Libraire,
» auroit fans doute imprimé ce Commen-
» taire.

» Pouvez-vous douter que M. *Huffon*
» Libraire à la Haye, dont le Pere acquit
» le droit de réimprimer le *chef-d'œuvre* ne
» déclare pas que feu fon Pere n'en avoit
» jamais reconnu d'autre Auteur que moi;
» que c'eft avec mes corrections & mes ad-
» ditions que les éditions qu'il en a don-
» nées, ont été faites ?

» Enfin, Monfieur, êtes-vous fûr qu'il
» n'y a plus au monde perfonne de ceux
» qui m'y ont vu travailler, & pouvez-vous
» douter que c'eft de la propre bouche de
» ceux qui m'y ont vu travailler, que le
» public a fu que j'en étois l'Auteur.

» Quand même on ne fauroit pas auffi par-
» faitement qu'on le fait, que j'ai fait le
» Commentaire fur lequel vous donnez de
» fi belles inftructions à vos Journaliftes,
» j'ofe affurer que nuls de ceux qui le
» liront & qui fauront lire, ne croiront
» votre Anecdote vraie. Il n'y a perfonne
» qui ne fente qu'un ouvrage, dont le ton
» très-difficile à foutenir, eft néanmoins
» auffi également foutenu, où la même
» ironie qui commence dès le premier mot
» du titre, continue jufqu'à la fin avec le
» même ferieux & le même badinage, fans
» aucune difcordance, ne peut être l'ou-
» vrage de plufieurs. Il ne faut pas être fort
» habile pour fentir que celui qui a fait le
» Commentaire d'une feule demi-ftrophe,

„ eſt le même qui a commenté toute la
„ Chanſon. Quoique votre *Temple du goût*
„ ſur-tout, m'ait convaincu que vous avez
„ ſouvent le goût très-dépravé, je ne puis
„ croire que vous l'ayez au point de mé-
„ connoître ce qui eſt l'ouvrage d'un ſeul
„ d'avec ce qui eſt l'ouvrage de pluſieurs.
„ Non, cela ne ſe peut. Auſſi tout ce que
„ je remarque ici n'eſt que pour vous faire
„ voir votre imprudence, & non pour vous
„ faire voir la fauſſeté de votre Anecdote ;
„ vous ſavez trop bien & mieux que per-
„ ſonne, combien elle eſt fauſſe. Vous con-
„ noiſſez celui de qui vous la tenez.

„ Après cette Anecdote ſi imprudem-
„ ment hazardée, vous donnez à vôtre
„ Journaliſte un conſeil que vous fortifiez
„ d'un jugement, où il entre un peu de
„ paſſion, du moins cela me paroît à n'en
„ juger que par les termes. *Si*, dites-vous,
„ *on ajoute à cette plaiſanterie* (c'eſt-à-dire,
„ au *Mathanaſius*) *une infame brochure*
„ (c'eſt-à-dire la déification d'Ariſtarchus
„ Maſſo) *digne de la plus vive canaille, &*
„ *faite ſans doute par un de ces mauvais*
„ *François qui vont dans les pays étrangers*
„ *déshonorer les belles lettres & leur patrie,*
„ faites ſentir l'horreur & le ridicule de cet
„ aſſemblage monſtrueux. Il y a long-temps
„ que je vous ai averti, Mr. que votre
„ ſtyle n'étoit ni aſſez régulier dans la conſ-
„ truction, ni aſſez exact dans le choix
„ des termes. Comment oſez-vous dire que
„ la *déification d'Ariſtarchus Maſſo*, eſt
„ une

» une infâme brochure ? Que fignifie *in-*
» *fâme*, je vous prie, à l'égard d'une piece
» ou on ne prêche affûrément pas la dé-
» bauche & où il ne s'agit de rien qui en
» approche ? La *Déïfication d'Ariftarchus*
» *Maffo* eft un ouvrage d'imagination. C'eft
» une fiction inventée pour repréfenter les
» défauts auxquels des Gens de Lettres fe
» laiffent aller. On y voit la préfomption
» & les extravagances, dont l'excès & le
» ridicule devroient corriger ceux qui pré-
» tendent s'élever au-deffus des autres par
» leur favoir & qui fe mettent au-deffous
» par leur déraifon. On trouve dans cette
» déïfication un peu de Mythologie & de
» critique Littéraire ; voilà tout. La piece
» peut être mal imaginée, mal exécutée, mal
» écrite. La critique peut n'y pas être judi-
» cieufe, mais cela ne s'appellera jamais une
» *infâme brochure* par quelqu'un qui fait
» le françois, à moins que quelque paffion
» ne lui faffe outrer la fignification des
» termes.

» Vous dites enfuite que *cette infâme*
» *Brochure digne de la plus vile canaille*
» *eft faite fans doute par un de ces mau-*
» *vais François qui vont dans les pays étran-*
» *gers déshonorer les belles lettres & leur*
» *patrie.* Ceci me regarde perfonnellement ;
» car vous favez très-bien, Monfieur, que
» je fuis l'Auteur de la *Déïfication.* Vous
» le favez, dis-je, & vous le favez-très-
» bien. Je pourrois le prouver par votre
» propre écriture. Vous le favez ; & com-

Tome I.   N

,, ment avez-vous l'imprudence d'en parler,
,, & d'en parler en des termes qui feroient
,, injurieux, s'ils ne venoient pas d'un hom-
,, me comme vous & qu'ils ne s'adreffaffent
,, pas à un homme comme moi ? Ne favez-
,, vous pas que celui qui ne peut être in-
,, jurieux ne peut injurier perfonne ? Cette
,, réflexion devroit vous guérir du plaifir
,, que vous avez à dire des chofes offen-
,, fantes, de même que de celui que vous
,, avez à en inventer.

,, Si ceux de qui j'ai l'honneur d'être
,, connu, voient que c'eft moi que vous
,, voulez indiquer par un de *ces mauvais*
,, *François qui vont dans les pays étrangers*
,, *déshonorer les belles lettres & leur patrie,*
,, ils riront de votre malignité & s'écrie-
,, ront, voilà bien V** on le reconnoît.
,, Si ceux qui liront ce que vous dites de
,, ce mauvais François, ignorent que c'eft
,, de moi que vous voulez parler, c'eft par
,, rapport à eux & à moi, comme fi vous
,, n'en parliez pas. Ainfi, Monfieur, vous
,, voyez qu'il y a beaucoup d'imprudence
,, à vous occuper à écrire des chofes qui
,, ne prouvent rien, ou qui ne prouvent que
,, le plaifir que vous avez à débiter des
,, calomnies contre ceux qui ont l'honneur
,, de vous déplaire.

,, Je ne fuis pas affez heureux pour faire
,, honneur à ma Patrie, ni aux belles lettres;
,, mais je puis dire que s'il fuffifoit de les
,, aimer beaucoup pour leur faire beaucoup
,, d'honneur, perfonne affurément ne leur

„ en feroit plus que moi. J'ai voulu servir
„ l'une. J'ai toute ma vie cultivé les autres.
„ Si mes offres de service en France, reçues
„ avec tant de distinction d'abord, n'ont
„ pas été agréées dans la suite, c'est peut-
„ être un effet de l'envie ou de la calom-
„ nie, ou c'est peut-être aussi qu'en m'ap-
„ profondissant davantage, on a reconnu
„ que ma capacité n'égaloit pas mon zele. „

XXXXXXXXXXXXXXXXXXXXXXXXXXXXXXXXXXXXXXXXXXXX

LA MOTHE LE VAYER.

*Son Pyrronisme s'étendoit-il aux objets de
la foi ?*

LES incrédules modernes veulent absolument le ranger de leur parti ; mais, voici ce que dit M. l'Abbé d'*Olivet* dans son
histoire de l'Académie, Chap. X.

„ Je ne puis dissimuler que la doctrine
„ répandue dans les Ecrits de ce savant
„ homme, paroît tendre au Pyrronisme ;
„ mais aussi rendons-lui cette justice, qu'il
„ prend toutes sortes de précautions, &
„ dans une infinité d'endroits, pour faire
„ bien sentir qu'il ne confond nullement,
„ & qu'on ne doit nullement confondre
„ la nature des connoissances humaines,
„ dont il nie l'évidence, avec la nature des
„ vérités révélées, dont il reconnoît la
„ certitude.

„ Peut-on comme il le prétend, tenir en
„ même-temps pour douteux les objets de

„ la raifon , ou des fens , & pour certains,
„ les objets de la foi ? Si ce n'eft là une
„ contradiction formelle, c'eft du moins
„ un étrange paradoxe. Mais je ne laiffe
„ pourtant pas de dire , qu'en parlant d'un
„ Pyrrhonien de ce caractere , il eft jufte
„ d'obferver , & pour fon honneur , &
„ pour l'édification publique , qu'il n'a
„ donné, ou cru donner nulle atteinte à
„ fa Religion : juftice due fur-tout à M. de
„ la *Mothe* le *Vayer* , dont les glorieux
„ emplois nous parlent en fa faveur , &
„ qui , comme *Bayle* lui-même l'a dit , étoit
„ un homme d'une conduite réglée , &
„ femblable à celles des anciens fages : un
„ vrai Philofophe dans fes mœurs.

„ Au milieu de fa nombreufe Bibliothe-
„ que , où il pouvoit bien dire avec le
„ le bon Chrifale de Moliere.

Raifonner eft l'emploi de toute ma maifon ,
Et le raifonnemens en bannit la raifon.

„ Il fe voyoit entouré de livres écrits en
„ divers fiecles , en diverfes langues , dont
„ l'un lui difoit blanc , l'autre noir. Frappé
„ d'y trouver cette multiplicité , cette con-
„ trariété d'opinions fur tous les points
„ que Dieu a livrés à la difpute des hom-
„ mes , il en vint à conclure que la fcep-
„ tique étoit de toutes les Philofophies la
„ plus fenfée. Heureux ceux qui , comme
„ lui ne chancellent que dans les routes de
„ l'hiftoire & de la Phyfique. Un doute

„ éclairé peut quelquefois fervir de flam-
„ beau pour s'y conduire. Mais fi le Pyr-
„ rhonifme étend fes droits jufque fur la
„ morale, il ne fauroit qu'être l'Auteur de
„ tous maux & le deftructeur de toute
„ fociété. „

L'ARIOSTE.

Examen du Jugement qu'en porte M. de V.

Mr. de V. met fans façon le Poëme de
l'Ariofte au-deffus de celui d'*Homere* ; mais
je doute que ce jugement foit approuvé
par les gens de goût. „ Il regne dans *Roland*
„ le *furieux* d'un bout à l'autre un cahos
„ & un défordre qui en font un Poëme
„ monftrueux. C'eft un amas d'imagina-
„ tions folles & comiques , d'avantures
„ bifarres , de rencontres imprévues , de
„ combats chimériques , & d'intrigues com-
„ pliquées. Les Enchanteurs , les Géants ,
„ les Fées , les Paladins , font les Acteurs
„ de ce Poëme , qui approche bien plus
„ du Héroï-comique que du véritable Epique.
„ *Roland* qui en fait le fujet , n'intéreffe
„ en aucune façon. Il s'évanouit dans la
„ foule de plufieurs autres Héros indiffé-
„ rents à l'action principale , & le Poëte
„ ne parle de lui que dans trois ou quatre
„ chants. Le Poëme en a pourtant qua-
„ rante-fix , mais tous indépendants les uns

„ des autres sans liaison & sans suite né-
„ cessaire. C'est une riviere divisée en plu-
„ sieurs bras qui ne forment que plusieurs
„ petits ruisseaux séparés , & non un grand
„ fleuve dont le cours soit majestueux , tel
„ que l'*Iliade*, l'*Eneïde* , la *Jerusalem déli-*
„ *vrée* , le *Paradis perdu*. Je ne dis rien de
„ la liberté que l'*Arioste* a prise de mêler
„ dans son Poëme le vrai avec le faux , le
„ sacré avec le profane , l'Histoire Ste. avec
„ la fable : les mysteres de notre Religion
„ avec des intrigues Romanesques : assem-
„ blage extravagant qui n'a point choqué
„ les yeux Italiens. On ne peut nier ce-
„ pendant que notre Poëte n'ait de grandes
„ parties ; la pureté & l'élégance du style ,
„ l'heureux choix des termes , un tour fin
„ & naïf , qui charme ceux qui entendent
„ bien la langue , une gaieté, un badinage
„ répandu par-tout , des sentiments délicats
„ & naturels , des descriptions riantes , des
„ peintures tendres & voluptueuses , sou-
„ vent des morceaux de Poésie sublimes :
„ voilà ce qui a rendu ce Poëte si recom-
„ mandable ; voilà ce qui fait pardonner
„ son défaut de Jugement , & toutes ses
„ folies ; de même qu'on a dit d'*Achille* ,
„ que sa valeur faisoit disparoître tous ses
„ défauts. (*Observations sur les écrits mo-*
„ *dernes ,* tome XXVII. p. 49.)

LEIBNITZ.

Ce Philosophe étoit-il incrédule ?

NOus favons qu'on a rangé ce Philofophe au rang des impies. M. l'Abbé
Houteville ne penfoit pas ainfi , & on fera
tenté de penfer comme lui , quand on
connoîtra la folution que le Philofophe
Allemand a donnée à plufieurs difficultés
de *Bayle*. Ce Lexicographe avance en plufieurs articles de fon *Dictionnaire* , dans
les *réponfes au Provincial* , & dans fes *penfées diverfes* , qu'on ne peut fatisfaire aux
difficultés de la raifon contre la foi. Il
s'oppofe à la diftinction commune entre
ce qui eft *au-deffus de la raifon* , & ce *qui
eft contre la raifon*. Voici le fondement
de fa difficulté. Ce qui ne nous paroît point
conforme à notre raifon , nous paroît contraire à notre raifon ; comme ce qui ne
nous femble pas conforme à la vérité , nous
le difons contraire à la vérité. Ainfi , con-
clut-il , dès qu'on avoue de nos myfteres
qu'ils font au-deffus de notre foible raifon ,
c'eft par un équivalent avouer qu'ils font
contre notre raifon.

Le Sophifme d'un Philofophe d'éclat
font des démonftrations pour certains efprits , & il eft à propos qu'un autre Philofophe leur découvre l'erreur , où les enga-
geroit le pouvoir de l'autorité. M. *Leibnitz* ,

à qui toutes les sciences ont des obligations si étroites, renversa les principes trompeurs de M. *Bayle.* Il fit voir dans son excellente *Théodicée,* que la raison n'est que l'enchaînement des vérités ; qu'il y a deux sortes de vérités ; les unes éternelles, & dont les propositions contraires font des absurdités ; les autres positives & Physiques, qui ne font point de nécessité géométrique, mais les loix mêmes, ou les dépendances des loix établies par l'Auteur de la nature ; que la foi ne peut contrarier les vérités éternelles & indispensables, parce qu'en ce cas deux contradictions pourroient être vraies ; qu'elle peut cependant être opposée aux vérités Physiques ; qu'alors le raisonnement tiré de cette opposition n'est pas démonstratif, mais seulement vraisemblable ; par conséquent qu'il demeure sans force contre les mysteres, dont on convient qu'ils font contre les apparences. Par-là se trouve rétablie la distinction judicieuse que M. *Bayle* vouloit ébranler. Etre contre la raison, seroit être contre les vérités éternelles ; ce qu'on ne sauroit prouver de nos mysteres. Etre au dessus de la raison, est seulement ne pas s'accorder avec ce qu'on a coutume d'expérimenter, ou de comprendre ; ce qui est bien différent d'une contradiction formelle. Les mysteres surpassent donc notre raison, parce qu'ils contiennent des vérités non comprises dans l'enchaînement de celles qui nous font manifestées par les lumieres

naturelles ; mais ils ne font pas contraires
à notre raifon , parce qu'ils ne contredi-
fent aucune des vérités où cet enchaînement nous mene. Ceux qui font faits à
l'ufage du raifonnement, fentent bien , fans
que je l'explique , jufqu'où ces principes
peuvent aller ; & ceux qui connoiffent M.
Leibnitz , favoient affez qu'il n'étoit pas
homme à laiffer ces principes en chemin ,
ni à traiter les queftions à demi. (*Houtte-
ville* , difc. prél. de fa *Religion prouvée
par les faits.*)

MAUPERTUIS.

*Hiftoire véritable de fes démêlés avec
M. de V.*

IL eft certain que M. de V. , difciple de
Maupertuis en Philofophie Newtonienne ,
le loua long-temps avec un enthoufiafme
qui tenoit, fi on l'ofe dire , de la baffeffe.
Il ne l'appelloit que le *fublime Maupertuis* ,
la *gloire du monde & des géometres.* Il lui
dit dans un lettre qu'il ne tenoit qu'à lui
*d'être notre plus grand Poëte comme notre
plus grand Mathematicien.* Il ajoute dans
la même lettre : *comment faites-vous avec
cet efprit fublime pour avoir auffi un cœur ?*

Ce ton d'enthoufiafte ne fe foutint pas
lorfque nos deux Académiciens fe trouverent
vis-à-vis l'un de l'autre à la Cour du Roi
de Pruffe. M. de V. prit parti dans la

querelle de *Koënig*, & voici quelle étoit cette dispute. *Maupertuis* avoit inséré en 1748, dans le volume de 1746, du Recueil de l'Académie de Berlin un *Mémoire sur les loix du mouvement & du repos déduites d'un principe métaphysique.* Ce principe est celui de la moindre quantité d'action ; c'est à-dire, que dans le choc des corps, le mouvement se distribue de maniere que la quantité d'action que suppose le changement arrivé, est la plus petite qu'il soit possible. Dans le repos, les corps qui se tiennent en équilibre doivent être tellement situés, que s'il leur arrivoit quelque petit mouvement, la quantité d'action seroit la moindre. *Koënig*, Professeur de Philosophie & de droit naturel à Francker en Frise, s'éleva contre le systême de *Maupertuis.* Il fit insérer dans les actes de Leipsic, en 1751, une dissertation, dans laquelle, après avoir tenté d'ébranler le fond même de ce systême, il s'efforçoit d'en attribuer l'invention à *Leibnitz.* Il citoit un fragment d'une Lettre qu'il prétendoit que ce savant avoit écrite autrefois à *Hermann.*

Le Président de l'Académie piqué de se voir soupçonné de Plagiat écrivit à *Koënig* pour le prier de lui indiquer l'original de cette lettre, & d'en constater l'authenticité : Demande très-équitable & qui ne pouvoit souffrir la moindre difficulté. Le Professeur de Hollande répondit que cette lettre lui avoit été communiquée par ce fameux *Henzi*, qui fut décapité il y a quelques années à Berne, pour des troubles excités dans l'Etat, & dont les papiers recueillis avec soin, devoient être conservés dans les archives de cette ville. *Maupertuis* s'adresse à l'Ambassadeur de France en Suisse, pour faire faire les recherches les plus exactes ; on les fit, mais inutilement, & on ne trouva dans les papiers de *Henzi* aucune trace de lettre de *Leibnitz*. Alors l'accusé crut devoir rendre compte à l'Académie de l'accusation intentée contre lui, aussi bien que de l'impuissance de la prouver. Le Roi de Prusse, protecteur de l'Académie, s'intéressant à cette affaire, ordonna à Berne de nouvelles recherches, qui n'eurent pas plus de succès que les premieres. On poussa le scrupule plus loin, & comme la lettre citée devoit avoir été adressée au Professeur *Hermann* de Basle, l'on se chargea encore de faire chercher dans les papiers de ce dernier qui étoient restés chez son frere, après sa mort. Toutes ces tentatives ayant été inutiles, l'Académie somma plusieurs fois *Koënig* de produire l'original de la lettre.

Le Professeur ne put satisfaire à la demande de cette Compagnie, qui prononça le 13 Avril 1752 que le Fragment avoit été supposé. Ce fût alors que M. de V. se mit sur les rangs ; il débuta par la *Réponse d'un Académicien de Berlin à un Académicien de Paris* qu'un membre auguste de l'Académie caractérise de libelle infâme. Elle fut bientôt suivie d'une autre

Satyre plus sanglante encore, composée
de trois morceaux. Le premier est intitulé :
*Diatribe du Docteur Akakia , Medecin du
Pape ;* le second , *Décret à l'Inquisition ;*
le troisième , *Jugement des Professeurs du
Collége de Sapience.* C'est une allusion pe-
pétuelle aux ouvrages de *Maupertuis ,*
un tissu d'ironies , de personnalités &
d'insultes , où l'on ne garde ni mesures
ni bienséances , ni équité : une piece à la
vérité pleine de sel & d'agrément , mais
qui n'en est pas moins un libelle diffamatoire dans toutes ses parties. Il fut brûlé
par la main du bourreau dans toutes les
places de Berlin , le 24 Décembre 1752 ,
& l'Auteur se vit contraint de sortir des
Etats du Roi de Prusse , avec les signes
de la disgrace. Comme la premiere piece
de M. de V. publiée sous le titre de réponse d'un *Académicien de Berlin* fût ré-
futée par le Roi de Prusse , nous croyons
devoir la rapporter ici avec une partie de
la réponse éloquente du Salomon du nord.

» Voici l'exacte vérité qu'on demande.
» Monsieur de M***, dans une Brochure
» intitulée *Essai de Cosmologie ,* prétendit
» que la seule preuve de l'existence de
» Dieu est , A R † n R B, qui doit être
» un *Minimum* (voyez pag. 52. de son
» Recueil *in-4°.*) il affirme que dans tous
» les cas possibles l'action est toujours un
» *Minimum ,* ce qui est démontré faux :
» & il dit avoir découvert cette loi du
» *Minimum ,* ce qui n'est pas moins faux.

Monſieur *Koënig*, ainſi que d'autres
» Mathématiciens, a écrit contre cette aſſer-
» tion étrange, & il a cité entr'autres
» choſes un Fragment d'une Lettre de
» *Leibnitz*, où ce grand homme diſoit
» avoir remarqué que dans les modifica-
» tions du mouvement l'action devient
» ordinairement un *Maximum* ou un *Mi-*
» *nimum*.

   » Monſieur de M*** crut qu'en produi-
» ſant ce Fragment on vouloit lui enlever
» la gloire de ſa prétendue découverte,
» quoique *Leibnitz* eût dit préciſément le
» contraire de ce qu'il avance. Il força
» quelques Membres penſionnaires de l'A-
» cadémie de Berlin, qui dépendent de lui,
» de ſommer M. *Koënig* de produire l'o-
» riginal de la Lettre de *Leibnitz*; & l'o-
» riginal ne ſe trouvant plus, il fit rendre
» par les mêmes Membres un jugement qui
» déclare *M. Koënig coupable d'avoir attenté*
» *à la gloire du Sieur Moreau de M***,*
» *en ſuppoſant une fauſſe Lettre.*

   » Depuis ce jugement auſſi incompétent
» qu'injuſte, & qui déshonoroit *Koënig*,
» Profeſſeur en Hollande, & Bibliothé-
» caire de S. A. S. Madame la Princeſſe
» d'Orange, le Sieur M. de M*** écrivit
» & fit écrire à cette Princeſſe, pour l'en-
» gager à faire ſupprimer par ſon autorité
» les réponſes que M. *Koënig* pourroit
» faire. S. A. S. a été indignée d'une per-
» ſécution ſi inſolente .... Pluſieurs mem-
» bres de l'Académie de Berlin ont proteſté

» contre une conduite si criante & quit-
» teroient l'Académie que le Sieur M***
» tyrannise & déshonore, s'ils ne craignoient
» de déplaire au Roi qui en est le protec-
» teur à Berlin le 8 Septembre 1752. »
Voici à présent comme ce Monarque
justifia M. de *Maupertuis*. Son écrit parut
sous ce titre.

Lettre d'un Académicien de Berlin à un Académicien de Paris.

» Le Professeur *Koënig* ne pouvant s'é-
» lever à l'égal d'un grand homme, crut
» que ce seroit toujours beaucoup que de
» l'abbaisser ; il disputa à notre Président
» les découvertes *sur le principe universel*
» *de la moindre action*, en soutenant que
» *Leibnitz* en étoit l'inventeur. M. de *Mau-*
» *pertuis* demanda des autorités : il voulut
» savoir dans quel ouvrage de M. de *Leibnitz*
» on trouvoit des traces de ces découvertes.
» *Koënig*, pour ne pas demeurer court
» dans cette embarrassante situation, produi-
» sit des fragments de lettres supposées
» de M. de *Leibnitz*. Ce procès littéraire,
» exposé dans une assemblée de notre Aca-
» démie, fut jugé, & *Koënig* condamné
» d'une voix.
» Le Professeur, irrité de se voir con-
» fondu, & sur-tout fâché de n'avoir pu
» nuire à un homme que toute l'Europe
» admire, non content de l'accabler d'in-
» jures grossieres, (la derniere ressource

„ de ceux qui n'ont point de bonnes raisons
„ à alléguer,) s'associa avec des écrivains
„ assez méprisables pour s'enrôler chez lui,
„ & pour combattre sous ses drapeaux.
„ L'un de ces misérables, sous le nom d'un
„ Académicien de Berlin, a fait imprimer
„ un libelle infâme, dans lequel il traite
„ M. de *Maupertuis*, comme un homme sans
„ jugement peut parler d'un inconnu.

„ Le soi-disant Académicien anonyme
„ dit que M. de *Maupertuis* feroit par ses
„ mauvais procédés déserter tous nos Aca-
„ démiciens, s'ils n'étoient soutenus par la
„ protection du Roi. Autant de mots, au-
„ tant de faussetés : c'est un fait connu de
„ tout le Royaume & de toute l'Allemagne,
„ que nos plus célebres Académiciens ont été
„ attirés ici par les soins de M. de *Mauper-*
„ *tuis* ; qu'il est l'économe de nos revenus, le
„ distributeur des places vacantes, le dis-
„ pensateur des gratifications, le protec-
„ teur des talents ; & que dans toutes ces
„ différentes parties de son administration,
„ il a constamment montré du désintéresse-
„ ment ; un esprit d'ordre dans la régie de
„ nos finances, du discernement dans le
„ choix des personnes pour remplir les pla-
„ ces vacantes, de l'équité dans la distribu-
„ tion des pensions & des prix, un atta-
„ chement sincere à la gloire de l'Acadé-
„ mie, de l'amitié & de la fidélité à chacun
„ de nous en particulier, & une protec-
„ tion toujours ouverte pour ceux qui en
„ avoient besoin; de sorte que, loin d'avoir

„ fujet de nous plaindre de lui, nous lui
„ fommes redevables pour la plûpart, de
„ nos places, de fes inftructions, de fes
„ confeils, de fes lumieres, & de fon
„ exemple.

„ L'Auteur du libelle contre M. de *Mau-*
„ *pertuis* eft fans doute très-mal inftruit de
„ ce qùi fe paffe dans notre Académie, &
„ de l'efprit qui l'anime : nous n'avons ja-
„ mais eu de querelles, parce que nous
„ n'avons point donné entrée à l'efprit de
„ parti : lorfque nos opinions font différen-
„ tes cela ne nous conduit qu'aux differ-
„ tations, & jamais aux difputes : nous
„ croyons que c'eft aux philofophes à don-
„ ner l'exemple au peuple ; & que ceux
„ qui cherchent la vérité de bonne foi,
„ ne font point opiniâtres. Moins préve-
„ nus d'eux-mêmes, moins amoureux de
„ leurs penfées, que ces hommes, dont
„ l'efprit groffier eft demeuré en friche,
„ ils tournent toute la fagacité de leur
„ efprit à deviner les énigmes de la nature ;
„ ils font reconnoiffants envers ceux qui
„ les empêchent de fe trómper, & pleins
„ d'admiration pour ceux dont les lumieres
„ les éclairent.

„ Je ne plains pas notre Préfident : il a
„ de commun avec tous les grands hommes
„ d'avoir été envié, & d'avoir réduit fes
„ ennemis à inventer contre lui des abfur-
„ dités : mais je plains ces malheureux écri-
„ vains qui s'abandonnent infenfément à
„ leurs paffions, & que leur méchanceté

aveugle

„ aveugle au point de trahir en même temps
„ leur frivolité, leur scélératesse & leur
„ ignorance.

„ Mais quel temps pensez-vous, Mon-
„ fieur, que ces gens ont pris pour atta-
„ quer notre Préfident ? Vous croyez sans
„ doute qu'en braves champions ils l'ont
„ provoqué au combat pour se battre à
„ armes égales ? Non, Monfieur, apprenez
„ à connoître la lâcheté & l'indignité de
„ leur caractere ; ils favent, (& c'est un
„ deuil pour nous,) que M. de *Mauper-*
„ *tuis* est depuis six mois attaqué de la
„ poitrine, qu'il crache le fang, qu'il a
„ de fréquentes fuffocations, que fa foi-
„ bleffe l'empêche de travailler, qu'il est
„ plus près de la mort que de la vie ; que
„ les larmes d'une époufe qui le chérit, &
„ les regrets de tous les gens de bien l'at-
„ tendriffent. Voilà le moment qu'ils choi-
„ fiffent pour lui plonger, felon qu'ils le
„ croient, le poignard dans le cœur.
„ Mais non, Monfieur, les ennemis de M.
„ de *Maupertuis* l'ont mal connu ; il méprife
„ leur fureur impuiffante, & la leur par-
„ donne. Trop Philofophe pour se laiffer
„ ébranler felon le caprice de fes ennemis,
„ & trop chrétien pour conferver dans fon
„ cœur des fentiments de vengeance ; à
„ peine a-t-il entendu les cris de leur rage ;
„ & en fanté même, il n'y auroit pas
„ répondu.

„ Si l'amour de la gloire bien entendu,
„ est le premier mobile des grandes ames,

Tome I. O

,, si ce principe est si fécond en belles ac-
,, tions & en vertus rares & singulieres
,, pour le bien du monde , ne doit - on
,, pas regarder comme des perturbateurs
,, du bien public , comme des gens plus
,, dangereux que des assassins , ceux qui
,, tâchent de ravir aux grands hommes une
,, gloire justement acquise ? Et que devien-
,, dra cette noble ardeur qui porte aux
,, grandes choses par l'appas de cette lé-
,, gere récompense , si l'on souffre des com-
,, plots de scélérats , associés pour la ravir
,, à ceux qui en sont en possession ? ,, Venons
aux autres imputations de M. de V. voici
comme M. de M*** les réfute dans sa
lettre à M. *Euler.*

D'autres Gazettes viennent de publier ,
qae j'avois écrit à Madame la Princesse ,
Gouvernante des Provinces Unies & à la
Cour de Brunsvvick , pour ôter à M. Koënig
tout moyen de se justifier : & quoique les
Lettres que j'ai l'honneur d'écrire à des per-
sonnes d'un tel rang ne dussent pas servir
de matiere à des écrits publics ; cependant ,
puisqu'on les cite , je me trouve obligé de
dire ici ce que j'ai demandé à S. A. R. En
lui envoyant le Jugement de l'Académie , &
lui faisant connoître les sujets de plainte
que je pouvois avoir contre M. Koënig ,
de qui cependant je n'avois exigé aucune
réparation , & pour lequel j'avois prié
même l'Académie de ne pas pousser son Ju-
gement aussi loin qu'il pouvoit aller , je
priois S. A. R. de me mettre désormais à

couvert de pareilles scenes de sa part, &
de lui imposer silence sur ce qui me con-
cerne : mais je n'avois garde de demander
qu'on lui ôtât les moyens de se justifier,
que l'Académie l'avoit si long-temps pressé
de donner s'il les avoit eus.

MONTESQUIEU.

§. I.

Pensées dérobées à cet Ecrivain par M. de V.

UN Auteur Satyrique a dit *qu'il y avoit*
cinq cents lieues de V. à Montesquieu.
Nous ne croyons pas que l'espace qui sé-
pare ces deux Auteurs soit si considérable.
M. de V. a tâché de se rapprocher non-
seulement par ses efforts & par ses talents,
mais encore en imitant & en copiant même plusieurs fois l'Auteur de l'*Esprit des*
Loix. Nous choisirons dans la foule quelques pensées, où il se rencontre avec cet
Ecrivain.

M. de Montesquieu.

(*Décadence de l'Empire Rom.* Article des
Croisades.) On étoit dans ces circonstances, lorsque tout à coup il se répandit
en Europe une opinion Religieuse, que les
lieux où J. C. étoit né, ceux où il avoit
souffert, étant profanés par les infideles,
le moyen d'effacer les péchés, étoit de pren-

dre les armes pour les en chaffer. L'Europe étoit pleine de gens qui aimoient la guerre, qui avoient beaucoup de crimes à expier, & qu'on leur *propofoit d'expier en fuivant leur paffion dominante* ; tout le monde prit donc la croix & les armes.

M. de V.

On s'arma en France. Ce pays étoit peuplé de nouveaux Seigneurs, inquiets, indépendants, aimant la diffipation & la guerre, plongés pour la plûpart dans les crimes que la débauche entraîne, & dans une ignorance qui égaloit leur débauche. Le Pape leur propofoit la rémiffion de tous leurs péchés, & leur ouvroit le Ciel, *en leur impofant pour pénitence de fuivre la plus grande de leurs paffions ,* de courir au pillage.

M. de Montefquieu.

Charles XII n'étoit point *Alexandre* ; mais il auroit été le meilleur Soldat d'*A-lexandre.*

M. de V.

On juge aujourd'hui que *Charles* XII méritoit d'être le premier Soldat de *Pierre* le Grand.

M. de Montefquieu.

La Religion Juive eft un vieux tronc, qui a produit deux branches qui ont couvert toute la terre, c'eft-à-dire, le Chriftianifme & le Mahométifme. C'eft une

mere qui a engendré deux filles qui l'ont
accablée de mille plaies.

M. de V.

(Extrait du *Sermon du Rabin Akib*) Enfants dénaturés, nous sommes vos Peres,
nous sommes les Peres des Musulmans.
Une Mere respectable & malheureuse a eu
deux Filles & ses deux filles l'ont chassée
de la maison.

M. de Montesquieu.

Un homme faisoit tous les jours à Dieu
cette priere „ Seigneur, je n'entends rien
„ dans les disputes que l'on fait sans cesse
„ à votre sujet. Je voudrois vous servir
„ selon votre volonté ; mais chaque homme
„ que je consulte, veut que je vous serve
„ à la sienne. Lorsque je vous fais ma priere
„ je ne sais en quelle langage je dois vous
„ parler ; je ne sais pas non plus en quelle
„ posture je dois me mettre. L'un dit que
„ je dois vous prier debout ; l'autre veut
„ que je sois assis ; l'autre exige que mon
„ corps porte sur mes génoux.

M. de V.

(Priere à Dieu dans le traité de la Tolérance.) Que toutes ces petites nuances
qui distinguent les Atomes appellés hommes,
ne soient pas des signaux de haine & de
persécution ; que ceux qui allumant des cier-
ges en plein midi pour te célébrer suppor-
tent ceux qui se contentent de la lumiere
de ton soleil ! que ceux qui couvrent leur
robe d'une toile blanche, pour dire qu'

O 3

faut t'aimer, ne déteſtent pas ceux qui diſent la même choſe ſous un manteau de laine noire ; qu'il ſoit égal de t'adorer dans un jargon formé d'une ancienne langue, ou dans un jargon plus nouveau.

Nous pourrions pouſſer beaucoup plus loin ces citations. Preſque toutes les idées, les plaiſanteries & les expreſſions mêmes de M. de V. ſur la Religion, ſur les Moines, ſur la tolérance ſe trouvent dans M. de *Monteſquieu*. Ce ſont des ſtras qu'il a l'art de monter à la mode du jour, quoiqu'il diſe modeſtement qu'il ne vole perſonne malgré ſa pauvreté. Il y a long-temps qu'il s'eſt fait à ce ſujet une morale commode. Preſque tout eſt imitation, dit-il, dans ſes *mêlanges*, article de *Prior*. » L'idée des *Lettres Perſannes* eſt priſe » de celle de l'*Eſpion Turc*. Le *Boïardo* » a imité le *Pulci*, l'*Arioſte* a imité le » *Boïardo*. Les eſprits les plus originaux » empruntent les uns des autres. *Michel* » *Cervantes* fait un fou de ſon *Don Qui-* » *chotte* ; mais *Roland* eſt-il autre choſe » qu'un fou ? Il ſeroit difficile de décider » ſi la Chevalerie errante eſt plus tournée » en ridicule par les peintures groteſques » de *Cervantes* que par la ſeconde imagi- » nation de l'*Arioſte*. *Métaſtaſe* a pris la » plûpart de ſes Opéra dans nos Tragédies » Françoiſes. Pluſieurs Auteurs Anglois nous » ont copié & n'en ont rien dit. Il en eſt des » livres comme du feu dans nos foyers ; » on va prendre ce feu chez ſon voiſin ou

» l'allume chez soi, on le communique à
» d'autres, & il appartient à tous. „
Il paroît que M. de V. a eu souvent besoin d'allumer sa bougie.

§. II.

Ce qu'il faut entendre par vertu dans les Monarchies.

M. de V. si intelligent ne l'a pas été,
ou du moins n'a pas voulu l'être, en lisant
l'*Esprit des Loix*. Rapportons d'abord sa
critique & nous donnerons ensuite la réponse de M. de *Montesquieu*.

» L'Auteur vertueux d'un fameux Livre
» me pardonnera si je prends cette occasion
» de combattre ce titre d'un de ses Cha-
» pitres, que *la vertu n'est point le prin-
» cipe du Gouvernement monarchique*, & de
» combattre tout ce Chapitre, dans lequel
» il seroit trop cruel qu'il eût raison. Je lui
» dirai d'abord que la vertu n'est le prin-
» cipe d'aucune affaire, d'aucun engage-
» ment politique. La vertu n'est point le
» principe du commerce de Cadix ; mais
» les Espagnols qui l'exercent, & avec qui
» nous n'avons de sûreté que leur seule
» bonne foi & leur discrétion, n'ont ja-
» mais trahi ni l'une ni l'autre. La vertu
» est de tous les Gouvernements & de tou-
» tes les conditions ; il y en a toujours plus
» sous une administration paisible telle
» qu'elle soit, que dans un Gouvernement

„ orageux, où l'esprit de parti inspire &
„ justifie tous les crimes. Il se commit des
„ actions atroces parmi les Seigneurs de
„ la Cour de *Charles* second & de *Jacques*
„ second, qui ne se commettoient pas à la
„ Cour de *Louis* XIV.

„ Je dirai à l'estimable Auteur de ce
„ Livre, que lui-même n'a vu dans les
„ Corps dont il a été membre, dans les
„ Sociétés dont il a fait l'agrément, qu'une
„ foule de gens de bien comme lui. Il est
„ dit dans l'*Esprit des Loix*, dit ailleurs
„ M. de V., qu'il faut plus de vertu dans
„ une République ; c'est en un sens tout
„ le contraire. Il faut beaucoup plus de
„ vertu dans une Cour pour résister à tant
„ de séductions. Le Duc de *Montausier*,
„ le Duc de *Beauvilliers*, étoient des
„ hommes d'une vertu très-austere. Le Ma-
„ réchal de *Villeroi* joignit des mœurs plus
„ douces à une probité non moins incor-
„ ruptible. Le Marquis de *Torcy* a été un
„ des plus honnêtes hommes de l'Europe,
„ dans une place où la politique permet
„ le relâchement de la morale. Les \ Con-
„ trôleurs Généraux le *Pelletier* & *Chamil-*
„ *lard* passerent pour être moins habiles
„ que vertueux. Il faut avouer que *Louis*
„ XIV dans cette guerre malheureuse (la
„ guerre d'Espagne) ne fut guere entouré
„ que d'hommes irréprochables. C'est une
„ observation très-vraie & très-importante
„ dans une histoire où les mœurs ont tant
„ de part.

„ M. de *Montesquieu* auroit pu dire tout
„ ce que nous venons de lire , sans chan-
„ ger de sentiment. Il n'attachoit pas au
„ mot de *vertu* la même signification
„ que M. de V. & cette dispute est , ainsi
„ que tant d'autres , un mal entendu.

„ Pour l'intelligence des quatre premiers
„ livres de cet ouvrage (dit M. de *Mon-*
„ *tesquieu* , à la tête de l'*Esprit des Loix*)
„ il faut observer que ce que j'appelle la
„ *vertu* dans la République , c'est l'amour
„ de la Patrie , c'est-à-dire , l'amour de
„ l'égalité. Ce n'est point une vertu mo-
„ rale , ni une vertu Chrétienne ; c'est la
„ *vertu politique* ; & celle-ci est le ressort
„ qui fait mouvoir le Gouvernement Ré-
„ publiquain , comme l'honneur est le res-
„ sort qui fait mouvoir la Monarchie. J'ai
„ donc appellé *vertu politique* l'amour de
„ la Patrie & de l'égalité. J'ai eu des idées
„ nouvelles ; il a bien fallu trouver de nou-
„ veaux mots , ou donner aux anciens de
„ nouvelles acceptions. Ceux qui n'ont pas
„ compris ceci m'ont fait dire des choses
„ absurdes , & qui seroient revoltantes dans
„ tous les pays du monde ; parce que ,
„ dans tous les pays du monde on veut
„ de la morale.

„ Il faut faire attention qu'il y a une
„ très-grande différence entre dire qu'une
„ certaine qualité , modification de l'ame ,
„ ou *vertu* , n'est pas le ressort qui fait agir
„ un Gouvernement , & dire qu'elle n'est
„ point dans ce Gouvernement. Si je disois ,

„ telle roue, tel pignon ne font point le
„ reſſort qui fait mouvoir cette montre ;
„ en conclurroit-on qu'ils ne font point
„ dans la montre ? Tant s'en faut que les
„ vertus morales & Chrétiennes ſoient
„ exclues de la Monarchie, que même la
„ vertu politique ne l'eſt pas. En un mot,
„ l'honneur eſt dans la République, quoi-
„ que la vertu Politique en ſoit le reſſort ;
„ la vertu politique eſt dans la Monarchie,
„ quoique l'honneur en ſoit le reſſort.

„ Enfin l'homme de bien, dont il eſt
„ queſtion dans le livre troiſieme, chapitre
„ V, n'eſt pas l'homme de bien Chrétien,
„ mais l'homme de bien politique, qui a
„ la vertu politique dont j'ai parlé. C'eſt
„ l'homme qui aime les loix de ſon pays,
„ & qui agit par l'amour des loix de ſon
„ pays. J'ai donné un nouveau jour à tou-
„ tes ces choſes dans cette édition-ci,
„ (celle de 1758) en fixant encore plus
„ les idées, & dans la plupart des endroits
„ où je me ſuis ſervi du mot de vertu,
„ j'ai mis *vertu politique.* „

M. de *Monteſquieu* avoit déjà dit dans
la défenſe de ſon Livre : „ Quand un Ecri-
„ vain a défini un mot dans ſon ouvrage ;
„ quand il a donné pour me ſervir de cette
„ expreſſion, ſon *Dictionnaire,* ne faut-
„ il pas entendre ſes paroles ſelon la ſigni-
„ fication qu'il leur a donnée.

„ Le mot de *vertu,* comme la plûpart
„ des mots de toutes les langues, eſt pris
„ dans diverſes accéptions. Tantôt il ſignifie

„ les vertus Chrétiennes , tantôt les vertus
„ Payennes ; souvent une certaine vertu
„ Chrétienne ou bien une certaine vertu
„ Payenne ; quelquefois la force ; dans
„ quelques langues, une certaine capacité
„ pour un art ou de certains arts. C'est ce
„ ce qui précede, ou ce qui suit ce mot,
„ qui en fixe la signification. Ici l'Auteur a
„ fait plus ; il a donné plusieurs fois sa
„ définition. On n'a donc fait l'objection,
„ que parce que l'on a lu l'ouvrage avec
„ trop de rapidité. » M. de V. s'est donc
battu contre son ombre , en supposant que
M. de *Montesquieu* excluoit les vertus morales du Gouvernement Monarchique , &
il a sonné l'allarme-fort mal à propos.

§. III.

Des autres réproches faits à l'Auteur de
l'Esprit des Loix.

M. de V. dans une petite brochure contre
le *Nouvelliste Ecclesiastique*, accuse l'Auteur de l'Esprit des Loix d'avoir manqué
d'ordre. Les Chapitres , dit-il , ne naissent
pas les uns des autres. M. d'*Alembert* a
répondu d'une maniere victorieuse à ce réproche. » Il faut distinguer , dit-il, le
„ désordre réel de celui qui n'est qu'appa-
„ rent. Le désordre est réel, quand l'ana-
„ logie, & la suite des idées , n'est point
„ observée ; quand les conclusions sont éri-
„ gées en principes , ou les précedent ;

,, quand le lecteur, après des détours sans
,, nombre, se retrouve au point d'où il est
,, parti. Le désordre n'est qu'apparent ,
,, quand l'Auteur mettant à leur véritable
,, place les idées dont il fait usage, laisse
,, à suppléer aux lecteurs les idées intermé-
,, diaires : & c'est ainsi que M. de *Mon-*
,, *tesquieu* a cru pouvoir & devoir en user
,, dans un livre destiné à des hommes qui
,, pensent, dont le génie doit suppléer à
,, des omissions volontaires & raisonnées.

,, L'ordre qui se fait appercevoir dans les
,, grandes parties de l'Esprit des Loix, ne
,, regne pas moins dans les détails : nous
,, croyons que plus on approfondira l'ou-
,, vrage, plus on en sera convaincu. Fidele
,, à ses divisions générales , l'Auteur rap-
,, porte à chacune les objets qui lui appar-
,, tiennent exclusivement ; & à l'égard de
,, ceux qui par différentes branches appar-
,, tiennent à plusieurs divisions à la fois,
,, il a placé sous chaque division la bran-
,, che qui lui appartient en propre ; par-là
,, on apperçoit aisément & sans confusion,
,, l'influence que les différentes parties du
,, sujet ont les unes sur les autres. Il en est
,, du plan qu'on peut se faire dans l'e-
,, xamen philosophique des Loix, comme
,, de l'ordre qu'on peut observer dans un
,, arbre Encyclopédique des Sciences : il y
,, restera toujours de l'arbitraire ; & tout
,, ce qu'on peut exiger de l'Auteur, c'est
,, qu'il suivie sans détour & sans écart le
,, système qu'il s'est une fois formé.

» Nous dirons de l'obscurité qu'on peut
» se permettre dans un tel ouvrage, la
» même chose que du défaut d'ordre;
» ce qui seroit obscur pour les lecteurs
» vulgaires, ne l'est pas pour ceux que
» l'Auteur a eus en vue. D'ailleurs l'obscu-
» rité volontaire n'en est point une : M.
» de *Montesquieu* ayant à présenter quel-
» quefois des vérités importantes, dont
» l'énoncé absolu & direct auroit pu bles-
» ser sans fruit, a eu la prudence louable
» de les envelopper, & par cet innocent
» artifice, les a voilées à ceux à qui elles
» seroient nuisibles.

» Il eût été à souhaiter que M. de M***
» n'eût pas eu besoin de cette obscurité. Il
» ne falloit pour cela que retrancher de
» son Livre non-seulement ce qui pouvoit
» blesser les simples, mais encore ce qui
» pouvoit confirmer les incrédules dans
» leur incrédulité. Quoiqu'il en soit, il
» résulte du passage de M. d'*Alembert* &
» sur-tout de l'Analyse qu'il nous a
» donnée de l'*Esprit des Loix*, que le
» plan de son illustre Auteur est métho-
» dique, & que si son style n'est pas tou-
» jours clair, c'est qu'il ne devoit pas
» l'être.

» Ce défaut de clarté ne se trouve point
» dans le petit volume sur la *grandeur &*
» *la décadence des Romains* ; mais M. de
» V. lui fait un autre reproche. Il prétend
» que l'Auteur n'a pu résister à l'esprit de
» Système qui le dominoit, & dans son

,, article *Etat* du *Dictionnaire Philoso-*
,, *phique*, il parle d'un ton ironique &
,, méprifant des foins que M. de M***
,, s'eft donné pour cet ouvrage. Cette Mo-
,, narchie, dit un Brame à un Indien, eft
,, tombée & nous faifons tous les jours de
,, belles differtations pour trouver les caufes
,, de fa décadence & de fa chute. Vous
,, prenez bien de la peine, dit l'Indien ;
,, cet Empire eft tombé parce qu'il exiftoit.
,, Il faut bien que tout tombe ; j'efpere
,, bien qu'il en arrivera tout autant à l'Em-
,, pire du grand Mogol. ,,

,, M. de V. a beau dire ; rien n'arrive fans
caufe. Nous favons que les Empires ainfi
que les hommes doivent croître, périr &
s'éteindre. ,, Mais dit M. d'Alembert, cette
,, révolution néceffaire a fouvent des caufes
,, cachées que la nuit des temps nous
,, dérobe, & que le myftere ou leur peti-
,, teffe apparente, a même quelquefois
,, voilées aux yeux des contemporains. Rien
,, ne reffemble plus fur ce point à l'Hif-
,, toire moderne que l'Hiftoire ancienne.
,, Celle des Romains mérite néanmoins
,, à cet égard quelque exception. Elle
,, préfente une politique raifonnée, un
,, fyftême fuivi d'aggrandiffement, qui ne
,, permet pas d'attribuer la fortune de ce
,, peuple à des refforts obfcurs & fubal-
,, ternes. Les caufes de la grandeur Ro-
,, maine fe trouvent donc dans l'Hiftoire,
,, & c'eft au Philofophe à les y découvrir.
,, D'ailleurs il n'en eft pas des fyftêmes dans

„ cette étude comme dans celle de la Physi-
„ que. Ceux-ci sont presque toujours pré-
„ cipités, parce qu'une observation nou-
„ velle & imprévue peut les renverser en
„ un instant. Au contraire, quand on
„ recueille avec soin les faits que nous
„ transmet l'Histoire ancienne d'un pays,
„ si on ne rassemble pas toujours tous les
„ matériaux qu'on peut désirer, on ne
„ sauroit du moins espérer d'en avoir un
„ jour davanaage. L'étude réfléchie de
„ l'Histoire, étude si importante & si dif-
„ ficile, consiste à combiner, de la ma-
„ niere la plus parfaite, ces matériaux dé-
„ fectueux : tel seroit le mérite d'un Ar-
„ chitecte, qui sur des ruines savantes,
„ traceroit, de la maniere la plus vraisem-
„ blable, le plan d'un édifice antique, en
„ suppléant, par le génie & par d'heureuses
„ conjectures, à des restes informes &
„ tronqués.

„ C'est sous ce point de vue qu'il faut
„ envisager l'ouvrage de M. de *Montesquieu* :
Un assez petit volume lui a suffi pour
développer le tableau si intéressant & si
vaste des révolutions Romaines. Comme
l'Auteur ne s'appesantit point sur les détails,
& ne saisit que les branches fécondes de
son sujet, il a su renfermer en très-peu d'espace un grand nombre d'objets distincte-
ment apperçus & rapidement présentés sans
fatigue pour le Lecteur ; en laissant beaucoup voir, il laisse encore plus à penser.
Tous les véritables gens de lettres ont

penſé comme M. d’*Alembert*, & ont trouvé
fort étrange la ſortie de M. de V. Peut-on
douter que chaque effet ait ſon principe ?
Peut-on douter que le Préſident M. n’ait ſu
le trouver ; rien n’eſt caché à ſon génie pénétrant & rapide. Il analyſe les événements.
Il décompoſe le cœur de l’homme qui n’a
rien d’obſcur pour lui. L’apparence du vrai
n’eſt jamais priſe pour le vrai même. Il
diſtingue le prétexte du véritable motif. La
politique du Sénat de Rome, quelque profonde qu’elle ſoit, n’échappe point à ces
regards ; il pénetre tout, il démaſque tout.
Il regarde les vaincus d’un œil attentif,
comme il a regardé les vainqueurs. Toutes les nations paſſent ſucceſſivement devant lui. Il ſe donne l’expérience de pluſieurs ſiecles ; c’eſt ce que dit M. de *Cha-*
teaubrun (dans ſon diſcours de réception
à l’Académie où il ſuccéda à M. de M***)
& le Public ne ſauroit penſer autrement.

Il y a grande apparence que le ſtyle
enchanteur du célebre Magiſtrat a été le
principal objet de la jalouſie, & par conſéquent de la critique de M. de V. il prétend que M. de M***. a donné des *penſées*
ingénieuſes pour des raiſons, dans la *déca-*
dence des Romains, & qu’il a traité du *fonde-*
ment des Loix en Epigrammes dans *l’Eſ-*
prit des Loix. Nous avouons qu’il y a des
ſaillies dans ces deux livres ; mais elles
naiſſent du fond du ſujet & dès-lors elles
ne ſont pas déplacées. L’enſemble eſt ma-
jeſtueux & les détails agréables. Eſt-ce à
M.

M. de V. qui a si souvent sacrifié la beauté
du plan aux charmes de la diction, à faire
un reproche à notre Auteur de ce qu'il a
travaillé à rendre un peu piquant des sujets
si avides ?

Est-ce encore à lui à se plaindre de ce
que M. de *Montesquieu* a été reçu à l'A-
cadémie ? „ L'Auteur des *Lettres persannes*
„ n'avoit parlé, dit-il, de *Louis* XIV dans
„ son livre, que pour dire que ce *Roi étoit*
„ *un Magicien*, qui faisoit accroire à ses
„ sujets que du papier étoit de l'argent ;
„ qu'il n'aimoit que le Gouvernement Turc ;
„ qu'il préféroit un homme qui lui donnoit
„ la serviette, à un homme qui lui avoit
„ gagné des batailles ; qu'il avoit donné
„ une pension à un homme qui avoit fui
„ deux lieues, & un Gouvernement à un
„ homme qui en avoit fui quatre ; qu'il
„ étoit accablé de pauvreté. Voilà encore
„ une fois tout ce que cet Auteur, dans
„ son seul livre connu, avoit dit de *Louis*
„ XIV protecteur de l'Académie Françoise ;
„ & ce livre est le seul titre sur lequel
„ l'Auteur ait été effectivement reçu à l'A-
„ cadémie Françoise.

„ On peut ajouter encore pour comble
„ de contradiction, que cette compagnie
„ le reçut pour en avoir été tournée en
„ ridicule ; car de tous les livres où on
„ s'est réjoui aux dépens de cette Aca-
„ démie, il n'y en a guere où elle soit
„ traitée plus mal que dans les *Lettres*
„ *Persannes.* Voyez la lettre où il est dit :

Tome I.   P

„ ceux qui composent ce corps n'ont d'au-
„ tres fonctions que de jaser sans cesse. L'é-
„ loge vient se placer comme de lui-même
„ dans leur babil éternel, &c. „

Si M. de *Montesquieu* a été reçu dans
l'Académie, en la satyrisant, pourroit-on
dire à M. de V., n'êtes-vous pas entré par la
même porte ? il eut du moins l'attention de
s'interdire les plaisanteries sur ce corps après
y être admis, & vous n'avez cessé d'attaquer le corps & les membres dans votre
Pucelle & dans vos *Fasseties Parisiennes*.
Le Président de M. avoit badiné sur
l'Académie, & sur le protecteur de l'Académie dans un écrit secret, dans une production de jeunesse qu'il désavouoit, & vous
l'avez cruellement plaisantée dans l'édition
de vos ouvrages, donnée par vous ; dans
cette édition de Geneve, la seule que vous
ayez daigné avouer, & en cela vous êtes
plus coupable que ceux que vous voulez
faire condamner. Vous avez dit que les
premiers Académiciens étoient *l'opprobre de
la nation*, que leurs noms sont devenus
si ridicules que si quelqu'un avoit le malheur de les porter, il seroit obligé d'en
changer.

Souffrez que je vous rappelle les endroits
où vous parlez si dignement de cette compagnie, & vous verrez s'il vous convient
d'attaquer ceux qui en ont dit moins que
vous.

„ On juge durement ces énormes Ré-
„ cueils de vers médiocres, de compli-

„ ments , de harangues , & ces éloges
„ qui font quelquefois auffi faux que l'élo-
„ quence avec laquelle on les débite. On
„ eft fâché de voir la devife de l'*immortalité*
„ à la tête de tant de déclamations , qui
„ n'annoncent rien d'éternel que l'oubli
„ auquel elles font condamnées.

„ Un jour un bel efprit d'Angleterre
„ me demanda les Mémoires de l'Académie
„ Françoife. Elle n'écrit point de Mémoires,
„ lui répondis-je ; mais elle a fait impri-
„ mer foixante ou quatre-vingt volumes de
„ compliments. Il en parcourut un ou deux,
„ il ne put jamais entendre ce ftyle, quoiqu'il
„ entendît fort bien tous nos bons Auteurs.
„ Tout ce que j'entrevois , me dit-il , dans
„ ces beaux difcours , c'eft que le Récipien-
„ daire ayant affuré que fon prédéceffeur
„ étoit un grand homme , que le Cardinal de
„ *Richelieu* étoit un très-grand homme , le
„ Chancelier *Seguier* un affez grand homme,
„ le Directeur lui répond la même chofe,
„ & ajoute que le Récipiendaire pourroit
„ bien auffi être une efpece de grand hom-
„ me , & que pour lui Directeur il n'en
„ quitte pas fa part.

„ On fe plaint que la moitié des Aca-
„ démiciens foit compofée de Seigneurs qui
„ n'affiftent jamais aux affemblées, & que
„ dans l'autre moitié il fe trouve à peine
„ huit ou neuf gens de lettres qui foient
„ affidus. L'Académie eft fouvent négligée
„ par fes propres membres. Cependant à
„ peine un des quarante a-t-il rendu les

„ derniers foupirs, que dix concurrents
„ fe préfentent ; un Évêché n'eft pas plus
„ brigué ; on court en pofte à Verfailles,
„ on fait parler toutes les femmes ; on fait
„ agir tous les intriguants ; on fait mou-
„ voir tous les refforts ; des haines vio-
„ lentes font fouvent le fruit de ces dé-
„ marches. La principale origine de ces
„ horribles couplets qui ont perdu à jamais
„ le célebre & malheureux Roufleau, vient
„ de ce qu'il manqua la place qu'il bri-
„ guoit à l'Académie. Obtenez-vous cette
„ préférence fur vos rivaux, votre bonheur
„ n'eft bien-tôt plus qu'un fantôme. „

Finiffons par le dernier reproche que
M. de V. fait au Préfident de M. au fujet du
Defpotifme. „ On s'eft imaginé, (dit-il,
„ dans fon *fupplément au fiecle de Louis*
„ XIV) que la volonté d'un Vifir tient lieu
„ de toutes les Loix, comme fi les hommes
„ s'y étoient affemblés pour dire à un autre
„ homme : *Nous vous donnons un pouvoir*
„ *abfolu fur nos femmes, fur nos enfants*
„ *& fur nos vies. „*

M. de V. prête au Préfident de M.
des idées qu'il n'a jamais eues pour
jetter du ridicule fur celles qu'il a dû avoir.
L'Auteur de l'*Efprit des Loix* n'a point
cru que les Ottomans duffent à une pareille affemblée leur autorité premiere ;
mais il a dit que tous les pouvoirs réfi-
dant en un feul, il en réfulteroit nécef-
fairement un pouvoir arbitraire. Il a fu que
s'il y a en Perfe, en Turquie des Loix

réprimantes pour le Peuple, il n'y a point de force qui puisse réprimer le Despote qui voudra en faire de nouvelles, ou imposer silence aux anciennes. Il a su que l'homme étant naturellement un Etre ambitieux, foible, crédule, timide, défiant, cruel, imprudent, il devoit nécessairement abuser d'une puissance illimitée, se tromper souvent sur les moyens de conduire un peuple assez aveugle pour n'avoir pas pu se conduire lui-même, craindre les sentiments de vengeance & de liberté qui restent dans le cœur de ceux qu'il tient dans la misere & dans la servitude, s'accoutumer à traiter en Esclave ceux qui l'adorent & le rédoutent comme un Dieu.

M. de V. a prétendu que M. de M. en parlant du Despotisme n'avoit en vue que de peindre la Monarchie ; mais alors que devenoit sa célebre division des trois Gouvernements, à laquelle il étoit si attaché & qu'il croyoit être la clef de toutes les Loix ? La conjecture de M. de V. est maligne, mais elle n'est pas vraisemblable. Il feroit beaucoup mieux lorsqu'il écrit ou qu'il se dispose à écrire contre des hommes d'un génie aussi élevé que le Président de M. de se rappeller cette réponse à quelqu'un, qui le consultoit sur une critique qu'il avoit faite contre cet illustre Auteur, *mon ami*, lui dit M. de V. *je te conseille d'avoir autant de génie que lui.*

Après avoir considéré M. de M. comme Ecrivain, voyons pour l'édification de M.

de V. s'il perdoit quelque chofe à être vû de près dans le cours de la vie privée ? Non , il y gagnoit encore ; il avoit les qualités du cœur fi préférables au génie même.

Heureufement né , fon éducation , fes propres réflexions , le grand ufage du monde embellirent fon ame , fans altérer en lui les dons de la nature. Simple comme elle, il n'avoit point de prétention , & ne manquoit jamais de plaire. Il avoit un goût jufte qui le mettoit toujours au ton de ceux avec lefquels il fe trouvoit ; une politeffe noble qui l'affortiffoit à tous les états ; une bonté qui lui gagnoit tous les cœurs. Homme de condition & homme de lettres , il fut toujours allier l'un à l'autre fans affecter ni l'un ni l'autre. Aimé de tous , il n'en devint que plus aimable.

Les mêmes fentiments qui le rendirent bon mari , bon pere & bon ami s'éten-dirent jufques fur fes compatriotes , & même fur le genre humain. Son Efprit des Loix , aux endroits près où il n'a pas affez refpecté la Religion eft une preuve à ja-mais fubfiftante de la ferveur & de l'im-menfité de fes défirs pour le bonheur des hommes. Auffi a-t-il échauffé toutes les Nations de l'Europe d'un amour tendre pour l'Auteur. Il les avoit prefque toutes parcourues ; il avoit également réuffi chez toutes.

Propre à faire les délices de la fociété

dans laquelle il se comptoit pour rien, ses vertus étoient sinceres ; il étoit avec lui-même ce qu'il paroissoit aux autres. On ne lui a point connu de défauts ; & ce qui comble son éloge, personne n'a jamais désiré de lui en trouver.

Ce qui est encore plus consolant pour les gens de bien, c'est qu'on le vit plusieurs jours avant que d'extrêmes douleurs lui eussent annoncé sa fin, recourir aux Ministres de l'Eglise, implorer humblement leur secours, & se livrer à eux avec une docilité sans bornes. Quel triomphe pour la Religion ? Quelle consolation pour l'Académie ! nous souhaitons bien sincérement que M. de V. finisse de même.

PELLISSON.

Sa vie, son portrait; mourut-il sans vou-
loir se confesser ?

PAUL *Pellisson Fontanier*, naquit à Be-ziers en 1604 d'une famille distinguée. Il ajouta à son nom celui de sa mere *Fonta-nier* femme de beaucoup d'esprit, mais entêtée pour le Calvinisme. Le fils suça l'er-reur avec le lait.

Après avoir fait ses humanités à Castres, & sa Philosophie à Montauban, il étudia la Jurisprudence à Toulouse. C'est dans cette ville qu'il se produisit comme Au-

teur, en faifant imprimer en 1645 le premier livre de fa paraphrafe des *inftitutes*
de *Juftinien.*

Cet ouvrage l'annonça à Paris, où il fe
rendit peu de temps après. Le célebre
Conrart, à qui les Proteftants de Caftres
l'avoient recommandé, le lia avec les premiers Académiciens, dont fa maifon étoit
le rendez-vous.

De retour dans fa Province, la petite
verole lui déchiqueta les joues, lui dépla-
ça les yeux, & le défigura fi cruellement,
qu'il crut devoir retourner à Paris pour fe
confoler dans le commerce des gens d'efprit de la difgrace de fa figure.

Pelliffon étoit pourvu d'une charge de
Secretaire du Roi en 1652, lorfqu'il lut
à l'Académie Françoife l'Hiftoire de cette
Compagnie, qui le nomma à la premiere
place vacante. Elle ordonna qu'en attendant il auroit droit d'affifter à fes affemblées : mais avec cette claufe, que la même
grace ne pourroit plus être faite à perfonne,
pour quelque confidération que ce fût.

L'efprit des affaires eft rarement avec
celui des lettres ; *Pelliffon* les réuniffoit.
M. *Fouquet*, qui le connoiffoit propre à
toutes fortes d'emplois, l'attacha à fa perfonne en 1657, & le fit fon premier commis, & bien-tôt après fon confident. *Pelliffon* quitta alors les mufes, les amours,
mourut au monde & fon épitaphe fut faite
au Parnaffe. Il veilla, courut pour le bien
Public ; oubliant tout, & s'oubliant foi-même.

A quoi aboutirent tous ſes travaux ? A être envéloppé dans la diſgrace de ſon bienfaiteur. On le conduiſit à la Baſtille au mois de Septembre 1661, & il y demeura environ quatre ans & demi, ſans rien perdre de ſa tranquillité. Les *doubles grilles* les *triples portes* repréſentent l'Enfer aux coupables ; mais aux yeux des innocents, elles ne ſont que du bois & du fer.

Dès qu'il fut arrêté, un Gaſcon de beaucoup d'eſprit, qui avoit été à ſon ſervice ; & qui avoit éprouvé ſa libéralité, s'offrit à Mad. *Pelliſſon*, Mere du Priſonnier, comme un homme qui hazarderoit tout pour être utile à ſon ancien maître. On le crut, & on le chargea de rendre une lettre de M. *Pelliſſon* à M. *Fouquet*, que l'on conduiſoit de Nantes à Paris. Pour parvenir à ſon deſſein, il ſe loua dans un Cabaret de la route, en qualité de Cuiſinier. Lorſqu'il fallut ſervir à ſouper à M. *Fouquet*, il feignit d'avoir fait un faux pas, & jetta un plat de potage ſur un des gardes, qui entouroient le priſonnier. Pendant que ſes camarades avoient les yeux ſur lui, il fit comprendre par un clin d'œil à M. *Fouquet*, que ce qu'il venoit de faire n'étoit pas ſans myſtere. Après ſoupé, le Miniſtre diſgracié voulut aller au lieu ſecret. Le prétendu Cuiſinier prit un flambeau pour l'y conduire, & en le poſant, il mit auprès la lettre de M. *Pelliſſon*, avec du papier & une écritoire. Il ſortit ſi promptement, que les gardes qui étoient reſtés

à la porte ne foupçonnerent rien. M. *Fou-*
quet fit la réponfe qu'il laiffa au même endroit. Le Gafcon s'en faifit, part en Dili-
gence pour Paris, s'enrôle en qualité de
Soldat à la Baftille, & remet la lettre à fon
ancien Maître.

Le Roi avoit défendu qu'on donnât à
M. *Pelliffon* ni encre ni papier ; mais
malgré cette défenfe, il entretint un commerce de lettres avec fes amis ; il en fit
paffer jufqu'à M. *Fouquet* & en reçut des
fiennes. La premiere écritoire & le premier
papier qu'il eut, lui furent portés par un
Ramoneur, qu'on avoit apofté à la porte
de la Baftille, dans la penfée qu'il pourroit en demander un. Lui-même inventa
mille ftratagêmes pour entretenir fes rélations. L'argent ne fut pas épargné ; à fa
fortie de prifon, il avoit dépenfé 54 mille
livres pour fes correfpondances.

Les *Factum* répandus dans le Public pour
la défenfe de M. *Fouquet* pafferent pour
être de lui, & ne pouvoient être que
de lui. On y reconnoiffoit fa main, à la
force des raifons & à la profondeur des
inftructions. Le Gouverneur de la Baftille
reprimandé par la Cour, le refferra
plus étroitement. Il mit auprès de lui
un Allemand, pour obferver toutes fes
démarches ; mais *Pelliffon* fut fi bien mettre cet efpion dans fes intérêts qu'en pa-
roiffant ne fervir que le Gouverneur, il
fut un des plus fideles émiffaires du pri-
fonnier.

Enfin fa conduite fut rigoureufement exa-minée. On répandit contre lui plufieurs libelles injurieux ; on forma contre fa pro-bité des accufations odieufes ; il fut plu-fieurs fois interrogé avec beaucoup de fé-vérité : mais jamais on ne put prouver qu'il fût coupable. On faifit un de fes billets , par lequel il confeilloit à M. *Fou-quet* de ne fe jamais défaire de fa charge de Procureur Général. Le Roi ayant vu ce billet dit *le Commis en favoit plus que le maître.*

Les autres circonftances de la vie de M. *Pelliffon* fe trouvent dans tous les livres. Il eut fa liberté en 1666, abjura le Calvi-nifme en 1670, fut élevé au Soudiaconat & obtint des Abbayes , des bénéfices & des penfions. On lui confia l'économât de l'Abbaye de Cluni , dont il fe fervit pour faire entrer les errants dans le bercail de l'Eglife Catholique. Cet homme illuftre mourut à Verfailles en 1693.

SON PORTRAIT.

La figure de M. *Pelliffon* étoit affreufe ; & on le favoit fi bien , que *Boileau* mit ce Vers dans fa huitieme Satyre.

L'or même à *Pelliffon* donne un teint de beauté.

Ce trait Satyrique le choqua beaucoup & il ne fut guere plus content, lorfque le Poëte y eut fubftitué ce Vers :

L'or même à la laideur donne un teint de beauté.

Mais si les traits de son visage étoient difformes, ceux de son ame étoient dignes d'un sage. Naturellement porté aux grandes choses, il étoit plein de sentiments d'honneur & de probité ; généreux, libéral, prenant avec feu les intérêts de ses amis & plus empressé à demander des graces pour eux que pour lui-même.

Ingénieux à faire valoir les talents des gens de lettres, ainsi qu'à prévenir leurs besoins, il n'étoit point de ces protecteurs tyrans, qui font acheter le bienfait par la bassesse.

Le *Fevre* de Saumur, *Scarron* & plusieurs autres reçurent souvent des marques essentielles de sa générosité. Un enjouement délicat, des manieres douces & liantes, une éloquence de conversation qui lui étoit particuliere lui firent beaucoup d'amis & d'amies. Il fut sur-tout très-lié avec Mad. de *Scuderi*, qui l'aima pendant sa vie, & qui le pleura après sa mort. Son amour propre savoit ménager celui des autres ; & il avoit toute la modestie d'un homme qui connoît le néant de la grandeur, du savoir & des richesses.

Son esprit vaste, profond, solide, pénétrant, facile, plein de feu auroit pu lui faire une plus grande réputation, s'il se fût attaché à un seul genre. Il fut Poëte, Orateur, Historien, Jurisconsulte, Théologien ; & si les ouvrages qu'il donna sur ces matieres différentes ne furent pas du premier ordre, on ne les placera pas aussi dans le dernier. Nous n'en donnerons pas ici la lifte, nous bornant à confiderer le caractere de cet écrivain que M. de V. a repréfenté comme un fourbe ambitieux, qui avoit trompé *Louis* XIV en lui préfentant de fauffes liftes de converfion. Le portrait que nous en avons fait, dément cette imputation téméraire.

P ELLISSON *Mourut-il fans vouloir fe confeffer ?*

Les Proteftants & les Catholiques ont beaucoup difputé fur les difpofitions, dans lefquelles *Pelliffon* mourut. Nous remarquerons d'abord que ces difcuffions font affez futiles : car enfin quand cet Ecrivain feroit mort dans le Proteftantifme, la Religion Catholique en feroit-elle moins vraie? La vérité ou la fauffeté d'un principe dépendent-elles de la façon de penfer de ceux qui les admettent, ou qui les rejettent? Suppofons que *Pelliffon* ait facrifié le Calvinifme à fon ambition ; fuppofons que cette ambition lui ait dicté fes ouvrages en faveur de l'Eglife ; on pourra conclure que c'étoit un fourbe hypocrite; mais fes écrits refteront toujours tels qu'ils font. Il faudra les juger par ce qu'ils prouvent, & non par ce que l'Auteur croyoit.

Expofons actuellement l'état de la queftion. Il s'agit de favoir fi *Pelliffon* refufa les Sacrements dans fa derniere maladie, ou s'il ne put les recevoir, prévenu par la mort. Ce qu'il y a d'inconteftable, c'eft

qu'il mourut fans avoir communié & fans
s'être confeffé. On forma à ce fujet beaucoup de jugements téméraires, au lieu de
laiffer au Juge des cœurs une chofe fur laquelle on ne pouvoit pas être inftruit. Il
falloit obferver que *Pelliffon* communia le
jour de la Purification, le fecond de Février,
c'eft-à-dire, cinq jours avant fa mort ; car
il expira le fept. Le fix au foir M. *Boffuet*,
M. de *Fénélon*, le Pere de la *Chaife* lui
annoncerent le danger où il étoit ; & il
promit de fe confeffer le lendemain fur
les onze heures du matin. Mais il fut furpris par la mort, & il rendit les derniers
foupirs fur les fept heures, avant que le
Pere de la *Chaife* qui avoit été appellé eût
pu fe rendre auprès du mourant. C'eft le
témoignage que lui rend M. *Boffuet*, dans
une lettre à Madlle. de *Scuderi*.

Nous avouons que les Proteftants ont
attaqué cette lettre. Ils ont dit, que c'étoit
un jeu joué entre l'illuftre amie de M.
Pelliffon & le favant Prélat & que fi on
n'avoit pas voulu en impofer au Public,
l'Evêque de Meaux auroit bien pu dire la
vérité à Madlle. de *Scuderi* de vive voix.
Nous répondrons, qu'il eft horrible de
prêter une telle manœuvre à un des plus
vertueux Prélats de l'Eglife de France. Il
s'expliqua par écrit, parce que les bruits
défavantageux qu'on débitoit fur la mort
de *Pelliffon* demandoient à être réfutés
publiquement. On répandoit des menfonges ; il falloit leur oppofer la vérité.

Les ennemis de *Pelliſſon* ont allégué contre lui un paſſage d'un Hiſtorien Catholique, M. de *Riencourt* Correcteur des Comptes.

» On parloit diverſement, dit cet Ecrivain, de la Religion de *Paul Pelliſſon* ; les uns diſoient qu'il n'en avoit aucune, qu'il ne faiſoit que s'accommoder au temps ; & que, ſelon lui, la Religion du Prince & celle qui ſervoit le plus à ſon ambition, étoit toujours la meilleure. D'autres l'ont cru Proteſtant dans l'ame, & d'autres Catholique de bonne foi. Ce qu'il y a de certain, c'eſt qu'il a profeſſé ces deux Religions en divers temps de ſa vie, & qu'il a paru zélé dans l'une & dans l'autre. Mais à l'heure de ſa mort il n'en profeſſa aucune ouvertement ; car il ne voulut point participer aux Sacrements de l'Egliſe Romaine, ni oſa ſe dire Huguenot ; mais perſiſta juſqu'à la fin dans un ſilence profond dont il n'y a que Dieu qui en ſache les cauſes. » *Hiſtoire de Louis* XIV tom. V. pag. 223.

Voilà qui paroît bien formel ; mais ce paſſage ne ſe trouve point dans l'Edition de Paris, mais ſeulement dans celle de Hollande, imprimée par une ſupercherie indigne, ſous le titre de *Paris chez Claude* Barbin, *au Palais*, 1694. Ceux qui trouveront cette hiſtoire dans quelque Bibliotheque, pourront-ils ſavoir dans un ſiecle d'ici, qu'elle eſt ſuppoſée ? Ne croiront-ils pas de bonne foi, que toutes les fauſſetés que les Frippiers Hollandois y ont ajoutées,

font des vérités inconteſtables , publiées
à Paris par un Correcteur des Comptes ?
Si quelque Littérateur objecte que ſon
édition ne parle point de ce *profond ſilence*, de cette *rejection des Sacrements* , ne lui produira-t-on pas un exemplaire , qui fera voir aux yeux de mille
témoins les noms de la Ville & de l'Imprimeur de Paris. Prendra-t-on la peine de
faire nommer des Experts pour la vérifica-
tion des éditions ? nullement : chacun ſui-
vra ſes préjugés , & traitera d'édition ſuppoſée , celle qui ne les favoriſera point.

Qu'il eſt difficile à l'homme d'éviter l'erreur , au milieu de tant de ténebres que
l'on répand d'avance ſur les ſiecles à venir !
Si pendant qu'un auteur eſt plein de vie ,
on oſe falſifier ſes ouvrages , qui pourra
eſperer de paſſer ſans tache à la Poſtérité ?
Il faudroit qu'on établît un Tribunal pour
découvrir & pour punir ces corrupteurs de
livres , qui trompent le Public , & qui ſe
font un jeu de répandre l'impoſture.

Pelliſſon a été la victime de cette indignité , car ce ne ſont pas les Proteſtants
ſeuls qui l'ont accuſé , d'avoir refuſé les
Sacrements , il y a eu quelques Catholiques qui ont eu la témérité de le répéter.
Ce ſeroit une choſe bien étrange que
Pelliſſon eût été pendant tant d'années
l'ennemi du Calviniſme , le propagateur
de l'Egliſe Catholique ; qu'il eût fait tant
de livres pour la vérité ; qu'il eût converti
tant d'Hérétiques , & qu'il eût fini par ſe
démentir

démentir quelques heures avant sa mort. Cela n'est guere croyable.

Les Protestants auront beau nous dire qu'un de ses amis l'avoit vu dans sa derniere maladie *pleurant, sanglotant & demandant sans cesse pardon à Dieu.* Un bon Catholique, pénétré de la crainte des jugements éternels, ne peut-il pas donner toutes ces marques de componction sans qu'on l'accuse de regretter la Religion qu'il avoit abandonnée depuis si long-temps ? s'ils insistent & qu'ils disent que *Pellisson* allégua à *Bossuet* & à *Fénelon*, qui le pressoient de se confesser, les mêmes raisons qu'auroit pu apporter un Protestant, nous demanderons des preuves de ce fait. La lettre d'un homme, qui ne se nomme point, n'est pas une démonstration, & nous rejetterons toujours avec raison le témoignage d'un anonyme, qui n'a pas assisté à ses derniers moments, lorsque nous aurons ceux du grand *Bossuet*, qui le vit la veille de sa mort, & de l'Abbé *Bosquillon*, témoin de la fin de sa carriere.

Voilà de autorités connues auxquelles on peut se borner, sur-tout quand on n'a d'un autre côté, que des soupçons inspirés par le préjugé & par un fanatisme mal entendu. Ajoutons, qu'on ne sauroit être trop réservé sur les accusations du genre de celles qu'on a intentées contre *Pellisson*, & que lorsqu'on ne peut pas donner des preuves plus claires que le jour, il vaut mieux garder le silence.

Tome I.   Q

PIRON.

Son mérite Poétique, son retour vers Dieu.

Piron seul eut raison, quand d'un goût tout nouveau,
Il fit ce Vers heureux digne de son tombeau :
  Ci git qui ne fut rien.

QUoique la modeſtie de M. *Piron* ait choiſi cette épitaphe, il y a de l'injuſtice à la lui appliquer, comme fait M. de V. dans les vers cités. L'Auteur de la *Métromanie* paſſera toujours pour un des premiers génies de la Littérature. Pour faire ſentir encore plus le mérite de l'imagination heureuſe qui a produit cette piece charmante nous rapporterons le jugement qu'un critique célebre a porté de la piece même. ,, Son ſuccès éclatant me cauſe d'autant ,, plus de plaiſir, qu'il fait voir que ſans ,, avoir recours aux Scenes Métaphyſiques ,, ou attendriſſantes, on peut encore réuſſir ,, à traiter des ſujets dans le goût du comi- ,, que Orthodoxe. Il y a du génie, du feu, ,, des Saillies, de l'harmonie même, & des ,, endroits d'une beauté parfaite.
 ,, La critique oſeroit-elle attaquer une ,, piece brillante, dont le ſuccès eſt l'éloge ,, du diſcernement public, & de l'équité ,, moderne ? Pourroit-elle entreprendre de ,, franchir ces rochers du Parnaſſe, hériſſés ,, de ronces & d'épines, âpres, eſcarpés,

„ fur lefquels il femble que les mufes éton-
„ nées aient pris plaifir à couronner, au
„ milieu des Nues, le grand Poëte, Auteur
„ de cet ingénieux Ouvrage ? D'ailleurs la
„ critique n'eft-elle pas intéreffée elle-même
„ à la réputation d'un de fes précieux fup-
„ pôts, qui dans cette piece fur-tout, l'a
„ fait triompher avec tant de liberté & de
„ gloire ? On a cru voir l'ancienne Comédie
„ Grecque reparoître, & *Ariftophane* revivre.
„ La métamorphofe d'une nouvelle *Iphis*,
„ de Poëteffe devenue Poëte, & protégée
„ fous le fexe féminin par le périodique
„ meffager des Dieux, a fu fournir les traits
„ les plus plaifants au génie vraiment comi-
„ que de l'Auteur. La critique doit donc
„ être fort contente de lui, & n'en parler
„ que pour le combler d'éloges. Mais la
„ critique fait-elle louer ? Effayons.
„ On eft las de voir fur le Théatre, des
„ Comédies intéreffantes. Intrigues, nœuds,
„ vraifemblances ménagées, font des ref-
„ fources triviales. Les fcenes tendres, fine-
„ ment dialoguées, commencent à affadir
„ le fpectateur. *Moliere* a joué des défauts
„ ordinaires ; il a repréfenté des caracteres,
„ tels que la fociété en offre chaque jour
„ fur la fcene du monde, & où l'art fem-
„ ble fe confondre groffiérement avec la
„ nature. Ici c'eft un fpectacle tout diffé-
„ rent. Que de génie, que d'efprit n'a-t-il
„ pas fallu, pour former une Comédie
„ amufante en cinq actes, fans intérêt,
„ fans intrigue ! Plus d'un caractere idéal &

„ fans exemple, a fu plaire dans l'ouvrage
„ de M. *Piron* : la pure imagination ne
„ fut jamais fi heureufe. Le ridicule expofé
„ fur le Théatre , eft ordinairement inconnu
„ aux perfonnages que le Poëte en a re-
„ vêtu. Ici, au contraire, on voit un des
„ plus extravagants perfonnages de la piece;
„ un *Mécene* Bourgeois, un riche & vieux
„ rimailleur , connoître diftinctement fon
„ impertinence & fe moquer hautement
„ de lui-même.

„ Tout le monde fait affez que le génie
„ de M. *Piron* s'eft formé lui-même : il
„ eft à lui-même fon modele. Il me fuffit
„ de vous dire en général , que je trouve
„ dans le cours de cette Comédie , qui eft
„ d'un goût tout nouveau , autant de génie,
„ que d'efprit , & fi je l'ofe dire , autant
„ de jugement que d'imagination. C'eft ce
„ que bien des gens font incapables d'ap-
„ percevoir. Car enfin tout y eft préparé
„ amené , combiné , filé , contrafté , rai-
„ fonné , conduit comme dans les ouvrages
„ des plus grands maîtres. Si l'on n'y trou-
„ ve pas un certain intérêt de cœur , il
„ y a un intérêt d'efprit , qui le remplace.
„ Qui eft-ce qui , du côté de l'efprit , ne
„ s'intéreffe pas au fort de *Damis* ? Le ca-
„ ractere de *Francaleu* eft d'un burlefque
„ charmant , & celui de *Damis* d'un noble
„ admirable. (*Obferv. fur les écrits mo-*
„ *dernes* T. 12. p. 140. „)

Un homme qui a produit un tel chef-
d'œuvre , ne mérite certainement pas qu'on

dife de lui qu'il *ne fut rien*. Nous ne parlons pas des autres ouvrages de M. *Piron*, quoiqu'il y en ait plufieurs qui auroient fait la réputation d'un Poëte & d'un littérateur. M. *Piron* fait aujourd'hui trop peu de cas de fes ouvrages, pour que nous en entretenions plus long-temps le Public. On fait que revenu de fes égaremens, il n'eft plus occupé qu'à expier par un repentir fincere les fautes que fa mufe a pu commettre. Il a configné fes fentimens dans le Mercure de France (1765) où il a fait imprimer une paraphrafe, du *De Profundis*, avec une lettre pleine de modeftie & d'humilité. Il dit qu'il *prêche fur l'échelle* ; mais une converfion retardée vaut toujours mieux que la perfévérance dans le mal.

P O R É E.

Apologie de fon goût pour les Antithefes.

M_R. de V. , dans fa *relation de la mort de Frere Bertier* , fe moque des Antithefes de *Porée*. Il peut avoir raifon ; mais ce n'étoit pas au Difciple de cenfurer le maître, & un maître qui n'avoit choifi ce genre de ftyle que pour l'utilité de fes Eleves. ,, Je ,, me fouviens, dit l'Abbé *Desfontaines* , ,, d'avoir autrefois eu avec lui un entre- ,, tien au fujet du goût d'éloquence auquel ,, il s'étoit fixé. Il me feroit facile, me dit-

„ il , de prendre comme un autre le ſtyle
„ nombreux & périodique de *Cicéron*.
„ Mais dans mes diſcours publics , j'ai à
„ parler à un auditoire que ce ſtyle ennuye-
„ roit ſi je l'employois. Je ne ſerois écou-
„ té , & peut-être entendu que de peu
„ de perſonnes. Le ſtyle coupé me paroît
„ plus convenable pour les diſcours Aca-
„ démiques. Il eſt auſſi le plus propre à
„ aiguiſer l'eſprit des jeunes gens , & à
„ exercer leur imagination. Il leur apprend
„ à conſtruire leurs penſées avec art , & à
„ ſymmétriſer leurs expreſſions. Je lui
„ répondis que ce goût d'éloquence ne for-
„ meroit jamais des *Boſſuet* ni des *Bour-*
„ *daloue* ; il en convint ; mais il ajouta
„ qu'il falloit commencer par former la
„ jeuneſſe par un ſtyle preſſé , vif & un
„ peu Epigrammatique , avant de lui pro-
„ poſer un ſtyle grave , périodique , ſou-
„ tenu ; que les jeunes gens n'en étoient pas
„ capables ; & que d'ailleurs les ſujets où
„ ce genre convenoit , leur manquoient ;
„ qu'en tâchant d'être nombreux & véhé-
„ ments ils ſeroient diffus & déclamateurs ;
„ cette éloquence n'étant bien ſouvent qu'un
„ pompeux verbiage. Il me cita les haran-
„ gues , ennuyeuſement Cicéroniennes , de
„ *Muret* , & de quelques autres auxquelles
„ j'oppoſai celles du Pere *Coſſard*. Tel fut ,
„ à peu près , l'entretien que j'eus avec
„ le Pere *Porée* , au ſujet de ſon genre
„ d'éloquence. Je ne le rapporte que dans
„ le deſſein de le juſtifier , & de faire voir

„ par quel motif il s'étoit voué à cette fa-
„ çon d'écrire. Du reste, quoique le style
„ du Pere *Porée* approchât de celui de
„ *Pline* & de *Séneque*, je ne prétends pas
„ dire qu'il étoit copiste de ces deux Au-
„ teurs ; & je conviens qu'il s'étoit fait un
„ style particulier, conforme à sa maniere
„ ingénieuse de penser. Le Pere *Porée*
„ avoit trop de génie pour être simple
„ imitateur. (*observat. sur les écrits moder.*
„ T. 23. p. 208. „)

QUINAULT.

Examen des jugements de M. de V. & *de*
Boileau *sur ce Poëte.*

MR. de V. a relevé très-souvent & très-
vivement les censures que *Despréaux* a
faites de *Quinault.* Sans vouloir justifier
entiérement le Poëte Satyrique, nous dirons en peu de mots ce qui peut l'excuser.
Ecoutons-le lui même. „ Je ne veux point
„ (dit-il, *troisieme réflexion critique sur*
„ *Longin*) offenser la mémoire de M.
„ *Quinault*, qui malgré tous nos démêlés
„ Poëtiques est mort mon ami. Mais ses
„ vers n'étoient pas d'une grande force,
„ ni d'une grande élévation ; & c'étoit leur
„ foiblesse même qui les rendoit d'autant
„ plus propres pour le Musicien, auquel ils
„ doivent leur principale gloire, puisqu'il

„ n'y a en effet de tous ces ouvrages que
„ les Opéra qui foient recherchés, encore
„ eft-il bon que les notes de mufique les
„ accompagnent. Car pour les autres pieces
„ de Théatre, qu'il a faites en fort grand
„ nombre, il y a long-temps qu'on ne les
„ joue plus & on ne fe fouvient pas même
„ qu'elles aient été faites. „

L'Abbé *Desfontaines*, (dans le tome III
de fes obfervations) dit „ qu'il n'y a au-
„ cune des décifions de *Defpréaux*, que
„ tout homme de bon goût ne foit inté-
„ reffé à défendre, fût-ce même le juge-
„ ment qu'il a porté fur les opéra de *Qui-*
„ *nault*, auxquels il n'accorda jamais fon
„ eftime, non plus que *Racine* & la *Fon-*
„ *taine*, parce qu'il n'y a pas peut-être
„ 500 beaux vers dans tous les opéra ;
„ encore eft-ce toujours la même chofe
„ retournée en cent façons ; fans parler
„ de tout ce qu'il y a de monftrueux, ou
„ de ridicule dans la plûpart. Si c'eft la
„ faute du genre, c'eft ce qu'il ne s'agit
„ pas de difcuter ici. „

Il eft un plus grand réproche qu'on peut
faire à ce Poëte, juftement blâmable de
n'avoir chanté que l'amour & la volupté,
& d'avoir décrédité les vertus, en tâchant
de rendre les vices aimables. Ses vers ne
prechent que

La morale lubrique
Que Lulli réchauffa des fons de la Mufique,

Defpréaux, ce zélé partifan de la vertu,

ce censeur austere du vice, n'est donc que louable de s'être opposé avec force au ravage que peuvent faire dans les bonnes mœurs & aux funestes impressions que peuvent laisser dans des imaginations tendres les Poésies de *Quinault*, chantées par des voix luxurieuses.

,, La corruption, dit le grand *Bossuet*, ,, est réduite en maxime dans les opéra ,, de *Quinault*, avec toutes les fausses ten- ,, dresses & toutes ces trompeuses invita- ,, tions à jouir du beau temps de la jeu- ,, nesse ; le tout animé d'un chant qui ne ,, respire que la molesse , & dont les ac- ,, cents des chanteurs & des chanteuses ,, font proportionnés aux récits & aux ,, vers. *Quinault* lui-même en a fait l'a- veu & a déploré ses égarements, lorsqu'il a pensé à son salut. Sur la fin de sa vie, il résolut de ne plus chanter que les louanges de Dieu & les grandes actions de son Prince, & il commença par un Poëme sur l'extinction de l'hérésie en France , dont voici les premiers vers qui font un aveu de ses fautes.

Je n'ai que trop chanté les jeux & les amours ,
Sur un ton plus sublime, il me faut faire entendre,
Je vous dis adieu , muse tendre ,
Je vous dis adieu pour toujours.

xxxxxxxxxxxxxxxxxxxxxxxxxxxxxxxxxxxxxxxxxx

RACINE.

Ce grand Poëte étoit-il Janséniste ?

„ Distinguons (dit M. de V. dans le troi-
„ sieme Vol. de ses *nouveaux mélanges* p.
„ 120) dans tout Auteur l'homme & ses
„ ouvrages. *Racine* écrit comme *Virgile*,
„ mais il devient Janséniste par foiblesse,
„ & il meurt de chagrin par une foiblesse
„ non moins grande. „

M. de V. auroit quelque peine à prouver la premiere de ces accusations. *Racine*
s'en justifia lui-même dans une lettre à Mad.
de *Maintenon* , où l'on voit en même temps
le fidele enfant de l'Eglise & l'homme recon-
noissant.

„ Ayez la bonté de vous souvenir , dit-
„ il , combien de fois vous avez dit ,
„ Madame , que la meilleure qualité que
„ vous trouviez en moi , c'étoit une sou-
„ mission d'enfant pour tout ce que l'E-
„ glise croit & ordonne , même dans les plus
„ petites choses. . . . je sais , dit-il , plus
„ bas , ce qui a pu donner lieu à cette
„ accusation, j'ai une tante qui est Supé-
„ rieure de Port-Royal , & à laquelle je
„ crois avoir des obligations infinies. C'est
„ elle qui m'apprit à connoître Dieu dans
„ mon enfance , & c'est elle aussi dont
„ Dieu s'est servi pour me rétirer de l'éga-
„ rement & des miseres, ou j'ai été enga-

„ gé pendant quinze années .... Elle m'a
„ demandé dans quelques occasions mes
„ services. Pouvois-je sans être le dernier
„ des hommes, lui refuser mes petits se-
„ cours ? Mais à qui est-ce, Madame, que
„ je m'adressai pour la secourir ? J'allai
„ trouver le Pere de la *Chaise*, qui parut
„ très-content de ma franchise, & m'assura
„ en m'embrassant, qu'il seroit toute sa vie
„ mon serviteur & mon ami .... Du reste
„ je puis vous protester devant Dieu, que
„ je ne connois ni ne fréquente aucun
„ homme, qui soit suspect de la moindre
„ nouveauté. „

Les Lecteurs instruits n'ignorent point
que M. *Racine* étoit un Eleve de Port-
Royal, & qu'il avoit été quelque temps
brouillé avec les Solitaires de cette maison
de retraite & d'étude. Nous croyons devoir raconter à quelle occasion ; & l'on verra
qu'on ne cherchoit pas à faire de *Racine* un
Prosélyte Dogmatisant, mais un Poëte Chrétien. M. *Nicole* écrivit contre l'insensé *Des-
marets* de St. *Sorlin* les lettres qu'il intitula
Visionnaires ; parce qu'il les écrivoit contre
un grand *Visionnaire*, Auteur de la Comédie des *Visionnaires*. Il fit remarquer
dans la premiere de ses lettres, que ce
prétendu illuminé (grand ennemi & grand
calomniateur de Port-Royal,) ne s'étoit
d'abord fait connoître dans le monde que
par des Romans & des Comédies : *qualités,*
ajouta-t-il, *qui ne sont pas fort honorables*
au jugement des honnêtes gens, & qui

sont horribles, considérées suivant les principes de la Religion Chrétienne. Un faiseur de Romans & un Poëte de Théatre est un empoisonneur public, non des corps, mais des ames. Il se doit regarder comme coupable d'une infinité d'homicides spirituels, ou qu'il a causés en effet ou qu'il a pu causer.

M. *Racine* reprochoit intérieurement des occupations qu'on regardoit à Port-Royal comme très-criminelles. L'Evangile qui est la regle des Chrétiens, ne permet pas de les regarder autrement ? Il se persuada qu'on n'avoit eu que lui en vue dans cet endroit, & qu'il étoit celui qu'on appelloit un *empoisonneur public*. Il se croyoit d'autant mieux fondé dans cette persuasion, qu'à cause de sa liaison avec les Comédiens, il avoit été comme exclus de Port-Royal, par une lettre de la Mere *Racine* sa tante, qui étoit alors Religieuse à Port-Royal, & qui en fut depuis Abbesse. Voici cette lettre : ,, Gloire à *Jesus-Christ* & au Très-
,, Saint Sacrement. Ayant appris que vous
,, aviez dessein de faire ici un voyage, j'a-
,, vois demandé à notre Mere de vous voir,
,, parce que quelques personnes nous avoient
,, assûrées que vous étiez dans la pensée
,, de songer sérieusement à vous, & j'au-
,, rois été bien aise de l'apprendre par
,, vous-même, afin de vous témoigner la
,, joie que j'aurois, s'il plaisoit à Dieu de
,, vous toucher : mais j'ai appris depuis
,, peu de jours, une nouvelle qui m'a
,, touchée sensiblement. Je vous écris dans

,, l'amertume de mon cœur, & en versant
,, des larmes que je voudrois pouvoir ré-
,, pandre en assez grande abondance devant
,, Dieu, pour obtenir de lui votre salut,
,, qui est la chose du monde que je sou-
,, haite avec le plus d'ardeur. J'ai donc appris
,, avec douleur que vous fréquentiez plus
,, que jamais des gens dont le nom est abo-
,, minable à toutes les personnes qui ont
,, tant soit peu de piété ; & avec raison,
,, puisqu'on leur interdit l'entrée de l'Eglise
,, & la Communion des fideles, même à
,, la mort, à moins qu'ils ne se reconnoif-
,, sent. Jugez donc, mon cher neveu, dans
,, quel état je puis être, puisque vous n'igno-
,, rez pas la tendresse que j'ai toujours eue
,, pour vous, & que je n'ai jamais rien
,, desiré sinon que vous fussiez tout à Dieu
,, dans quelque emploi honnête. Je vous
,, conjure donc, mon cher neveu, d'avoir
,, pitié de votre ame, & de rentrer dans
,, votre cœur pour y considerer sérieuse-
,, ment dans quel abime vous vous êtes
,, jetté. ,,

A la fin de cette lettre la Mere *Racine*
le prioit de ne plus paroître à Port-Royal;
effectivement non-seulement il ne s'y montra plus, mais il écrivit vivement contre
les Solitaires qui avoient été ses maîtres.
Boileau les reconcilia ensuite, lorsque les
sentiments de religion dont M. *Racine* avoit
été rempli à Port-Royal, se réveillerent
dans son cœur. Il avoua alors que les
Auteurs des pieces de théatre étoient des

empoifonneurs publics , & il reconnut
qu'il étoit peut-être le plus dangereux de
ces empoifonneurs. Il réfolut non-feulement de ne plus faire de Tragédies , ni
même de vers ; mais encore de réparer le
fcandale qu'il avoit caufé par ceux qu'il
avoit faits. La vivacité de fes remords lui
infpira le deffein de fe faire Chartreux.
Mais fon Confeffeur lui repréfenta qu'un
caractere tel que le fien ne foutiendroit pas
long-temps la folitude ; qu'il feroit plus
prudemment de refter dans le monde , &
d'en éviter les dangers en fe mariant à
une perfonne chrétienne & vertueufe ; que
la fociété d'une époufe fage l'obligeroit à
rompre avec toutes les pernicieufes focié-
tés où l'amour du Théatre l'avoit entraîné.
Il lui fit efpérer en même-temps que les
foins du ménage l'arracheroient malgré
lui à la paffion qu'il avoit le plus à craindre , qui étoit celle des vers. Il fuivit
ce confeil , & ne travailla plus que pour
la Religion. L'Auteur fit bien voir dans
fes Cantiques & dans fes Tragédies d'Ef-
ther & d'Athalie , à quelle école il avoit
été inftruit de nos grandes vérités ; nous
n'en citerons qu'un exemple.

> Vous qui ne connoiffez qu'une crainte fervile ,
> Ingrats, un Dieu fi bon ne peut-il vous charmer ?
> Eft-il donc à vos cœurs, eft-il fi difficile ,
>   Et fi pénible de l'aimer ?
> L'efclave craint le tyran qui l'outrage ;
> Mais des enfants l'amour eft le partage.

Vous voulez que ce Dieu vous comble de bienfaits,
Et ne l'aimer jamais !
O divine & charmante Loi !
O justice ! ô bonté suprême !
Que de raisons, quelle douceur extrême
D'engager à ce Dieu son amour & sa foi !

Racine mourut dans les sentiments qu'il exprimoit dans ces vers, mais ce ne fut point le chagrin qui le tua. Il est vrai qu'il fut très-sensible à la disgrace qu'il éprouva à la Cour à la fin de sa vie ; mais il ne mourut que près d'un an après cette disgrace, dont la Religion l'avoit consolé. *Boileau* disoit ordinairement *c'est la raison qui conduit l'homme à la foi, & c'est la foi qui a conduit* Racine *à la raison.* Son testament respire l'humilité la plus profonde ; en voici un extrait. ,, Je ,, desire qu'après ma mort, mon corps soit ,, porté à Port-Royal des champs, & qu'il ,, y soit inhumé dans le cimetiere au pied ,, de la fosse de M. *Hamon.* Je supplie très- ,, humblement la Mere Abbesse & les ,, Religieuses de vouloir bien m'accorder ,, cet honneur, quoique je m'en recon- ,, noisse très-indigne, & par les scandales ,, de ma vie passée, & par le peu d'usage ,, que j'ai fait de l'excellente éducation que ,, j'ai reçue autrefois dans cette Maison, ,, & des grands exemples de piété & de ,, pénitence que j'y ai vus & dont je n'ai ,, été qu'un stérile admirateur. Mais plus

,, j'ai offensé Dieu , plus j'ai besoin des
,, prieres d'une si sainte Communauté pour
,, attirer sa miséricorde sur moi. ,,

Tout cela doit bien édifier M. de V. ou
pour parler plus franchement , cela doit
le mettre bien en colere ; mais nous ne
savons qu'y faire & nous disons ici la
pure vérité. Il y a grande apparence que
quand M. de V. dit que *Racine se fit Jan-
féniste*, il veut dire qu'il se fit dévot. Dans
ce cas-là nous souhaitons qu'il meure dans
le Janfénisme ; il ne sera en cela que l'i-
mitateur des *Corneille* , des la *Fontaine*,
des *Boileau* & des *Racine*. Aucun de ces
grand hommes n'a prostitué sa plume à
l'impiété ; plusieurs ont pratiqué les maximes de la Religion ; tous au moins l'ont
respectée dans leurs écrits , & si la *Fontaine* s'est livré à la licence dans quelques-
uns des ses ouvrages , il a du moins édi-
fié par son austere pénitence.

Et voilà la cause du déchaînement de
nos beaux esprits modernes contre ces
personnages célebres. Ils ne peuvent leur
pardonner d'avoir eu des vertus qu'ils
n'ont pas eux-mêmes , & n'ayant pas la
force de les imiter , ils ne font pas assez
généreux pour les admirer. Quoi des hommes de génie , courber la tête sous le joug
de la foi , avoir des mœurs , de la piété !
Quelle foiblesse , quel ridicule ! *Heureux* ,
s'est écrié avec enthousiasme , en parlant
de *Racine* , l'un des Rédacteurs d'un ouvrage que l'on disoit être fait pour la
perfection

perfection des Arts ; mais qui bien certainement, ni par sa nature, ni dans l'intention des Auteurs, ne tendoit pas au progrès de la Religion : *heureux , s'il eût
été aussi grand Philosophe qu'il étoit grand
Poëte !* Mais pourquoi ces petits détours,
& ne pas dire tout simplement, *heureux
s'il n'eût pas eu la foiblesse de croire en
Dieu.* On ne doute plus aujourd'hui de la
signification que l'on attache à ce mot de
Philosophe, & l'on ne s'aviseroit pas d'entreprendre follement d'obscurcir la gloire
de ces grands-Hommes, s'ils avoient ar-
boré l'étendard de l'incrédulité.

RACINE,

LE FILS.

Examen de son Poëme sur la Religion.

Mr. de V. a toujours affecté de distinguer M. *Louis Racine* de l'illustre *Jean
Racine.* Il ne s'est pas contenté de l'appeller plusieurs fois en plaisantant : *le
froid & petit Racine, le petit fils d'un grand
Pere ;* il a donné au public, *des conseils à
M. Racine, sur son Poëme sur la Religion,
par un Amateur des belles Lettres.*

„ En lisant, (dit-il, dans cette Brochure
„ devenue rare,) le Poëme sur la Religion
„ du fils de notre illustre *Racine* , j'ai

Tome I.   R

„ remarqué des beautés , mais j'ai senti
„ un défaut qui regne dans tout l'ouvrage ;
„ c'est la Monotonie. On peut remédier
„ aisément, dans une seconde édition, à tou-
„ tes les autres fautes ; on rectifie une
„ idée fausse ; on embellit des vers né-
„ gligés ; on éclaircit une phrase obscure ;
„ on ajoute des beautés ; mais il sera un
„ peu plus difficile de changer l'uniformité
„ répandue sur tout l'ouvrage en cette va-
„ riété piquante qui seule peut donner du
„ plaisir ; je me souviens d'un vers charmant
„ de feu M. de la *Motte.*

L'ennui naquit un jour de l'uniformité.

„ Cependant j'ose exhorter l'estimable
„ Auteur de ce Poëme à faire les plus grands
„ efforts pour atteindre à cette beauté ab-
„ solument nécessaire. J'ai ouï dire à M.
„ *Silhouette* , que la *boucle des cheveux*
„ de M. *Pope* , n'eut d'abord qu'un mé-
„ diocre succès , parce qu'il n'y avoit
„ point d'invention ; mais qu'elle réussit
„ lorsque l'Auteur eut embelli ce badinage
„ en y introduisant des Génies, des Silphes,
„ des Gnomes, & des Ondains ; ce n'est
„ pas de pareilles fictions, sans doute, qu'on
„ demande à M. *Racine* , mais plus de figu-
„ res & des tableaux plus frappants. „

Il auroit été effectivement fort étrange
que M. de V. eût demandé à un Poëte
didactique les mêmes ornements qu'un
Poëte héroï-comique peut prodiguer. Il se
borne à exiger les embellissements propres

au sujet, & voyons si l'Auteur du Poëme de la *Religion* a manqué d'en orner son ouvrage.

L'uniformité qu'on lui reproche peut se rencontrer de deux manieres ou dans les choses, ou dans le style, dans les choses, si l'Auteur présente toujours les mêmes objets ; dans le style, si l'Auteur employant continuellement les mêmes tours de phrases, les mêmes figures & la même harmonie, ressemble à un homme qui en prononçant un discours ne changeroit jamais le ton de sa voix. Tout ce qui est ainsi uniforme est ennuyeux ; une musique, quoique belle, assoupit, si les tons ne sont pas variés.

La premiere uniformité ne sauroit se trouver dans le Poëme de la *Religion*. Tous les grands sujets du Christianisme y sont ramenés heureusement & traités avec toute la richesse de la poésie : l'existence de Dieu, les merveilles de sa toute puissance, le tableau de ses grandeurs, le jugement Universel, l'Enfer, le Paradis &c. c'est une galerie de tableaux magnifiques, qui se rapportent à la vérité au même sujet, mais qui offrent des objets différents. C'est ainsi qu'en jugerent le célebre *Rousseau* & le judicieux Abbé *Desfontaines*.

Le premier pensoit que cet ouvrage seroit aussi immortel que la Religion qu'il défend. „ Mais quelque solide qu'il soit „ (dit-il dans son jugement sur ce poëme) „ cette solidité auroit pu lui nuire dans

„ l'esprit de la plupart des Lecteurs , à qui
„ l'utile ne sauroit plaire , s'il n'est pas
„ accompagné d'agrément , & qui aiment
„ mieux sacrifier l'utilité à leur plaisir , que
„ leur plaisir à l'utilité. C'est à quoi l'Au-
„ teur a bien pourvu par *l'abondante &*
„ *riche variété des peintures* qu'il a semées
„ dans tout son ouvrage , & par *la magni-*
„*ficence du style* dont il s'est servi pour
„ les exprimer. En sorte que si jamais la
„ Poésie a mérité d'être appellée le lan-
„ gage des Dieux , on peut dire que celle-
„ ci mérite particuliérement d'être appel-
„ lée le langage de Dieu , qui semble y
„ parler lui-même , par l'organe de celui
„ qu'il a chargé de sa cause. C'est un té-
„ moignage que je dois à ma propre conf-
„ cience , & à l'impression que la lecture
„ de ce Poëme a faite sur mon cœur &
„ sur mon esprit. J'en ai suivi la conduite
„ avec une grande attention. „ .
   „ Si on ne considéroit ce Poëme (dit
„ l'Abbé *Desfontaines* tome XXVIII. de
„ ses *observations* , p. 112) que du côté de
„ la justesse du dessein , & de la solidité
„ des preuves , il réuniroit assurément
„ tous les suffrages des personnes éclairées.
„ Si en même temps on vouloit bien faire
„ attention que c'est un Poëme didacti-
„ que sur une matiere abstraite , où il ne
„ peut entrer de grande poésie , qu'à la fa-
„ veur des écarts & des épisodes , je crois
„ qu'on seroit plus indulgent sur la forme
„ de l'ouvrage , & sur le style en général.

„ On se sentiroit même porté à excuser
„ un petit nombre de pensées & d'expres-
„ sions. Mais le commun des Lecteurs à
„ qui on présente des vers , sur quelque
„ sujet que ce soit , sont peu disposés à
„ tolérer les moindres défauts.

„ On doit reconnoître dans cet ouvrage
„ beaucoup d'endroits bien travaillés &
„ vraiment poétiques , & un certain nom-
„ bre de vers admirables, dignes du plus
„ grand maître ; ensorte que ce ne seroit
„ pas faire un présent désagréable au Pu-
„ blic , que de tirer de ce Poëme plusieurs
„ beaux morceaux , & d'en composer un
„ recueil en forme de *Catalectes*. Je ne suis
„ point étonné du cours heureux qu'il a ,
„ ni des éloges que lui donnent en géné-
„ ral les personnes de la Cour & du grand
„ monde, qui en sont tous charmés. Je
„ ne le vois rabaissé que par *quelques pré-*
„ *tendus connoisseurs* , qui ne regardent
„ comme bons vers, que des vers propres
„ à la Tragédie ou à l'Epopée ; qui n'en
„ connoissent presque pas d'autres , & qui
„ ne jugent des vers nouveaux , que par
„ comparaison avec ceux qu'ils connois-
„ sent ; comme s'il n'y avoit qu'un genre
„ de Poésie.

„ Le plan que M. *Racine* a suivi , est
„ excellent, & dans le vrai goût des Poëmes
„ Didactiques de l'antiquité, qui eût regardé
„ les fictions épiques , les brillantes antithe-
„ ses & les vers enflés , comme ridicules
„ & monstrueux dans ce genre de poésie.

R 3

„ Il n'y a point de chant dans son Poëme,
„ qui n'offre des traits sublimes, & un
„ grand nombre de vers admirables. M.
„ *Racine* a fort orné son sujet. Cepen-
„ dant ce sujet est si grand, si noble, si
„ intéressant, qu'il auroit pu, ce me sem-
„ ble, se passer d'ornements, du moins
„ aux yeux de ceux qui aiment la Religion.
„ *Rien n'est plus varié par rapport aux*
„ *instructions & aux images. Il n'est pas*
„ *même possible de trouver une poésie plus*
„ *diversifiée dans les choses.* Ce sont à
„ chaque instant de nouveaux objets, &
„ l'Auteur, à l'exemple de *Virgile*, son
„ modele, ne manque aucune occasion de
„ promener ses regards sur tout ce qui
„ se présente, à droite & à gauche sur sa
„ route. „

Ces disgressions sont bien loin d'assou-
pir le Lecteur, comme M. de V. l'en accuse.
Après avoir attaqué la forme, il attaque
le fond & cela ne surprend point. Il y a
apparence même que ce sont les raison-
nements de cet ouvrage qui l'ont indispo-
sé contre la versification. „ Mais pour
„ rendre justice à ce Poëme, dit l'Abbé
„ *Desfontaines*, ce n'est pas assez d'être
„ homme d'esprit, il faut être un peu
„ Théologien, & connoître les fondements
„ de sa Religion ; & c'est ce que beau-
„ coup de gens d'esprit ignorent. Cepen-
„ dant s'ils veulent se donner la peine de
„ lire les remarques doctes & curieuses
„ placées au bas des pages, & d'en com-

„parer la folidité avec ce qui y a rap-
„port dans le tiffu du Poëme, je fuis
„perfuadé qu'ils feront frappés. „

M. de V. auroit voulu encore que l'Auteur eût penfé de lui-même. „ Il ne faut
„point, dit-il, toujours mettre en vers
„*Pafcal*, St. *Auguftin*, *Arnaud* ; cet
„afferviffement de l'efprit le gêne trop
„dans fa marche. „ Mais M. de V. n'a
pas fait attention en faifant cette critique
que M. *Racine* n'a cherché à imiter l'éloquent *Pafcal* & le fublime *Boffuet* que
dans ce qu'ils ont de plus rélevé. Une
pareille imitation bien loin de glacer &
de retrecir le génie, ne peut que contribuer à l'échauffer à l'étendre. *Milton*,
ce Poëte le plus original de l'Angleterre
n'alluma-t-il pas fa bougie au flambeau des
Livres Sacrés ?

R O I.

Son talent pour la fatyre & pour le genre
lyrique.

Mr. de V. inférieur à *Roi* dans la Poéfie
Lyrique, lui étoit fupérieur à tant d'autres égards qu'il auroit pu méprifer les
petits traits que ce Poëte lui lançoit. Mais
n'ayant pas eu affez de grandeur d'ame
pour dédaigner un tel adverfaire, il l'a
traité cruellement. „ *Iro (Roi)* Poëte mé-
„diocre, & qui n'étoit pas médiocrement

„ dur, fit de mauvais vers à ma louange,
„ dans lefquels il me faifoit defcendre en
„ droite ligne de *Minos*. Mais mon Pere
„ ayant été difgracié, il fit d'autres vers,
„ où je ne defcendois plus que de *Pafiphaé*
„ & de fon amant. C'étoit un bien mé-
„ chant homme que cet *Iro*, & le plus
„ ennuyeux coquin qui fût jamais. (Voyage
„ *de Scarmentado*, dans les mêlanges de
„ M. de V.)

Il y a certainement de l'injuftice dans
cette tirade & par rapport aux talents &
par rapport aux mœurs de M. *Roi*. Le
mérite de s'être diftingué dans la carriere
ouverte par *Quinault*, peut fuppofer un
Poëte médiocre, mais ne fuppofe point un
Poëte dur. On fait que l'aménité, le fentiment & les graces font l'ame de la poéfie Lyrique. Mais M. *Roi* a mis dans fes
vers plus que d'agréments. Peu de perfonnes ignorent ce morceau de poéfie ma-
jeftueufe, par lequel commence le Prologue du *Ballet des Eléments :*

Les temps font arrivés ; ceffez triftes Chaos ;
Paroiffez éléments ; Dieux, allez leur prefcrire
    le mouvement & le repos :
Tenez-les renfermés chacun dans fon Empire.
Coulez, ondes coulez. Volez, rapides feux,
Voile azuré des airs, embraffe la nature :
Terre, enfante des fruits, couvre-toi de verdure,
    Naiffez mortels, pour obéir aux Dieux.

Le *Ballet des Eléments* d'où nous avons

tiré ces Vers, celui des *sens* & son Opéra
de *Callirhaé* offrent des preuves sensibles
de ses talents, ainsi que ses autres Opéra,
quoique moins célebres que les ouvrages
que nous venons de citer. M. *Pallissot* l'a
comparé à la *Motte* concurrent dign^e de lui
qui s'étoit illustré dans la Scene Lyrique,
& ce parallele est souvent à l'avantage de
notre Poëte.

„ M. *Roi* avoit plus de recherche & de
„ finesse; la *Motte* plus de naturel (dans ce
„ genre-là seulement) & plus de délicatesse.
„ L'un, nourri de la lecture d'*Ovide*, s'étoit
„ rendu familiers les plus heureux détails
„ de la mythologie, & savoit s'approprier,
„ avec art, les pensées de son modelle :
„ l'autre, persuadé que l'esprit suppléoit à
„ tout, négligeoit les anciens, qu'il connois-
„ soit peu, prenoit son essor de lui-même ;
„ & prouvoit, contre son intention, que
„ le bel esprit peut contrefaire avec assez
„ de succès, mais qu'il ne donne jamais
„ le talent & le génie. On ne croit pas
„ que la postérité accorde à la *Motte* le
„ nom de Poëte, quoiqu'il ait fait beau-
„ coup de vers. M. *Roi*, à ne l'envisager
„ que par ses ouvrages lyriques, avoit d'heu-
„ reux accès de Poésie. C'étoit d'ailleurs
„ un très-bon littérateur, capable de puiser
„ dans les sources, attaché au parti des
„ Anciens, soit par goût, soit par antipa-
„ thie pour la *Motte* leur détracteur. „
Son mérite ne se bornoit pas aux seuls
ouvrages lyriques. Si les *Eclogues* sont

médiocres, si elles sont teintes des mêmes défauts qu'il reprochoit aux *Fontenelle* & aux la *Motte* ; enfin, s'il est difficile de lire ses *odes*, qui, non-seulement n'atteignent pas à l'élévation de celles de *Rousseau*, mais qui même sont très-inférieures, pour l'abondance des pensées, aux bonnes stances de la *Motte*, on trouve néanmoins dans le recueil de ses *œuvres* quelques épitres agréables, & qui ne sont pas dénuées des charmes de la Poésie.

Un talent très-marqué, mais dangereux, qu'on ne peut disputer à notre Auteur, c'est celui d'une satyre forte & véhémente, plus caractérisée par l'énergie que par les graces. Il a fait un grand nombre de ces brevets de calotes, dont il existe une collection aujourd'hui allez peu recherchée.

M. de V. n'est pas toujours ménagé dans ces Pieces, mais il n'y en a aucune qui doive lui mériter le titre de *coquin*. Les fameux couplets attribués à *Rousseau* dans lesquelles *Roi* lui-même fut désigné par ces Vers :

> Qu'entens je ? C'est le Roitelet
> Qui fait plus de bruit qu'une Pie ;
> Mais plus il force son sifflet,
> Plus il semble avoir la pépie, &c.

Ces couplets, dis-je, & la triste célébrité qu'ils eurent, avoient excité une fermentation générale dans les esprits. Ils les avoient monté à ce ton âcre d'une satyre emportée

& violente, si éloignée des jeux que se permit notre *Horace* dans le siecle précédent.

> Le miel, que certe abeille avoit tiré des fleurs,
> Pouvoit de sa piquûre adoucir les douleurs.

Mais depuis la fatale époque dont on vient de parler, les rivalités, entre les gens de lettres, devinrent à la fois plus cruelles & plus envénimées.

On se plut à assaisonner du sel le plus mordant ces injures platement grossieres que se disoient, avant l'aurore de la politesse, les savants du seizieme siecle. Cette maladie infecta M. *Roi*. Né peut-être avec des mœurs douces, ses ennemis aigrirent son caractere en le fatiguant de leurs libelles. On a déjà observé qu'il étoit vivement attaqué dans les couplets attribués à *Rousseau*. Peut-être une émulation trop exaltée lui inspira-t-elle aussi quelques sentiments amers contre ceux de ses contemporains, dont les succès furent plus rapides, ou moins disputés que les siens. Ce qui porteroit à le croire, c'est que malheureusement il fut l'ennemi des *Fontenelle*, des *Rousseau*, des *Voltaire*, des *Rameau*, & de la plupart de ceux dont la réputation trop brillante sembloit éclipser la sienne. Il eût été plus heureux, s'il se fût contenté de jouir d'un partage très-distingué dans le genre lyrique.

On voit que nous ne cherchons pas à

excuſer les ennemis de M. de V. ; mais il ne faut pas auſſi qu'il aggrave lui-même ſes torts, en donnant aux Auteurs qu'il critique les épithetes qu'ils n'ont point méritées. Il traite M. *Roi* d'*ennuyeux*. Ceux qui ont vécu avec lui ne penſent point de même. Il lui échappoit fréquemment dans la ſociété des ſaillies heureuſes qui pourroient tenir leur place dans un récueil de bons mots.

ROLLIN.

Apologie de ſon Hiſtoire Ancienne.

LA même raiſon qui a engagé M. de V. à ſe déchaîner contre l'*Hiſtoire Univerſelle* de *Boſſuet*, l'a porté à décrier l'*Hiſtoire Ancienne* de M. *Rollin*, qu'il honore à ſon ordinaire du titre de *compilation*. On voit clairement les motifs qui le font agir dans ce paſſage des contes de *Guillaume Vadé*. „ Ce que j'admire le plus dans nos „ compilateurs modernes, c'eſt la ſageſſe „ & la bonne foi avec laquelle ils nous „ prouvent que tout ce qui arriva autre- „ fois dans les plus grands Empires du „ monde, n'arriva que pour inſtruire les „ habitants de la Paleſtine. Si les Rois „ de Babilone dans leurs conquêtes, tom- „ bent, en paſſant, ſur le Peuple Hébreu, „ c'eſt uniquement pour corriger ce peuple „ de ſes péchés. Si le Roi qu'on a nommé „ *Cyrus*, ſe rend maître de Babylone,

„ c’eſt pour donner à quelques Juifs la
„ permiſſion d’aller chez eux. Si *Alexandre*
„ eſt vainqueur de *Darius*, c’eſt pour éta-
„ blir des Frippiers Juifs dans Alexandrie.
„ Quand les Romains joignent la Syrie à
„ leur vaſte domination & englobent le
„ petit pays de la Judée dans leur Empire,
„ c’eſt encore pour inſtruire les Juifs ; les
„ Arabes & les Turcs ne ſont venus que
„ pour corriger ce peuple aimable. Il faut
„ avouer qu’il a eu une excellente éduca-
„ tion ; jamais on n’eut tant de Précepteurs,
„ & voilà comme l’hiſtoire eſt utile. „

Il eſt clair par ce paſſage, qui contient
une ironie auſſi amere que maligne, que
M. *Rollin* n’a déplu à M. de V., que
parce qu’il eſt entrée dans les vues de la
providence en parlant du Peuple Juif, &
qu’il a ſanctifié une matiere profane par
l’eſprit de religion dont il étoit rempli.
Mais loin de lui en faire un réproche, il
faudroit l’en louer. „ Je ne connois point
„ en effet, dit M. l’Abbé *Desfontaines*, d’ou-
„ vrage plus utile, par rapport à la Reli-
„ gion & à la morale, que les écrits de
„ M. *Rollin*. Le monde qui ne veut lire
„ que des livres profanes, ſe trouve en-
„ gagé par la curioſité & le plaiſir, à lire
„ ceux de cet excellent écrivain, & il y
„ trouve malgré lui des principes admira-
„ bles de Religion & de mœurs. Je l’ai dit
„ plus d’une fois, on ne peut lire les écrits
„ de M. *Rollin*, ſans ſe ſentir porté à
„ devenir vertueux.

„ Je n'ai jamais eu le bonheur que de
„ voir deux fois ce grand homme, une fois
„ chez moi, une fois au College de Beau-
„ vais ; je puis dire que jamais la vue &
„ l'entretien de qui que ce soit ne m'a fait
„ une plus vive impreſſion. Je crus voir
„ en lui tous les grands hommes enſemble
„ de la Littérature ancienne & moderne.
„ Je vis un ſavant agréable, orné de toutes
„ les fleurs & dépouillé de toutes les épi-
„ nes de l'érudition ; un bel eſprit orné,
„ qui familier avec tous les beaux eſprits
„ d'Athenes & de Rome dont il poſſédoit
„ les Ecrivains , ſavoit encore penſer lui-
„ même , comme on le remarque dans ſes
„ Poéſies Latines & dans tous ſes autres
„ ouvrages en Latin & en François. Enfin
„ on peut dire que c'étoit cette vertu vi-
„ ſible & palpable , dont *Ciceron* parle
„ dans ſes Offices , & qu'il ſuppoſe de-
„ voir néceſſairement attirer tous les reſ-
„ pects des hommes. „ (Obſervations ſur
les écrits modernes Tome XXX.)

Les Journaliſtes étrangers ont tenu le
même langage que l'Abbé *Desfontaines*,
& ſervent par conſéquent à confondre les
critiques de M. de V. „ la jeuneſſe (diſent
„ les Auteurs de la *Bibliotheque raiſonnée*
„ Tome VII.) que M. *Rollin* a eu princi-
„ palement en vue , trouvera à chaque
„ feuille des ſentiments de Religion , de
„ probité & d'honneur , qui contribueront
„ infiniment à la former à la vertu. Il ne
„ ſe contente pas de ſaiſir toutes les occa-

„ fions qui fe rencontrent, de leur pro-
„ pofer d'illuftres exemples à fuivre, il fait
„ quelquefois de longues digreffions & va
„ chercher des fujets étrangers à fon plan,
„ pour leur inftruction particuliere. „

On a fait d'autres réproches à M. *Rol-*
lin qui ne font guere mieux fondés que
ceux de M. de V. L'Abbé *Bellanger* par
exemple, prétend qu'il ne favoit pas le Grec
(dans fes *effais de critique fur les écrits de*
M. Rollin.) Voici ce que ce célebre Profeffeur leur répondit, à la tête du IV vol.
de fon *Hiftoire Romaine.* J'avoue franche-
„ ment, qu'après une étude fuivie que j'ai
„ faite de cette langue, depuis ma premiere
„ jeuneffe jufqu'à préfent, dont je pourrois
„ citer bien des témoins, je ne m'atten-
„ dois pas à ce réproche. J'ajoute, moins
„ pour ma propre réputation que pour
„ celle des compagnies dont j'ai l'honneur
„ d'être membre, qu'un pareil foupçon
„ ne trouvera guere de crédit auprès de
„ ceux qui me connoiffent particuliérement;
„ & que mon critique lui-même auroit
„ pu reconnoître combien ce foupçon eft
„ mal fondé, par un affez grand nombre
„ de fautes des traductions d'Auteurs Grecs,
„ foit Latines, foit Françoifes, que j'ai
„ fouvent corrigées dans mon ouvrage,
„ fans en faire la remarque. Je ne nie pas
„ néanmoins qu'il ne m'ait échappé peut-
„ être un affez grand nombre de méprifes
„ fur les fens des Auteurs Grecs, dont j'ai
„ fait ufage. Je n'ai point eu le temps d'e-

„ xaminer, ni même de lire les observa-
„ tions de mon censeur, & je n'ai point
„ de peine à me persuader qu'elles soient
„ solides. Seulement je souhaiterois qu'elles
„ ne fussent pas accompagnées d'une vi-
„ vacité & d'une aigreur, qui semblent
„ montrer un dessein formé de décrier l'E-
„ crivain qu'il critique . . . .

„ Je n'ai point dissimulé, ajoute M.
„ *Rollin*, que je faisois beaucoup d'usa-
„ ge du travail des autres, & je m'en suis
„ fait honneur. Je ne me suis jamais cru
„ savant, & je ne cherche point à le pa-
„ roître. J'ai même quelquefois déclaré que
„ je n'ambitionne point le titre d'Auteur.
„ Mon ambition est de me rendre utile au
„ Public, si je le puis. Pour cela je tire
„ des secours de tout côté, & j'emprunte
„ d'ailleurs tout ce qui peut contribuer à
„ la perfection de mon ouvrage. Cette li-
„ berté que je me suis donnée, & dont il
„ me semble que communément parlant,
„ on ne m'a point su mauvais gré, me
„ met en état d'avancer dans mon travail
„ beaucoup plus que je ne ferois sans cela.
„ Qu'importe au Lecteur que ce que je
„ lui présente soit de moi, ou d'un autre,
„ pourvu qu'il le trouve bon & qu'il en
„ soit content. Mais je lui dois ce respect
„ & cette reconnoissance, de ne pas le
„ tromper, en lui donnant par défaut
„ d'attention, comme véritables, des faits
„ qui ne le seroient pas. „
„ Est-il permis, dit M. de V., à un
„ homme

„ homme de bon sens, né dans le XVIII
„ siecle, de nous parler sérieusement des
„ Oracles de Delphes ? . . . M. *Rollin* dans
„ sa compilation de l'Histoire Ancienne
„ prend le parti des Oracles contre M.
„ *Vandale.* „

Je ne crois pas que M. de V. soupçonne
les Chrétiens de s'intéresser aux Oracles
Payens, & d'en attester la vérité prophé-
tique. Si on en parle sérieusement, ce n'est
point pour les respecter, mais pour en tirer des réflexions judicieuses & salutaires.
Sans entrer dans cette vaste discussion, je
me borne à une observation bien simple.
A parler exactement, point de vrais Oracles que ceux qui annoncent l'avenir ; &
jamais il n'y en eut dans le Paganisme.
Cette connoissance est la prérogative de
l'Etre Suprême. Tous les esprits de ténebres réunis ne prédiroient pas l'acte libre
d'un cœur ; ils ne peuvent que conjecturer.
Mais peuvent-ils annoncer le passé, ou
même le présent qui se passe dans un lieu
éloigné ? Rien en cela ne passe la sphere
& les bornes d'un esprit ; ce n'est plus-là
un prodige.

Sans doute la plûpart des Oracles Payens
n'étoient que l'ouvrage des Prêtres. Cent
fois on a découvert leurs fourberies. Cette
imposture avérée suffit pour les décrier.
Cependant il n'est guere possible de nier,
que souvent le Démon n'ait lui-même parlé
ou fait parler ses organes. Les hommes
adorateurs du mensonge, méritoient ce trait

de féduction. Nier abfolument l'exiftence de ces Oracles trompeurs, c'eft outrer la critique, & aller contre des faits non-feulement poffibles, mais prouvés ; faits, où fous l'erreur même on découvre des circonftances honorables à la Religion. L'idée feule des Oracles & leur perpétuité, pendant tout le regne du Paganifme, mon-tre, non-feulement que cette fuperftition n'auroit pas été fi enracinée & fi durable, fans certains événéments qui de temps à autres annonçoit un efprit (de ténebre) fupérieur aux hommes ; mais elle attefte l'origine & l'exiftence des vrais Oracles. La curiofité feule, il eft vrai, fuffit pour vouloir percer l'avenir : cependant fi jamais cet avenir n'avoit été prédit, l'homme n'auroit pas eu l'idée de le chercher ; & de ce que l'Idolâtrie a toujours eu fes Oracles, la raifon en infere que déjà avant l'Idolâtrie la Religion jouiffoit de ce pri-vilege. Le Démon, que des Peres appel-lent le *finge de la Divinité*, a copié ces Oracles comme il a copié les facrifices & les rites. Ce n'eft point là une conjecture. L'hiftoire (& ne regardons ici la Génefe que comme telle) nous montre des pré-dictions avant la naiffance de *Saturne* & de *Cybelle*, tige de tous les Dieux de la fable.

Le filence des Oracles a été regardé par les Peres comme une des preuves du triom-phe de J. C. fur le Démon. Non-feu-lement il l'a chaffé des corps, mais de fes temples. Personne n'ignore la fameuse translation des Reliques de Saint *Babylas*, parce qu'il avoit fait taire l'Oracle de *Daphné*. Or si tous les Oracles étoient venus de la fourberie des Prêtres, la Religion n'auroit pu les forcer au silence ; il y en avoit donc qui naissoient d'une autre source. Voilà ce que prétendent les Chrétiens qui prennent le parti des Oracles. Ils ne pensent pas que jamais le Démon ait prédit l'avenir ; mais enfin il a tâché de suppléer par des conjectures les plus pénétrantes, par ses lumieres très-étendues sur les cœurs, sur les lieux & les siecles, à la connoissance de l'avenir. Tels sont les faux Oracles ; on ne s'y intéresse que pour mieux faire briller les véritables.

§. II.

Si l'on doit regarder l'Histoire Ancienne comme un recueil de fables.

„ Traiter l'Histoire Ancienne (dit M. de
„ V. dans ses *considérations sur l'histoire*)
„ c'est compiler, me semble, quelques
„ vérités avec mille mensonges. Cette his-
„ toire ne peut être utile que de la même
„ maniere dont l'est la fable .... Il faut
„ savoir les exploits d'*Alexandre* comme
„ on sait les travaux d'*Hercule*. „
Je conviens qu'il est besoin de critique dans l'étude de l'Histoire Ancienne, & que l'on ne doit pas adopter aveuglément

tout ce qu'on trouve écrit dans les livres.
Mais il est des regles pour discerner le
vrai du faux ; & s'il y a de la simplicité à
tout croire, il y a de la témérité à tout
rejetter.

Voici, par exemple, un principe également simple & lumineux, qui doit réhabiliter aux yeux de l'Auteur, que je prends
la liberté de réfuter, une partie au moins
des faits de l'Histoire Ancienne. Ce n'est
point l'éloignement des temps qui répand
l'incrédulité sur les faits ; c'est le défaut
d'écrivains contemporains. Si des événements ont été consignés à la postérité par
des hommes de sens, qui en aient été ou
témoins ou acteurs, ou qui fussent à portée de s'en instruire avec exactitude ; alors
en lisant leurs ouvrages, nous devenons
en quelque façon nous-mêmes contemporains de ces faits ; & je ne crois pas qu'il
nous soit plus permis de douter de ce que
Polybe nous a laissé touchant la guerre
d'*Annibal*, que de ce que *Comines* a écrit
sur celle du bien Public. Cela posé pourquoi reléguerions-nous l'histoire d'*Alexandre* au pays des fables , & la mettrions-nous de niveau avec les travaux d'*Hercule*?
Sans parler de mille autres preuves, cette
histoire avoit été écrite par *Ptolomée* fils
de *Lagus* , & par *Aristobule* , compagnons
de toutes les expéditions de ce fameux
conquerant ; & *Arien* , dont nous avons
l'ouvrage , a travaillé d'après les mémoires
de ces deux écrivains contemporains. Ainsi

l'histoire d'*Alexandre* est constante, & le
Pyronisme le plus outré ne peut en ébranler la certitude.

J'en dis autant de l'histoire de l'invasion
des Perses dans la Grece écrite par *Hero-
dote*, de celle de la guerre du Péloponnese
composée par *Thucydide*, & de la continuation de cette histoire par *Xenophon*.
Notre même principe appliqué à l'histoire
Romaine nous maintient en pleine &
assurée possession des faits rapportés par
César, par *Salluste*, par *Tacite*; par
Suetone; & en remontant plus haut, par
Polybe, Ecrivain peu élégant, mais infiniment judicieux, & dont l'autorité a toujours été extrêmement respectée. Je cite
ce petit nombre d'Auteurs & de faits comme
des exemples; non que je prétende ébranler la certitude de l'histoire Romaine
avant *Pyrrhus*, comme le fait un Auteur
d'un rare mérite.

Mais pour établir cette certitude, il faudroit plus de discussions, que ne comporte
cet ouvrage; & je me contente de ren-
voyer sur ce point aux dissertations de
plusieurs Savants de l'Académie des belles
lettres, dans lesquelles il a été clairement
prouvé.

Je dis donc que *Polybe* est un écrivain
dont l'autorité est au-dessus de toute critique; & dès-lors j'ai peine à concevoir
comment on peut croire trouver matiere
à plaisanteries dans ce que M. *Rollin* a
rapporté d'après lui, touchant le tyran

S 3

Nabis, & la machine cruelle dont il se servoit pour tourmenter ceux qui lui refusent de lui donner de l'Argent. Il est vrai que ni *Polybe*, ni M. *Rollin*, ne disent que ce tyran faisoit embrasser sa femme par ceux qui lui apportoient de l'argent. C'est une indécente addition, à la narration de ces historiens. Mais du reste quelle difficulté y a-t-il à comprendre que l'on fasse mouvoir, par le moyen de quelques ressorts, une machine figurée en femme & armée sous ses habits de pointes de fer, & qu'en la pressant contre la poitrine d'un homme on le fasse beaucoup souffrir. Voilà ce que raconte M. *Rollin* sur l'autorité de *Polybe* qui avoit peut voir *Nabis*, & qui avoit passé sa jeunesse avec des hommes dont *Nabis* avoit été parfaitement connu.

ROUSSEAU, (le Poete.)
§. I.

Doit-on le laisser à la place que M. de V. lui a assignee dans le Temple du goût ?

Mr. de V. ennemi de *Rousseau*, l'a mis presqu'au dernier rang, soit dans ses *mélanges*, soit dans son *temple du goût*. „*Rousseau* (dit-il, dans ce dernier ouvra„ge,) parut en revenant d'Allemagne ; „il avoit été autrefois dans le Temple : „mais quand il y voulut rentrer,

„ Il eut beau triſtement redire
„ Ses vers durement façonnés ,
„ Hériſſés de traits de ſatyre ,
„ On lui ferma la porte au nez.

Rouſſeau ſe fâcha d'autant plus que cette Déeſſe (*) avoit raiſon.

„ Il vomit pluſieurs de ſes nouvelles „ Épigrammes. *La Motte* les entendit , „ il en rit, mais point trop fort & avec „ diſcrétion. *Rouſſeau* furieux lui reprocha „ à ſon tour tous les mauvais vers que „ cet Académicien avoit faits en ſa vie, „ & cette diſpute auroit duré long-temps „ entre eux, ſi la critique ne leur avoit „ impoſé ſilence & ne leur avoit dit :

„ *Vous , Rouſſeau , brûlez vos Opéra ,* „ *vos Comédies , vos dernieres Allégories ,* „ *Odes , Épigrammes Germaniques , Balla-* „ *des , Sonnets ; jurez de ne plus écrire &* „ *venez vous mettre au-deſſus de la Motte* „ *en qualité de Verſificateur ; mais toutes* „ *les fois qu'il s'agira d'eſprit & de raiſon-* „ *nement vous vous placerez fort au-* „ *deſſous* „

Nous ne ſommes pas Enthouſiaſtes , & dans cet examen des critiques outrées de M. de V. , nous ne voulons pas donner dans l'excès de la louange. Pour prouver encore mieux notre impartialité , nous porterons toujours le procès au Tribunal d'un Juge éclairé. On ne peut ſans doute

(*) Celle de la critique.

refuſer ce titre à M. le Duc de *Nivernois*
Auteur des excellentes *réflexions ſur le
génie d'Horace*, de *Deſpreaux* & de *Rouſſeau*. L'Illuſtre Ecrivain paroît aſſez exempt
de prévention, & on ne ſauroit refuſer
de s'en rapporter à lui.

Le triomphe de *Rouſſeau* eſt la Poéſie
lyrique. La ſienne eſt d'une élégance admirable. Ses Images ſont Poétiques & parfaitement rendues ; mais il ſemble ſe livrer
trop au plaiſir de faire de beaux vers. L'a-
mour de la rime l'emporte ; du moins c'eſt
à cela qu'on attribue quelques longueurs,
quelques répétitions, quelques lieux communs, qui ne laiſſent pas de ſe trouver
aſſez ſouvent dans ſes Odes. „ Plus ſage
„ & plus exact qu'*Horace*, ſon pinceau eſt
„ léché, ſes couleurs ſont plus empâtées,
„ ſes ouvrages ſont plus finis ; mais ce
„ premier trait, cette premiere penſée du
„ Peintre, qu'un coup de peinceau tranſ-
„ met à la toile, & qui la fait parler ;
„ ces hardieſſes d'enthouſiaſme que la cor-
„ rection affoibliroit, qui donne la vie au
„ tableau, & qui le rendent la choſe même,
„ ſe rencontrent rarement chez lui. „

Notre Auteur trouve qu'un talent qui
met un grand prix aux ouvrages de *Rouſſeau*, eſt celui de choiſir heureuſement ſes
expreſſions. „ Chaque mot, dit-il, eſt à ſa
„ place, & celui qu'il emploie eſt preſque
„ toujours celui qu'il falloit. Voilà peut-
„ être le ſeul point de reſſemblance entre
„ *Horace* & lui. Auſſi les Epitres du ſecond

„ me paroiſſent avoir aſſez d'analogie avec
„ celles du premier . . . . *Rouſſeau* a em-
„ ployé, une meſure de vers peu eſtimée
„ chez nous avant lui, & inconnue dans le
„ genre d'ouvrages où il l'a portée. Il y
„ raſſemble les graces de *Marot* & de la
„ *Fontaine* ; il les épure : & les anoblit
„ quand il faut ; & cachant un travail pro-
„ fond ſous l'air agréable d'une liberté
„ élégante, il réunit dans ſes vers la clarté,
„ l'aiſance, la nobleſſe & la naïveté. Il
„ égale ſa Philoſophie par des Images. Il
„ ne crie pas ſi haut que *Deſpréaux*, mais
„ il ſe fait mieux entendre. Il ne déclame
„ pas, il ne prêche pas, il raiſonne, il
„ parle, il peint. „
La tendreſſe & la galanterie ne ſont pas
en général de ſon domaine. Il y a cependant quelques Epigrammes & quelques
contes de *Rouſſeau*, qui ſont marqués au
coin de ces deux qualités aimables. „ Mais,
„ obſerve l'Auteur, il faut prendre garde
„ ici à une choſe ; c'eſt qu'il y a dans ces
„ petits ouvrages deux mérites d'un genre
„ différent. Il y a la penſée ou le ſenti-
„ ment, qui conclut & qui conſtate l'E-
„ pigramme, & il y a la maniere d'amener
„ cette penſée. Ce dernier talent doit ſe
„ rapporter à l'art de conter, & *Rouſſeau*
„ le poſſédoit à merveille . . . . Nourri non-
„ ſeulement des anciens, mais de ces mo-
„ dernes à qui il ne manque, pour ainſi-
„ dire, que l'antiquité, il a puiſé heureu-
„ ſement dans les ſources qu'avoient ouvert

„ *Marot* & la *Fontaine*. Auſſi conte-t-il
„ admirablement. Pas un mot qui ne ſoit
„ où il doit être, pas un de manque, pas
„ un de trop. Il ſemble que celui qu'il
„ emploie en rime, ait été inventé pour
„ le mettre à la fin du vers où il le place.
„ Rien ne languit, tout marche, tout
„ tend à la fin, & jamais il ne bleſſe cette
„ unité précieuſe d'où réſulte la vraie beauté
„ des ouvrages d'eſprit. Voilà le mérite
„ de la maniere ; & celui-là n'eſt fondé
„ que ſur le jugement ſain, le goût juſte,
„ & l'artifice judicieux de l'Auteur. Le
„ mérite de la penſée tient uniquement au
„ ſentiment qu'elle exprime. „

L'illuſtre Auteur convient enſuite, qu'à
l'égard des Epigrammes, le fond n'eſt point
à *Rouſſeau* ; on ne parle point de celles
qui ſont Satyriques, perſonne n'en recla-
mera les penſées ; & ſi c'eſt un mérite de
médire plaiſamment, celui-là reſtera tout
entier à *Rouſſeau*. Il remarque enſuite que
Rouſſeau a donné la forme de conte à tous
les petits ouvrages qu'il a faits dans le
genre galant. C'eſt que quand il tenoit une
penſée de cette eſpece, il ſe ſentoit maître
de la faire valoir ; ſans l'artifice du conte,
cette penſée n'auroit qu'un vers. *Rouſſeau*
ſe défioit avec raiſon de ſon fond ſur cet
article, & il a bien fait, de ſe rejetter
ſur la maniere, ou il eſt admirable.

„ Quand il s'eſt écarté de cette méthode
„ ſage il s'en eſt mal trouvé. Il y a pour-
„ tant de jolis tableaux dans ſes *Cantates*,

„ mais ce font des peintures , & non pas
„ des fentiments. L'Ode qu'il adreffe à une
„ Veuve, fait voir combien il étoit neuf
„ dans le pays de la galanterie. Ce petit
„ Poëme eft moqueur , au lieu d'être ga-
„ lant ; ce qui feroit fon véritable genre.
„ *Rouffeau* n'y cherche pas à plaire , mais
„ à faire rire. Il y a même des plaifanteries
„ groffieres , & qui devroient choquer celle
„ pour qui elles font faites. „ La raifon
en eft que *Rouffeau* manquoit de fentiment ; ce n'eft pas qu'il ne fentît , mais il
n'avoit qu'une façon de fentir. Tous les
fentiments n'étoient pas de fon reffort ; &
comme il s'eft exercé fur toutes fortes de
fujets , on fent quelquefois ce vuide dans
fes ouvrages.

„ Ses Cantiques qui font admirables ,
„ pleins d'idées , de tours , d'expreffions ,
„ d'Images fublimes , deviennent froids ,
„ quand il faut parler le langage affectueux.
„ Tant que *Rouffeau* veut peindre le maître,
„ le Créateur du monde , le Dieu des Ar-
„ mées , le fléau des méchants , fon Pin-
„ ceau eft d'une hardieffe & d'une nobleffe
„ inimitable. Mais faut-il peindre un Dieu
„ Pere & ami des hommes , faut-il lui
„ adreffer l'hommage du cœur , *Rouffeau*
„ ne trouve plus rien chez lui & fe fert
„ mal adroitement de ce qu'il emprunte. „
Enfin *Rouffeau* ne manque pas de coloris,
mais fa maniere , dit M. le D. de N. , n'eft
pas univerfelle. Il eft parfait dans la fienne,
mais dès qu'il en fort , fon pinceau n'eft

plus le même. Il n'y a qu'un cercle d'idées
dont il tire un parti prodigieux ; mais en
les déguisant il ne les multiplie point. C'est
un excellent Peintre de portraits ; il ne voit
pourtant pas la nature en beau, & il la
peint comme il la voit , avec une force &
une hardieffe extrême.

M. le Duc de *Nivernois* obferve que
Rouffeau loue rarement ; il le dit lui-même
dans fon Epitre à Marot :

> *J'ai peu loué. J'euffe mieux fait encor*
> *De louer moins.*

„ Je fuis de fon avis dit l'Auteur & je
„ trouve que non-feulement il loue rare-
„ ment , mais rarement bien. Quand je dis
„ bien, j'entends par là un bien propor-
„ tionné au mérite fupérieur qu'il a dans
„ d'autres parties , un bien qui peut le
„ mettre de ce côté-là en parallele avec
„ *Horace*, avec qui il femble qu'il le fou-
„ tient à d'autres égards. Il faut pourtant
„ excepter de cette critique fon Ode au
„ Prince Eugene, où prenant un effor au-
„ dacieux, il emploie l'invention la plus
„ riche & fait éclore du fein des fictions
„ un éloge hiftorique & fimple en appa-
„ rence, mais admirable & digne du Héros
„ à qui il l'adreffe. „ Pour appuyer ces
louanges, M. le D. de N. cite les Strophes
feptieme, huitieme & dixieme de cette Ode.

Je ne fais rien de plus beau dans notre
langue que ces quatre Strophes , continue

l'Auteur. Les trois premieres sur-tout sont comparables à ce qu'*Horace* a jamais fait de mieux. J'avoue que la louange que contient la quatrieme me paroît un peu outrée, & je ne sais pas s'il n'y a pas plus d'exagération que de délicatesse. C'est que *Rousseau*, toujours maître dans l'art de la Poésie, qui consiste en choix d'Images, de tours & d'expressions, ne l'étoit pas dans l'art des louanges, qui exige, une aménité dans l'esprit & dans le cœur, dont son caractere l'éloignoit trop. Le peu de louanges répandues dans ses ouvrages est une preuve & un aveu de son inpuissance à cet égard. Il savoit bien tirer parti de lui-même, & je ne doute pas qu'il ne se soit trouvé fort embarrassé toutes les fois qu'il s'est cru obligé de louer.

Voilà un portrait qu'on n'accusera pas d'être flatté. Le jugement de M. le Duc de N. quoique sévere, n'exclut certainement pas *Rousseau* du *Temple du goût*, & l'on peut croire sans craindre de faire tort à M. de V., qu'il seroit fort heureux d'y occuper le même rang que lui. Quelle noblesse de pensées ! quelle pureté de style ! quelle justesse d'expressions dans ses Odes ; c'est le feu de *Pindare* & d'*Horace* ; mais il est encore plus parfait dans ses Odes tirées des Pseaumes. C'est-là que son génie vivement échauffé lui a fourni les plus abondantes ressources pour rendre le mérite & la majesté des idées, la magnificence des expressions & des Images de l'original. On admire de ſes Epitres un ſtyle périodique, vif, élégant, des peintures naturelles & animées d'un ſel vraiment attique, toujours ſemé par une raiſon lumineuſe & profonde. Ce n'eſt point, dit un célebre critique, un pompeux aſſortiment de brillantes épithetes, ni une harmonie vocale, mais un ſens judicieux & didactique toujours heureuſement exprimé, un tableau de choſes peintes avec une grace & une force égales.

Il eſt le créateur de deux genres de Poëmes la *Cantate* & l'*Allégorie*. Les Italiens lui ont donné l'idée de la premiere ; mais il a ſurpaſſé de beaucoup ſes maîtres, en faiſant des Poëmes réguliers, auſſi agréables à la lecture que le meilleur opéra eſt fade & ennuyeux, & où le Muſicien peut employer toutes les reſſources de ſon art. Pour ce qui eſt de l'Allégorie, aucun Poëte avant *Rouſſeau* n'avoit cultivé ce genre, & la difficulté fait que perſonne ne s'y eſt eſſayé après lui. On auroit imité difficilement cette Poéſie ſoutenue de force & de ſolidité, & digne de l'attention du Lecteur ſenſé raiſonnable. Ses Epigrammes ont la ſimplicité, la briéveté, la vivacité & le tour original qui convient à ce genre. La Comédie du *flateur* eſt une excellente piece, auſſi utile pour les mœurs, & auſſi ſagement écrite que le *Miſantrope*.

§. II.

Raisons de croire que M. de V. a été l'accusateur de Rousseau par des motifs de haine.

Nous avons cru devoir nous borner à examiner le mérite Littéraire de *Rousseau*. Nous savons que M. de V. a intenté, après plusieurs autres, des accusations très-graves contre ce Poëte ; mais comme nous ne pourrions absoudre *Rousseau* sans condamner plusieurs autres personnes de mérite, nous n'examinerons pas le fameux procès des couplets qui ne nous paroît pas encore éclairci. Nous dirons seulement que quelque temps avant sa mort il protesta avant que de recevoir le Viatique, qu'il n'étoit point l'auteur de ces infâmes couplets qui ont rendu sa vie malheureuse. Il avoit fait la même protestation dans son Testament, qu'il avoit montré au célebre *Rollin* dans le voyage qu'il avoit fait à Paris. Ces aveux, faits en de pareilles circonstances, forment une présomption forte pour son innocence, & si quelqu'un s'obstine à le croire coupable, il faut aussi qu'il le regarde comme un monstre d'hypocrisie, un homme sans remords & sans Religion.

Ce qui pourroit infirmer les témoignages de M. de V. contre *Rousseau*, c'est que dans les écrits du premier, on voit éclater

la haine la plus forte & la plus invétérée ;
cette haine se montre dans ses productions
les plus cachées comme dans ses ouvrages
publics. On lit par exemple dans les *Lettres
secrettes*, imprimées en 1765, des invectives
atroces contre *Rousseau*. Ces *Lettres*, écrites
par M. de V. depuis 1734 jusqu'en 1744,
& adressées à deux ou trois de ses amis
qui demeuroient à Paris, dont il étoit
absent, sont d'autant plus curieuses, qu'elles
renferment quelques anecdotes littéraires,
& des jugements sur divers ouvrages de
prose & de vers publiés dans cet espace
de dix années. Mais ce qui les rend encore
plus précieuses, selon M. *Freron*, c'est que
l'Auteur s'y peint au naturel, & que son
ame, cette ame si belle, si honnête & si
simple, se montre sans voile & sans imposture dans ce commerce libre de l'amitié.
Quoiqu'il en soit, voici comme on y parle
du *Pindare* François. ,, On m'assûre que le
,, *Desfontaines* des Poëtes, *Rousseau*, est
,, chassé sans retour de chez le Duc d'*A-*
,, *remberg* .... Est-il vrai que ce misérable
,, soit protégé par Madame la Princesse *de*
,, *Carignan* ? ... J'ai lu les trois Epîtres de
,, l'auteur du *Capricieux*, des *Ayeux Chi-*
,, *mériques*, du *Caffe*, &c. qui donne des
,, regles de Théatre, & de l'auteur des
,, *Couplets* qui parle de morale. Il me sem-
,, ble que je vois *Pradon* enseigner *Mel-*
,, *poméne*, & *Rolet* endoctriner *Themis*....
,, Je vous envoie l'Ode sur l'*Ingratitude*.
,, J'ai dédaigné de parler de *Desfontaines* ;
,, il

„ il n'a pas assez illustré ses vices. Je vous
„ prie de donner à M. *Saurin* le jeune &
„ à M. *de Crébillon*, aussi le jeune, des copies
„ de cette Ode. Ils sont tous deux fils de
„ personnes distinguées dans la littérature,
„ que *Rousseau* a indignement attaquées ;
„ ils doivent s'unir contre l'ennemi com-
„ mun. Si *Rousseau* revenoit, son hypo-
„ crisie seroit dangereuse à M. *Saurin* le
„ pere, & le contre-coup en tomberoit
„ sur le fils ; je sais sur cela bien des par-
„ ticularités .... Franchement, quand je lis
„ *Nevvton*, *Rousseau* me paroît un pau-
„ vre homme ; je suis honteux de savoir
„ qu'il existe . . . .
    „ Les nuages que les *Rousseaux* & les
„ *Desfontaines* veulent élever du sein de
„ la fange où ils rampent ne viennent pas
„ jusqu'à moi ; je crache quelquefois sur
„ eux ; mais c'est sans y songer....Le dévot
„ *Rousseau* a fait imprimer un Libelle
„ diffamatoire contre moi dans la *Biblio-*
„ *thèque Françoise*, de concert avec ce
„ malheureux *Desfontaines* qui a été mon
„ traducteur, & que j'ai tiré de Bicêtre.
„ Ai-je tort, après cela, de faire des ho-
„ mélies contre l'ingratitude „ ?....
    On sera peut-être curieux de savoir l'o-
rigine de cette belle haine plus implacable
& plus longue que la colere d'*Achille*,
& qui subsiste depuis cinquante ans environ.
Au mois d'Août 1710 des Dames de la
connoissance de *Rousseau*, le menerent
voir une Tragédie des Jésuites. A la distri-

Tome I.   T

bution des prix, il entendit appeller deux fois *François-Marie Arouet*. Il demanda au Pere *Tarteron*, qui étoit ce jeune homme. Le Pere *Tarteron* lui répondit que c'étoit un petit garçon qui annonçoit des dispositions pour la Poésie. On propose de le faire venir. Le Jésuite va le chercher, & revient un moment après avec le petit *Arouet* qui fut flaté des complimens & des caresses que lui fit *Rousseau*. Deux ans après, ce dernier, qui étoit à Soleure, en reçut une Lettre accompagnée d'une Ode qu'il avoit composée pour le prix de l'Académie Françoise, & sur laquelle il lui demandoit son sentiment, qu'il ne balança pas à lui marquer, avec la sincérité qu'on doit à la confiance d'un jeune homme. Cette Ode fut mise au rebut, & l'année suivante une seconde Ode qu'il avoit faite pour prendre sa revanche, eut le même sort. Il continua d'écrire de temps en temps à *Rousseau*, toujours avec des transports d'admiration, l'appellant son maître & son modele, & lui adressant quelquefois des pieces de vers que *Rousseau* avoit la bonté de corriger. Un voyage que M. de V. fit à Bruxelles vers 1722 fut la malheureuse occasion de leur brouillerie. *Rousseau* lui dit un peu librement son sentiment sur la *Henriade* & sur quelques autres ouvrages. Un jour qu'ils allerent promener hors de la ville, M. de V. plein dès-lors des idées téméraires, qu'il a ensuite développées dans le *Dictionnaire Philosophique* & dans ſes autres ouvrages, s'aviſa de lui réciter une certaine *Epitre*, (*l'Epitre à Uranie.*) dont le ſujet étoit contraire à la façon de penſer de *Rouſſeau*. Il ne peut s'empêcher de lui marquer ſa ſurpriſe & ſon mécontentement ; il l'arrêta dès les premiers vers. M. de V. voulut continuer. *Rouſſeau* l'interrompit encore, & lui dit avec fermeté qu'il alloit deſcendre de carroſſe s'il ne changeoit de diſcours. Il ſe tut alors, & le pria de ne point parler de cette Piece. Depuis ce jour M. de V. fut plus réſervé qu'à ſon ordinaire avec *Rouſſeau*. Il partit enfin, & ne crut pas devoir ménager le grand Poëte qu'il avoit tant admiré. Il ſe permit contre lui les propos les plus odieux dans ſes converſations en Hollande & à Paris. Mais la grande époque de ſon reſſentiment fut en 1732 à l'occaſion de la Tragédie de *Zaïre* qu'on jouoit alors. *Rouſſeau* en montra les défauts dans des lettres qui coururent Paris ; il n'en fallut pas davantage pour les brouiller irréconciliablement. M. de V. en parla bientôt avec le dernier mépris. „ J'apprends (dit-il, dans un écrit „ imprimé vers ce temps là) que l'on a „ inſéré dans des papiers hebdomadaires „ des Lettres auſſi outrageantes que mal „ écrites du Poëte *Rouſſeau*, au ſujet de „ la Tragédie de *Zaïre*. Cet Auteur de „ pluſieurs Pieces de Théatre, toutes ſifflées, „ fait le procès à une Piece qui a été reçue „ du Public avec aſſez d'indulgence : & cet „ Auteur de tant d'ouvrages impies me

„ reproche publiquement d'avoir peu ref-
„ pecté la Religion dans une Tragédie ,
„ repréfentée avec l'approbation des plus
„ vertueux Magiftrats , lue par Mgr. le
„ Cardinal de *Fleury* , & qu'on repréfente
„ déjà dans quelques Maifons Religieufes.
„ On me fera bien l'honneur de croire que
„ je ne m'avilirai pas à répondre au Poëte
„ *Roußeau.* „ Certainement quelque mérite
qu'ait M. de V. un pareil ton ne lui convenoit pas vis-à-vis d'un homme , qu'on
peut regarder comme le premier de nos
Poëtes lyriques. Il foutint cependant ce
ton dans fon *Epitre fur la Calomnie* &
dans plufieurs autres écrits fatyriques. Il
le maltraita même dans fes hiftoires & en
particulier dans fon *fiecle de Louis* XIV,
où il le peint comme un monftre d'ingratitude. Il dit qu'il ne ceßa de faire des
Epigrammes malignes jufqu'à fa mort &
qu'on en *trouve dans le recueil intitulé*
porte-feuille de Roußeau , *contre l'Abbé*
d'Olivet *qui avoit formé un projet de le
faire revenir en France.*

Ce dernier fait a été défavoué par M.
l'Abbé d'*Olivet* , dans une lettre inférée
dans les *recréations littéraires* imprimées à
Lyon en 1766. „ Le *porte-feuille de Rouf-*
„*feau ,* dit l'illuftre Académicien , eft une
„ Brochure imprimée en Hollande , conte-
„ nant quelques vers qui font de lui , &
„ beaucoup d'autres qu'on a tort de lui attri-
„ buer. De ce nombre eft une Epigramme
„ fur mon hiftoire de l'Académie. La voici :

„ Lecteur, qui vous fentez l'ame affez intrépide
„ Pour lire jufqu'au bout la légende infipide
„ De ce compilateur ingénieux & fin ,
„ Vous apprendrez du moins à fa lecture entiere ,
„ Qui des deux au bon fens rompt le plus en
    „ vifiere ,
      l'Apologifte de *Cotin*
      Ou le cenfeur de la *Bruyere.*

„ Ces vers , les feuls qui me concernent
„ dans le livre en queftion , font d'un nom-
„ mé *Mahuet* , Avocat de Reims , qui avoit
„ un frere chargé des affaires de M. le Duc
„ d'*Aremberg* , & qui alloit fouvent à Bru-
„ xelles , où je l'ai vu. *Rouffeau* qui favoit
„ que j'étois capable d'entendre raillerie ,
„ l'engagea à me réciter cette Epigramme ,
„ dont je prenois la défenfe , tandis que
„ *Rouffeau* foutenoit qu'il y avoit contra-
„ diction d'idées entre un ouvrage *infipide*
„ & un Auteur *ingénieux & fin.* Quoiqu'il
„ en foit , le bon *Mahuet* fut très-content
„ de moi & m'affaffina enfuite de quantité
„ de Vers Latins , pires cent fois que fes
„ Vers François. „
Ainfi voilà l'Anecdote de M. de V. entiérement détruite & fi celles qu'il rapporte
fur *Rouffeau* font auffi véritables , il ne fera
pas certainement le faint de fon Sermon fur
la *Calomnie.*

T ;

xxxxxxxxxxxxxxxxxxxxxxxxxxxxxxxxxxxxxxxxxxxxxx

ROUSSEAU, (DE GENEVE.)

Causes de sa brouillerie avec M. de V.

CEtte rupture scandaleuse , qui a causé un procès si long & si ridicule, a une origine plus ridicule encore. Il ne faut pas la chercher ailleurs que dans l'ouvrage de M. *Rousseau* contre la Comédie. M. de V. en fait lui-même l'aveu dans sa lettre au Chevalier de *Pezai* , insérée dans le *Journal Enciclopédique.*

,, Vous connoissez , dit-il , le goût de ,, Madame *Denis* , ma Niece pour les ,, Spectacles. Elle en donnoit dans le Châ- ,, teau de Tournay & dans celui de Ferney , ,, qui font sur la frontiere de France , & ,, les Genevois y accouroient en foule. M. ,, *Rousseau* se servit de ce prétexte pour ,, exciter contre moi le parti qui est celui ,, des représentants , & quelques Prédi- ,, cants qu'on nomme Ministres.

,, Voilà pourquoi , Monf. , il prit le parti ,, des Ministres, au sujet de la Comédie con- ,, tre M. d'*Alembert* , quoiqu'en suite il ait ,, pris le parti de M. d'*Alembert* contre les ,, Ministres, & qu'il ait fini par outrager ,, également les uns & les autres. Voilà ,, pourquoi en donnant une Comédie & un ,, Opéra à Paris , il m'écrivit que je cor- ,, rompois sa République en faisant repré-

„ fenter des Tragédies dans mes maifons
„ par la Niece du grand *Corneille*, que
„ plufieurs Genevois avoient l'honneur de
„ féconder. „

Jamais M. de V. n'a produit la lettre,
par laquelle M. *Rouffeau* l'accufoit de corrompre fa République, mais il eft très-
vrai que depuis l'excellent livre contre les
fpectacles, une haine fourde dévora l'ennemi de *J. Jacques*, quoiqu'il foit loué dans
ce même livre. Comment l'Auteur d'*Emile*,
refugié à Montmorenci, n'ayant prefque ni
correfpondances ni influences, auroit-il pu
cabaler contre M. de V. & s'il l'avoit pu,
eft-il probable qu'il l'eût fait ? Non fans
doute, *J. Jacques* cherchoit à fe concilier
fon eftime. Il faififfoit toutes les occafions
pour l'exalter & fes éloges brillants & pa-
thétiques fembloient autant partir du cœur
que de l'efprit. Qu'on fe rappelle la lettre
qu'il lui écrivit, après lui avoir envoyé
fon *difcours fur l'énégalité des conditions.*
„ En vous offrant l'ébauche de mes triftes
„ rêveries, je n'ai point cru vous faire un
„ préfent digne de vous, mais m'acquitter
„ d'un devoir, & vous rendre un homma-
„ ge que nous vous devons tous comme à
„ notre chef. Senfible d'ailleurs à l'honneur
„ que vous faites à ma patrie, je partage
„ la reconnoiffance de mes citoyens, &
„ j'efpere qu'elle ne fera qu'augmenter en-
„ core, lorfqu'ils auront profité des inftruc-
„ tions que vous pouvez leur donner
„ Embelliffez l'afyle que vous avez choifi

T 4

„ éclairez un peuple digne de vos leçons ;
„ & vous qui favez fi bien peindre les
„ vertus & la liberté, apprenez-nous à les
„ chérir dans nos mœurs comme dans vos
„ écrits. Tout ce qui vous approche doit
„ apprendre de vous le chemin de la gloire
„ & de l'immortalité. Vous voyez que je
„ n'afpire pas à nous rétablir dans notre
„ bêtife, quoique je regrette beaucoup pour
„ ma part, le peu que j'en ai perdu. A
„ votre égard, Monfieur, ce retour feroit
„ un miracle fi grand, qu'il n'appartient
„ qu'à Dieu de le faire, & fi pernicieux
„ qu'il n'appartient qu'au Diable de le vou-
„ loir. Ne tentez donc pas de retomber à
„ quatre pattes, perfonne au monde n'y
„ réuffiroit moins que vous. Vous nous
„ redreffez trop bien fur nos deux pieds
„ pour ceffer de vous tenir fur les vôtres....
„ Si cent mirmidons n'afpiroient point à
„ la gloire, vous jouiriez paifiblement de
„ la vôtre, ou du moins vous n'auriez que
„ des adverfaires dignes de vous. Ne foyez
„ donc point furpris de fentir quelques
„ épines inféparables des fleurs qui cou-
„ ronnent les grands talents. Les injures
„ de vos ennemis font les *corteges* de
„ votre gloire, comme les acclamations
„ fatyriques étoient ceux dont on acca-
„ bloit les Triomphateurs. C'eft l'empref-
„ fement que le public a pour tous vos
„ écrits, qui produit les vols dont vous
„ vous plaignez : mais les falcifications n'y
„ font pas faciles ; car ni le fer ni le plomb

„ ne s'allient pas avec l'or. Permettez-moi
„ de vous le dire, par l'intérêt que je
„ prends à votre repos & à notre inftruc-
„ tion : méprifez de vaines clameurs, par
„ lefquelles on cherche moins à vous faire
„ du mal qu'à vous détourner de bien faire.
„ Plus on vous critiquera, plus vous de-
„ vez vous faire admirer ; un bon livre
„ eft une terrible réponfe à de mauvaifes
„ injures. Eh ! qui oferoit vous attribuer
„ des écrits que vous n'aurez point faits,
„ tant que vous ne continuerez qu'à en
„ faire d'inimitables ? „

Cette lettre fut écrite dans le mois de
Septembre 1755, & on a des lettres
poftérieures, dans lefquelles le même ton
d'enthoufiame fe foutient. Il y en a une
entr'autres, imprimée en 1763, au fujet
du Poëme de *la Religion Naturelle*. M.
Rouffeau parlant à M. de V. lui dit qu'il
l'aime comme fon frere, & qu'il *l'honore
comme fon maître*. Il lui dit que la carriere
qu'il a remplie eft la plus *brillante que jamais homme de lettres, ait parcourue*. S'il
réfute les idées de l'Auteur du Poëme de
la Loi Naturelle fur l'*Optimifme* & fur la
mortalité de l'ame, c'eft avec la circonf-
pection la plus polie.

„ Je ne puis m'empècher, dit-il, de
„ remarquer à ce propos une oppofition
„ bien finguliere entre vous & moi, dans
„ le fujet de cette lettre. Raffafié de gloire,
„ & défabufé des vaines grandeurs, vous
„ vivez libre au fein de l'abondance ; bien

„ sûr de l'immortalité , vous philosophez
„ paisiblement sur la nature de l'ame ; & si
„ le corps ou le cœur souffre, vous avez
„ *Tronchain* pour Médecin & pour ami :
„ vous ne trouvez pourtant que mal sur
„ terre. Et moi, homme obscur pauvre &
„ tourmenté d'un mal sans remede , (*)
„ je médite avec plaisir dans ma retraite ,
„ & trouve que tout est bien. D'où viennent
„ ces contradictions apparentes ? Vous l'a-
„ vez vous-même expliqué : vous jouissez ,
„ moi j'espere , & l'espérance embellit tout.
„ J'ai autant de peine à quitter cette
„ ennuyeuse lettre, que vous en aurez à
„ l'achever. Pardonnez-moi, grand homme
„ un zele peut-être indiscret, mais qui ne
„ s'épencheroit pas avec vous , si je vous
„ estimois moins. A Dieu ne plaise que
„ je veuille offenser celui de mes contem-
„ porains dont j'honore le plus les talents,
„ & dont les écrits parlent le mieux à
„ mon cœur ; mais il s'agit de la cause de
„ la providence dont j'attends tout. „

M. *Rousseau* ne retracta ces éloges dans
aucun de ses livres, quoique M. de V.
le couvrit des ridicules les plus accablants
dans sa *harangue de Ramponeau* , dans
son *rescrit de l'Empereur de la Chine* &
dans d'autres brochures aussi honnêtes. Il
est vrai que *J. Jacques* voyant qu'on pros-
crivoit *Emile* & son Auteur à Geneve ,

(*) La pierre dont J. J. n'a pas voulu, dit-on,
se faire traiter, répondant avec *Geronte, la maison
ne vaut pas la réparation.*

tandis qu'on imprimoit dans cette ville &
qu'on débitoit publiquement la *Pucelle* &
d'autres énormités, s'éleva contre cette
choquante acception de personnes, qui
punissoit le foible & qui non-seulement
épargnoit, mais caressoit le puissant plus
coupable que lui. Il se plaignit de cette
prévarication des premiers Magistrats de sa
patrie ; mais il le fit avec autant de décence
que de finesse,

Ces Messieurs (dit-il, dans ses *lettres
de la Montagne*) voient si souvent M. de
V., comment ne leur a-t-il point inspiré
cet esprit de tolérance qu'il prêche sans
cesse, & dont il a quelquefois besoin ? S'ils
l'eussent un peu consulté dans cette affaire,
il me paroît qu'il eût pu leur parler à peu
près ainsi :

„ Messieurs, ce ne sont point les raison-
„ neurs qui font du mal, ce sont les Caf-
„ fards. La Philosophie peut aller son train
„ sans risque ; le peuple ne l'entend pas ou
„ la laisse dire, & lui rend tout le dedain
„ qu'elle a pour lui. Raisonner, est, de
„ toutes les folies des hommes, celle qui
„ nuit le moins au genre humain, & l'on
„ voit même des gens sages entichés par
„ fois de cette folie. Je ne raisonne pas,
„ moi, cela est vrai ; mais d'autres raison-
„ nent ; quel mal en arrive-t-il ? Voyez, tel,
„ tel & tel ouvrage, n'y a-t-il que des plai-
„ santeries dans ces livres là ? Moi-même
„ enfin, si je ne raisonne pas, je fais mieux,
„ je fais raisonner mes lecteurs. Voyez mon

„ chapitre *des Juifs* ; voyez le même cha-
„ pitre plus développé dans le *Sermon des*
„ *Cinquante.* (*) Il y a là du raisonnement,
„ ou l'équivalent, je pense ; vous conviendrez aussi qu'il y a peu de détour, & quel-
„ que chose de plus que des traits épars &
„ indiscrets.

„ Nous avons arrangé que mon grand
„ crédit à la Cour & ma toute puissance
„ prétendue vous serviroient de prétexte
„ pour laisser couler en paix les jeux badins de mes vieux ans ; cela est bon ;
„ mais ne brûlez pas pour cela des écrits
„ plus graves ; car alors cela seroit trop
„ choquant.

„ J'ai tant prêché la tolérance ? Il ne
„ faut pas toujours l'exiger des autres &
„ n'en jamais user avec eux. Ce pauvre
„ homme croit en Dieu ? Passons-lui cela,
„ il ne fera pas secte. Il est ennuyeux ?
„ Tous les raisonneurs le sont. Nous ne
„ mettrons pas celui-ci de nos soupés,
„ du reste que nous importe ? si l'on brûloit tous les livres ennuyeux, que deviendroient les Bibliotheques ? Et si l'on brûloit tous les gens ennuyeux, il faudroit
„ faire un bûcher du pays. Croyez-moi,
„ laissons raisonner ceux qui nous laissent
„ plaisanter ; ne brûlons ni gens ni livres,
„ & restons en paix ; c'est mon avis. „
Voilà selon moi, ce qu'eût pu dire, d'un

(*) Ouvrage plein de Blasphêmes horribles,
imprimé dans un infâme recueil intitulé : l'*Evangile*
de la raison.

meilleur ton, M. de V., & ce n'eût pas été
là, ce me semble le plus mauvais conseil
qu'il auroit donné.

Cette Profopopée, ainfi que l'a appellée
M. de V., le mit en fureur. Il a fait éclater fon reffentiment en vers & en profe.
Nous ne prendrons pas parti dans cette
querelle ; il nous fuffit d'avoir fait connoître ce qui l'a produite.

§. II.

Fauffetés avancées par M. de V. dans fes
fatyres contre M. Rouffeau.

I. Quoique nous regardions toutes les
querelles des fophiftes modernes comme
des difputes de boufons , l'intérêt de la
vérité nous oblige cependant à relever quelques faits faux , débités par M. de V.
comme véritables.

M. *Rouffeau* retiré (dit-il, *lettre à M.*
Hume p. 9.) dans les délicieufes vallées de
„ Moutiers-Travers ou Motiers-Travers au
„ Comté de Neufchâtel, n'ayant pas eu
„ depuis un grand nombre d'années le
„ plaifir de communier fous les deux ef-
„ peces , demanda inftamment au Prédi-
„ cant de Moutiers-Travers, homme d'un
„ efprit fin & délicat, la confolation d'être
„ admis à fa fainte table ; il lui dit que
„ fon intention étoit 1°. de *combattre l'E-*
„ *glife Romaine* , 2°. de *s'elever contre*
„ *l'ouvrage infernal de l'efprit, qui établit*

„ *évidemment le matérialifme , 3°. de fou-*
„ *droyer les nouveaux Philofophes vains &*
„ *préfomptueux.* Il écrivit & figna cette
„ déclaration.

„ Non-feulement (ajoute M. de V. dans
„ fes notes) la déclaration de *Jean Jacques*
„ *Roúffeau* contre le livre de l'*Efprit* , &
„ contre fes amis , eft entre les mains de
„ M. de *Montmollin* ; mais elle eft impri-
„ mée dans un écrit de M. de *Montmollin* ,
„ intitulé réfutation d'un libelle p. 90. Ce
„ trait de *J. Jacques* n'eft pas feulement d'un
„ hypocrite , qui fe moque de ce qu'il y
„ a de plus facré ; ce n'eft pas feulement le
„ délire d'un extravagant qui a changé trois
„ fois de fecte & qui avoit fait abjuration
„ de la Religion Catholique à Geneve ,
„ pour aller vivre en France. C'eft une
„ baffe ingratitude mêlée d'un envie fecrette
„ contre M. *Helvetius* , l'un de fes bien-
„ faiteurs ; c'eft un calomnie infâme . . . .
„ C'étoit une atrocité abominable au fieur
„ *J. Jacques* de rouvrir des plaies qui
„ faignoient encore, & de fe rendre l'ac-
„ cufateur d'un homme qui avoit eu pour
„ lui les plus grandes bontés. Peut-il s'é-
„ tonner après cela d'avoir été déteflé &
„ maudit ?

Il y a ici plufieurs menfonges. Il eft
faux d'abord que M. *Roúffeau* ait accufé
M. *Helvetius* , dont il a parlé toujours
avec la plus refpectueufe eftime. „ Il y a
„ quelques années (dit-il , dans fa premiere
„ *lettre de la Montagne*) qu'à l'apparition

„ d'un livre célebre, je réfolus d'en atta-
„ quer les principes que je trouvois dan-
„ gereux. J'exécutois cette entreprise quand
„ j'appris que l'Auteur étoit pourfuivi. A
„ l'inftant je jettai mes feuilles au feu,
„ jugeant qu'aucun devoir ne pouvoit au-
„ torifer la baffeffe de s'unir à la foule,
„ pour accabler un homme d'honneur oppri-
„ mé. Quand tout fut pacifié j'eus occa-
„ fion de dire mon fentiment fur le même
„ fujet, dans d'autres écrits ; mais je l'ai
„ dit fans nommer le livre ni l'Auteur. J'ai
„ cru devoir ajouter le *respect pour fon*
„ *malheur, à l'eftime que j'eus toujours*
„ *pour fa perfonne.* Je ne crois point que
„ cette façon de penfer me foit particuliere ;
„ elle eft commune à tous les honnêtes
„ gens. „

Quant à la déclaration contre M. *Hel-*
vetius que M. de V. fait faire à *J. Jac-*
ques, avant que d'être admis à la communion, elle n'a jamais exifté. M. *Rouffeau*
écrivit une fimple lettre à M. *Montmollin*,
dans laquelle il lui difoit qu'il abandon-
noit l'*Emile* tel qu'il étoit *au blâme ou à*
l'approbation des fages, fans vouloir le dé-
fendre ni le défavouer. Cette lettre a été
plufieurs fois réimprimée. Il eft vrai que les
Miniftres de Geneve ayant été furpris, avec
raifon, que M. de *Montmollin* eût admis
à la cene un des plus forts adverfaires du
Chriftianifme, le lui réprocherent comme
une prévarication. Le Pafteur de Motiers
fe juftifia par une longue lettre, où il pré-

toit à *J. Jacques* les plus beaux sentiments
en faveur de la Religion. Voici comme M.
Rousseau nous conte lui-même l'histoire de
ce petit écrit de M. de *Montmollin*.

„ Quelques mois après mon admission
„ (à la communion) je vis entrer un soir
„ M. de *Montmollin* dans ma chambre, il
„ avoit l'air embarrassé. Il s'assit & garda
„ long-temps le silence ; il le rompit enfin
„ par un de ces longs exordes, dont le
„ fréquent besoin lui a fait un talent. Ve-
„ nant ensuite à son sujet , il me dit que
„ le parti qu'il avoit pris de m'admettre
„ à la communion lui avoit attiré bien des
„ chagrins & le blâme de ses Confreres,
„ qu'il étoit réduit à se justifier là-dessus
„ d'une maniere , qui pût leur fermer la
„ bouche , & que si la bonne opinion qu'il
„ avoit de mes sentiments lui avoit fait
„ supprimer les explications qu'à sa place
„ un autre auroit exigées , il ne pouvoit
„ sans se compromettre laisser croire qu'il
„ n'en avoit eu aucune. Tirant douce-
„ ment un papier de sa poche , il se mit à
„ lire, dans un projet de *lettre à un Minis-*
„ *tre* de Geneve, des détails d'entretiens qui
„ n'avoient jamais existé , mais où il pla-
„ çoit à la vérité fort heureusement quel-
„ ques mots par-ci par-là , dits à la volée
„ & sur un tout autre objet. Jugez , Mon-
„ sieur , de mon étonnement. Il fut tel
„ que j'eus besoin de toute la longueur
„ de cette lecture pour me remettre en
„ l'écoutant. Dans les endroits où la fiction
„ étoit

„ étoit la plus forte, il s'interrompoit en
„ médifant : *Vous fentez la néceffité.....*
„ *ma fituation.... ma place....il faut*
„ *bien un peu fe prêter.* Cette lettre, au
„ refte, étoit faite avec affez d'adreffe,
„ & à peu de chofe près, il avoit grand
„ foin de ne m'y faire dire que ce que
„ j'aurois pu dire en effet. En finiffant il
„ me demanda fi j'approuvois cette lettre
„ & s'il pouvoit l'envoyer telle qu'elle
„ étoit.

„ Je répondis que je le plaignois d'être
„ réduit à de pareilles reffources; que quant
„ à moi je ne pouvois rien dire de fem-
„ blable; mais que, puifque c'étoit lui
„ qui fe chargeoit de le dire, c'étoit fon
„ affaire & non pas la mienne; que je
„ n'y voyois rien, non plus, que je fuffe
„ obligé de démentir. Comme tout ceci,
„ reprit-il, ne peut nuire à perfonne &
„ peut vous être utile ainfi qu'à moi, je
„ paffe aifément fur un petit fcrupule qui
„ ne feroit qu'empêcher le bien. Mais,
„ dites-moi, au furplus, fi vous êtes con-
„ tent de cette lettre, & fi vous n'y voyez
„ rien à changer pour qu'elle foit mieux.
„ Je lui dis que je la trouvois bien pour
„ la fin qu'il s'y propofoit. Il me preffa
„ tant, que pour lui complaire, je lui in-
„ diquai quelques légeres corrections qui
„ ne fignifioient pas grand' chofe. Or il
„ faut favoir que de la maniere dont nous
„ étions affis l'écritoire étoit devant M.
„ de M. ; mais durant tout ce petit collo-

„ que, il la pouſſa comme par hazard de-
„ vant moi, & comme je tenois alors ſa
„ lettre pour la relire, il me préſenta la
„ plume pour faire les chargements indi-
„ qués ; ce que je fis avec la ſimplicité
„ que je mets à toutes choſes. „

„ II. Eſt vrai, dit M. de V., qu'on jetta
„ quelques pierres à *J. Jacques Rouſſeau*
„ & à la nommée *le Vaſſeur* qu'il traîne
„ partout avec lui, & qui étoit apparem-
„ ment la confidente de Madame de *Vol-*
„ *mar.* Cela pouvoit avoir cauſé du ſcan-
„ dale à Moutiers-Travers, & avoir été
„ l'occaſion de cette grêle de pierres, qui
„ n'a pas été pourtant conſidérable, &
„ dont aucune n'atteignit le ſieur *J. Jac-*
„ *ques* ni la le *Vaſſeur.* Il eſt naturel que
„ l'extrême laideur de cette créature
„ & la figure groteſque de *J. Jacques*, dé-
„ guiſé en Armenien, aient induit ces
„ petits garçons à faire des huées & à jetter
„ des cailloux. „

Nous paſſerons à M. de V. la laideur
de Mlle. le *Vaſſeur* qui apparemment
ne ſe pique pas d'être jolie ; mais les
ſoupçons qu'il jette ſur ſa vertu ſont très-
mal fondés. Depuis que *Jean Jacques* a pris
le manteau de Philoſophe, il s'eſt abſtenu
de tout commerce ſcandaleux. Mlle. le
Vaſſeur, fille compatiſſante & charitable
donne ſes ſoins à M. *Rouſſeau*, accablé
depuis long-temps de maux douloureux ;
mais elle n'eſt pas attachée à lui par les
liens du vice. Le Supérieur de l'Oratoire,

homme très-respectable , la dirigeoit à Montmorenci & la faisoit communier souvent. Il semble que quand on avance des accusations graves , il faudroit en apporter la preuve. N'est-il pas étonnant que M. de V. , qui se pique à la fois de probité & d'esprit , déchire impitoyablement & sans art un Philosophe autrefois son ami & qu'il n'ait pas même l'attention de déguiser le poison qu'il répand sur les réputations les plus célebres ? M. *Rousseau* étoit assez coupable par ses impiétés , sans aller calomnier ses mœurs. Au reste il est faux que le peuple de Moutiers-Travers fût acharné contre *Jean Jacques*. La malheureuse aventure qui lui arriva , ne fut que le complot de quelques yvrognes , dont on désavoua & dont on punit les emportements. Leurs concitoyens avoient un respect extrême pour les mœurs & pour la probité de M. *Rousseau*. C'est ce qu'on peut voir par le rescrit du Roi de Prusse adressé aux Pasteurs qui poursuivoient M. *Rousseau*.

„ Nous ne doutons pas , y est-il dit , que „ comme vous êtes les premiers à rendre „ justice *à la conduite réglée* & aux *bonnes* „ *mœurs* du sieur *Rousseau* , vous ne soyez „ de vous-mêmes portés à le laisser jouir „ paisiblement de la protection des loix „ dans l'asyle qu'il s'est choisi. „ Ce rescrit daté du 30 Mars 1765 se trouve dans le *recueil des pieces relatives à la persecution suscitée à Moutiers-Travers contre M. J. J. R.*

On trouve dans la même collection l'extrait d'une lettre qui rend aussi le même
témoignage. ,, Je vais souvent, y dit-on,
,, visiter l'ancienne demeure de M. *Rouf-*
,, *seau*, appellée l'*hermitage*; c'est à deux
,, pas d'une petite maison de campagne à
,, moi. La mémoire de notre estimable
,, Philosophe y est dans la plus grande vé-
,, nération. Je suis toujours dans l'enchan-
,, tement lorsque je puis en parler avec les
,, habitants de ce canton qui le regardoient
,, comme leur pere, & l'arbitre de leurs
,, différents. C'étoit *Rousseau* qui aidoit à
,, les soulager, & qui rétablissoit la paix
,, dans les familles. ,,

III. M. de V. ne se borne pas à décrier
les mœurs de M. *Rousseau*; il lui attribue
le malheur de ne pouvoir plus jouir de sa
campagne des *Delices*. ,, Il suscita ,, (dit-
il, dans sa lettre au Chevalier de *Pezai*)
,, plusieurs Citoyens Genevois, ennemis de
,, la Magistrature; il les engagea de ren-
,, dre le Conseil de Geneve odieux, & à lui
,, faire des réproches de ce qu'il souffroit,
,, malgré la loi, un Catholique domicilié
,, sur leur territoire, tandis que tout Ge-
,, nevois peut acheter en France des terres
,, Seigneuriales, & y posséder des emplois
,, de Finances. Ainsi, cet homme qui prê-
,, choit à Paris la liberté de conscience, &
,, qui avoit tant besoin de tolérance pour
,, lui, vouloit établir dans Geneve l'into-
,, lérance la plus révoltante & en même
,, temps la plus ridicule.

„ M. *Tronchin* entendit lui-même un
„ Citoyen, qui est depuis long-temps le
„ principal boute-feu de la République,
„ dire qu'il falloit absolument exécuter ce
„ que M. *Rousseau* vouloit, & me faire
„ sortir de ma maison des *Délices*, qui est
„ aux portes de Geneve. M. *Tronchin*, qui
„ est aussi honnête homme que bon Mé-
„ decin, empêcha cette levée de bouclier,
„ & ne m'en avertit que long-temps après.

„ Je prévis alors les troubles qui s'ex-
„ citeroient bien-tôt dans la petite Répu-
„ blique de Geneve. Je résiliai mon Bail à
„ vie, des Délices &c. „ Ce passage prouve
clairement que M. de V. avoit un parti
contre lui à Geneve ; mais il ne démontre
point du tout que M. *Rousseau* fut le chef
de ce parti. Ce Philosophe étoit éloigné de
sa patrie ; il n'écrivoit qu'à très-peu de
monde ; il avoit les Ministres contre lui,
& ce sont principalement ces Ministres qui
ont excité le zele de quelques Citoyens.
Lorsque M. de V. fut reçu dans le territoire de Geneve, ce fut à condition qu'il
respecteroit ce qu'il devoit respecter. Il
donna en présence des Magistrats le désa-
veu le plus formel de sa *Pucelle* ; il promit de ne rien écrire ni contre la Religion ni contre l'Etat : a-t-il tenu parole ?
Oh, non.

C'est de Geneve que sont sortis l'*Evangile de la raison*, la *Pucelle*, le traité de
la Tolérance, le *Dictionnaire Philosophique*, la *Philosophie de l'Histoire*, le *Phi-*

Iosophe Ignorant, les *questions sur les miracles*, la *Religion de l'honnête homme*, & tant d'autres brochures qu'un Chrétien ne peut lire sans indignation. On étoit surpris que de pareils écrits fussent imprimés dans une ville, qui en a flétri de moins scandaleux. On étoit encore plus étonné que dans ces mêmes ouvrages imprimés à Geneve, on insultât les Pasteurs de Geneve. On trouve par exemple dans le troisieme volume des nouveaux mélanges de M. de V. ces Vers contre les Ministres du pays :

> Farceurs à manteaux étriqués,
>
> Petits sicophantes d'Eglise
>
> Prédicants à sermons croqués,
>
> Ai-je tort quand je vous méprise ?

M. de V. se trompe beaucoup, s'il croit que dans un pays où l'on nous a donné un asyle, on puisse voir avec indifférence des insultes si grossieres. Ainsi au lieu de s'en prendre à M. *Rousseau*, il devroit se plaindre de lui-même.

Ce qui prouve de plus en plus que M. *Rousseau* n'a pas le génie contentieux, comme M. de V. voudroit le persuader, c'est l'indifférence stoïque avec laquelle il a vu toutes les satyres atroces qu'on a répandues contre lui. Il s'est contenté de soulager sa sensibilité dans des lettres touchantes à ses amis. En voici une qui ne doit pas être oubliée.

„ Monsieur & cher ami, c'est pour vous

„ que je romps le silence que je m'étois
„ proposé de garder inviolablement. Sans
„ répondre à toutes ces infâmes brochures
„ qui ont paru contre moi ; je vous ferai
„ le dépositaire de ma conduite & de mes
„ sentiments. J'ai connu les hommes, je
„ les connois encore, & je leur rends jus-
„ tice. Bercé de leurs vaines promesses, &
„ des démonstrations perfides d'une amitié
„ plus perfide encore, je suis la victime
„ de mon esprit & de mon cœur. Va hom-
„ me fourbe & trompeur , va prendre des
„ leçons des animaux que tu appelles stu-
„ pides peut-être moins sensés , mais plus
„ humains que toi , ils t'apprendront à être
„ doux & modéré envers les individus de
„ ton espece.......

„ La Philosophie n'enseigne point à être
„ inhumain, perfide, barbare, injuste. Ouï,
„ si pour être Philosophe il faut noircir la
„ réputation de mes semblables , publier
„ aux yeux de l'univers des choses qui de-
„ vroient rester ensevelies dans un éternel
„ silence , tramer & conduire de sourds
„ complots , y présider ; en un mot , si
„ pour être Philosophe, il faut renoncer à
„ l'humanité, à la justice, à la bonne foi,
„ je renonce à la philosophie & à la déno-
„ mination de Philosophe , & j'en laisse le
„ titre à tant de fourbes dignes de le porter.
„ Je me contente de celui de vertueux.

„ Cher ami , j'épanche mon cœur dans
„ votre sein. Vous n'êtes pas mon enne-
„ mi ; vous avez le cœur trop compatissant.

V 4

» La pitié, la premiere de toutes les vertus
» sociales, la tendre pitié est née avec
» vous ; vous savez compatir à un mal-
» heureux, victime de la mauvaise foi des
» méchants ; ils se sont liés, acharnés
» contre moi ; chacun a lâché son trait ;
» l'éclair a paru dans le sein de mon in-
» grate partie, le tonnerre a grondé en
» France, la foudre a éclaté en Angle-
» terre. Qu'est-il arrivé de ce fracas ? Une
» fumée que ma patience a dissipée. Le
» triple airain d'*Horace* m'a mis à l'abri de
» tous ces coups qui devoient m'accabler ;
» j'en ai gémi en secret ; mais mon cœur
» n'a jamais été abattu. Que la malignité
» se déchaîne de nouveau, qu'elle déco-
» che sur moi les traits les plus violents &
» les plus envenimés, je n'en serai que
» plus inébranlable contre les foibles efforts
» d'une malignité encore plus foible ; ils
» viendront se briser contre un rocher &
» retourneront frapper leur Auteur.

» Je jouis de moi-même, & je méprise
» le reste des hommes ; logé dans un petit
» coin de cet amas de boue & de pous-
» siere, je goûte tranquillement les fruits
» de ma philosophie au milieu d'un tour-
» billon d'inconstance & de mauvaise foi.
» Ici j'attends la mort avec indifférence ;
» je jouis de la vie avec la même insensi-
» bilité, il n'y a que pour vous que mon
» cœur s'attendrit sur la terre. Adieu
» recevez mes très-humbles salutations. »

St. EVREMONT.

Cet écrivain mérite-t-il le titre de génie ?

Mr. de V. place S. *Evremont*, dans son temple du gout parmi les Auteurs, qui sont exclus du rang des génies. L'Europe entiere dément cette décision. Jamais personne ne pensa peut-être aussi profondément, aussi solidement & en même temps aussi naturellement que M. de St. *Evremont*. Lorsque de V. l'appelle l'*inégal St. Evremont*, qu'entend-il par cette épithete ? Veut-il dire simplement, comme il l'insinue dans une note, qu'il étoit mauvais Poëte ? En cela, je suis entiérement de son opinion. Mais à peine les Vers forment-ils le demi-quart de ses ouvrages ; & presque tous ces mêmes Vers n'ont paru qu'après sa mort ; il ne les avoit point destinés à voir le jour.

Quant à ses ouvrages en prose, je ne fais aucune difficulté de dire que je les trouve presque tous excellents. M. le *Clerc*, qui avoit certainement de l'esprit & du goût, & que l'Europe regarde encore aujourd'hui . comme un des plus savants hommes qu'elle ait eus, (dit Bibliotheque choisie tom. IX. p. 326.) que M. de *St. Evremont* étoit plein de bon sens & de pénétration. Un ami de M. de V., estimé

généralement dans la République des lettres,
s'exprime dans ces termes, en parlant des
réflexions sur les divers génies du Peuple
Romain, par M. de *St. Evremont.* » Il
» a traité ces matieres en homme consom-
» mé dans la science du monde, & dans
» la connoissance des affaires Civiles &
» Militaires. Il est si bien entré dans le
» génie de ces anciens Romains, il a dé-
» mêlé avec tant d'art leurs différents in-
» térêts & les vues particulieres de leurs
» chefs, que je ne crois pas hazarder beau-
» coup, en disant qu'il ne s'est encore
» rien fait de meilleur sur l'Histoire
» Romaine. » M. *Bayle* pensoit ainsi que
M. *Desmezeaux* sur le compte de St.
Evremont ; & j'oserois avancer ici hardiment qu'il n'est pas un seul Auteur con-
temporain, ou postérieur à M. de *St.
Evremont*, qui, lorsqu'il a parlé de lui,
n'ait convenu que c'étoit un génie supérieur.

SEGRAIS.

*Mérite-t-il d'être mis au rang des derniers
Ecrivains ?*

IL me paroît que *Segrais* auroit beaucoup
de raison de se plaindre de M. de V. je
conviens qu'il a fait un mauvais Opéra ;
qu'il y a apparence qu'il n'est point l'Auteur de *Zaïde*, que M. *Huet* a donné à

Mad. de la *Faïette*. Sa traduction de l'*Eneïde* de *Virgile* est un ouvrage très-médiocre, mais qu'il s'en faut bien qu'il soit écrit du style de la *Pucelle* de *Chapelain*, comme le prétend M. de V. Je choisis de cet ouvrage, au hazard, quelques Vers que ma mémoire me fournit, & je prie les lecteurs de juger, s'ils sont du goùt de ceux de *Chapelain*.

> Non cruel ! tu n'es point le fils d'une Déesse ;
> Tu suças en naissant le lait d'une Tygresse ;
> Et le Caucase affreux, t'engendrant en courroux,
> Te fit l'ame & le cœur plus durs que ses cailloux.

Je placerai ici les vers originaux de *Virgile* : ceux qui entendent le Latin, pourront d'abord juger si *Segrais* est un traducteur si mauvais.

> *Nec tibi Diva parens , generis nec Dardanus*
>   *Auctor*
> *Perfide : Sed duris genuit te cautibus horrens*
> *Caucasus , Hircanaque admorunt ubera Tigres.*

Voici encore un passage de la même traduction.

> D'autres peuples sauront l'art d'animer le cuivre ;
> Leurs marbres sembleront & respirer & vivre ;
> D'autres de l'éloquence emporteront le prix,
> Ou décriront l'Olympe , & son riche lambris.
> Ton art peuple Romain , ton illustre science
> Sera d'asservir tout à ta vaste puissance ,

De te rendre , en tout lieu , dans la guerre & la
    paix ,
L'effroi des ennemis & l'amour des sujets.

Voici les Vers Latins : j'ose dire que je
les trouve fort bien rendus dans le François.

Excudent alii spirantia mollius cera ,
Credo equidem , vivos ducent de marmore vultus
Orabunt causas mellius ; cœlique meatus
Describent radio , & surgentia sidera dicent.
Tu regere imperio populos , Romane memento :
Hæ tibi erunt artes ; pacifque imponere morem
Parcere subjectis & debellare superbis.

Plus j'examine la traduction de *Segrais*, &
plus je suis persuadé que c'est lui faire une
injustice que de la comparer à la *Pucelle* de
Chapelain. Mais enfin, quand M. de V. auroit
raison sur cet article , il n'en seroit pas
moins vrai que *Segrais* auroit fait d'assez
bonnes eglogues , & qu'en qualité de Poëte
Pastoral , il auroit été loué par *Despréaux*.

Que *Segrais* dans l'Eglogue enchante les forêts :

Si cette louange d'un Poëte , juge sévere ,
ne doit pas être prise à la lettre , elle est
toujours de quelque poids , quoiqu'en dise
M. de V. *Segrais* a fait un Poëme Pastoral
sous le titre d'*Athis* , dans lequel il a
parfaitement exprimé cette douce & ingénieuse simplicité , qui fait le principal
caractere de l'églogue.

SEVIGNÉ.

Si ses lettres ne doivent leur succès qu'aux petites Anecdotes qu'elles renferment ?

D'Ans un livre intitulé : *connoissance des beautés & des défauts de la poésie* , que nous croyons avec beaucoup de raison être de M. de V. , on trouve cet étrange jugement. « Si on retranchoit des Lettres de « Mad. *Sevigné* , ce grand nombre de petits « faits qui les soutiennent , & qui sont ra- « contés avec tant de vivacité & de naturel , « je doute qu'on en pût soutenir la lecture. » Le public éclairé ne sera pas certainement de ce sentiment , sur-tout s'il est équitable.

Pour être en état de juger du mérite de ces Lettres , l'équité demande qu'on se mette à leur égard, dans le véritable point de vue. Il faut, comme l'insinue avec raison , Mad. la Marquise de *Simiane* , fille de Madame de *Grignan* , & petite fille de Mad. de *Sevigné* , dans une Lettre qu'on a mise à la tête de l'édition, il faut considé- rer que c'est une mere qui écrit à sa fille tout ce qu'elle pense, & comme elle l'a pensé ; qui n'a jamais prévu que ses Let- tres dussent tomber en d'autres mains que celles de sa fille , pour qui elles étoient écrites. C'est dans cet esprit qu'il faut les lire , & si l'on y trouve quelque chose à re-

dire, cela ne viendra que de ce qu'on se
fera écarté de ce seul & unique point de
vue. Il y a des gens qui n'ont pas approuvé ces répétitions de tendreffe tournées en
cent manieres, & dont toutes les Lettres
de Mad. de *Sevigné* font pleines pour fa
fille, il y en a même qui ont trouvé à cela
une forte de fadeur.

Mais ces perfonnes d'un goût fi difficile,
devroient faire attention que ce n'eft point
pour eux que ces Lettres ont été écrites.
Ce qui leur paroît fade, ne le pouvoit être
ni pour une mere paffionnée qui fe livroit
à toute fa tendreffe en écrivant à fa fille,
ni pour une fille qui favoit fentir tout le
prix de cette extrême tendreffe. Peut-être
reconnoîtroient-ils en faifant cette réflexion, que ce font eux-mêmes qui ont
tort, en fortant de la thefe, & en oubliant que ce qu'ils lifent, n'a été écrit
que dans la confiance que ni eux, ni perfonne au monde, hors celle pour qui feul
on l'écrivoit, ne le liroit jamais. Il eft
vrai qu'une mere ne peut guere pouffer
la tendreffe pour une fille plus loin que
le fait Mad. de *Sevigné* pour Mad. de *Gri-*
gnan dans les lettres qu'elle lui écrit ;
mais cette tendreffe toute exceffive qu'elle
paroît, doit d'autant moins furprendre,
qu'elle n'étoit point aveugle, ni fondée
uniquement fur l'inclination naturellle. Elle
fe trouvoit encore éclairée, foutenue, juf-
tifiée par l'eftime que la mere avoit pour
fa fille ; eftime qui alloit jufqu'à l'admi-

ration & même jusqu'à une sorte de respect.

Ceux qui, liront ces lettres avec quelque attention conviendront qu'en cela on ne dit rien de trop. Ils y reconnoîtront aussi sa maniere de penser toute naturelle & en même temps vive & juste ; ce qu'un certain Provençal, dont il est parlé dans la dix-neuvieme lettre exprimoit, à sa façon, en définissant l'esprit de Mad. de *Sévigné*, un *esprit vite & quarré*. Elle saisissoit d'abord dans un objet ce qu'il falloit y prendre, & l'idée vive qu'elle s'en formoit à sa maniere, lui fournissoit d'abord l'expression qui toujours juste & vraie, étoit en même temps propre à elle & marquée à son coin. Quand les choses avoient à venir, elles lui venoient tout d'un coup. Le premier tour, la premiere expression qui se présentoit à son esprit, étoit ordinairement la meilleure ; mais quelle qu'elle fût, Mad. de *Sévigné* ne revenoit point sur ce qu'elle faisoit. C'est ce qu'elle faisoit si bien entendre elle-même dans sa quarante-unieme Lettre : *vous savez* (dit-elle à sa fille) *que je n'ai qu'un trait de plume*, aussi ajoute-t-elle, *mes lettres sont fort négligées*.

C'est l'idée qu'elle en avoit, du moins de celles qu'elle écrivoit à sa fille, & où elle pouvoit faire moins de façon, que dans celles qu'elle écrivoit à des étrangers ; mais ces lettres ne valoient que mieux, en ce que le cœur seul y parloit. Le fond inexprimable de tendresse qu'elle se sentoit pour sa fille, donnoit une nouvelle acti-

vité & un nouveau brillant à son génie ,
& faisoit naître sous sa plume des traits
heureux & des saillies lumineuses , dont
elle s'appercevoit d'autant moins , qu'elles
avoient moins couté à l'esprit , & que le
cœur en avoit fait tous les frais. *Est-il
possible* , (dit-elle à sa fille , lettre 47)
*que mes Lettres vous soient si agréables ?
Je ne les sens point telles en sortant de mes
mains.* Elles l'étoient pourtant , & la fille
avoit un goût trop délicat pour ne pas
sentir tout ce que valoit la façon d'écrire
de la mere. On auroit pu dire sur cela à
celle-ci , ce qu'elle disoit elle-même à sa
fille , sur une pareille défiance ; *ne me dites
donc plus de mal de votre façon d'écrire.*
(Dit-elle à Mad. de *Grignan* , lettre 74.)
*On croit quelquefois que les lettres qu'on
écrit ne valent rien , parce qu'on est embarrassé de mille pensées différentes ; mais cette
confusion se passe dans la tête , tandis que la
lettre est nette & naturelle. Voilà comme
sont les vôtres.* Voilà certainement comme
sont les lettres de la mere.

Ainsi ce ne sont pas seulement de petits
faits qui en font le mérite ; c'est le charme du style qui en fait le prix. C'est cette
heureuse négligence qu'on ne sauroit imiter. Rien ne sied mieux dans les lettres
qu'un air négligé , quand d'ailleurs il est
accompagné de discernement & de délicatesse ; car pour lors cette prétendue négligence ne veut dire qu'une sorte d'aisance
& de liberté dans l'esprit qui produit les
choses

choſes d'autant plus agréables , qu'il eſt plus livré à ſon naturel. Mad. de *Sevigné* le ſentoit bien elle-même. *C'eſt mon ſtyle,* (diſoit-elle , Lettre 41 , en parlant du ſtyle négligé) de ſes lettres, *& peut-être qu'il fera autant d'effet qu'un autre plus ajuſté.* Voilà ce qu'elle ſe contente de dire , quand il s'agit de ſes propres lettres ; mais elle s'en explique bien autrement quand il eſt queſtion de celles de ſa fille , & elle y reconnoît tout le prix & tout le charme de cette même négligence , qu'elle ne ſait qu'excuſer par rapport à elle-même. *Vous me dites plaiſamment* (dit-elle lettre 65 ,) *que vous croiriez m'ôter quelque choſe en poliſſant vos lettres ; gardez-vous bien d'y toucher ; vous en feriez des pieces d'éloquence. Cette pure nature dont vous parlez eſt préciſément ce qui plait uniquement.* Auſſi eſt-ce-là préciſément ce qui enchante dans les lettres de Mad. de *Sevigné* , & ce qui ſaiſit également tous ceux qui les liſent comme on doit les lire.

TRUBLET.

Une critique honnête le brouille avec M. de V. Cet Ecrivain eſt-il ſimple compila-teur ? A-t-il dû faire briller ſon imagi-nation dans ſes Eſſais ?

ON a cru que les traits ſatyriques , répandus dans les ouvrages de M. de V.

contre cet Ecrivain , venoient de quelques extraits du *Journal Chrétien* , auquel M. *Trublet* a travaillé pendant quelque temps. Point du tout , la véritable fource du reffentiment de l'Auteur de la *Henriade* eft un morceau du quatrieme Volume des *Effais de Littérature* , où ce Poëme eft traité d'ennuyeux , mais avec tout le ménagement & toute la fineffe poffibles.

» Le *Télémaque* , dit M. l'Abbé *Trublet* ,
» eft encore plus lu que la *Henriade* ; non
» qu'il vaille mieux , mais il eft en Profe.

» La *Henriade* en eft plus belle , plus admirable , plus étonnante d'être en Vers ;
» le *Télémaque* en eft plus agréable d'être
» en Profe.

» On a ofé dire de la *Henriade* , & on
» l'a dit fans malignité. *Je ne fais pourquoi*
» *je bâille en la lifant.*

» On a encore appliqué à ce Poëme le
» mot de la *Bruyere* fur l'Opéra.

» *Je ne fais pas comment l'Opéra , avec*
» *une mufique fi parfaite & une dépenfe toute*
» *royale a pu réuffir à m'ennuyer , & l'on*
» *a dit : je ne fais pas comment la* Henriade
» *avec une* Poéfie *& une verfification fi*
» *parfaites a pu réuffir à m'ennuyer.*

» Ce n'eft pas le Poëte qui ennuie &
» fait bâiller dans la *Henriade* , c'eft la
» Poéfie , ou plutôt les Vers.

» Ce ne font pas les François qui n'ont
» point la tête épique , comme le difoit
» M. de *Malezieu* à M. de V. ; c'eft notre
» verfification qui n'eft point épique , parce

» qu'étant d'une part très-difficile , & de
» l'autre ennuyeuſe à la longue , par l'u-
» niformité de la meſure & le retour
» des mêmes rimes , elle n'eſt pas propre
» aux longs ouvrages.

   » J'oſerai donc en faire l'aveu , au ha-
» zard de révolter la plûpart de mes lec-
» teurs. Je voudrois que M. de V. eût
» compoſé la *Henriade* en proſe. Jamais
» perſonne ne fut plus capable que lui de
» la ſorte de proſe convenable à un pareil
» ouvrage , d'une proſe qui auroit toutes
» les beautés de celle de M. de *Fénelon*
» ſans en avoir les défauts ; auſſi coulante ,
» auſſi gracieuſe , & auſſi harmonieuſe ,
» mais plus rapide , plus ſerrée plus forte
» & plus fine , plus penſée , plus travaillée.
» J'ajoute que comme on peut mettre dans
» un Poëme en proſe , tout ce qu'on
» pourroit mettre dans un Poëme en Vers ,
» mais non réciproquement , on auroit eu
» dans la *Henriade* en Proſe tout ce qu'on
» aime & tout ce qu'on admire dans la
» *Henriade* verſifiée , & mille choſes qui
» n'y ſont pas , qu'on y deſire , que M.
» de V. lui-même auroit voulu pouvoir y
» faire entrer ; & qu'il a peut-être eſſayé
» de rendre , mais qu'il a abandonnées ,
» ou par impuiſſance d'y réuſſir , ou par
» trop de déférence aux idées communes ſur
» la nature du Poëme épique. A la vérité ,
» l'ouvrage , quoique plus beau en ſoi ,
» auroit fait moins d'honneur à l'Auteur ,
» auprès de la plus grande partie du Pu-

» blic. Il ne lui eût pas procuré la gloire
» à laquelle il aspiroit, & qu'il a obtenu la
» gloire d'avoir enfin donné à sa nation un
» beau Poëme épique en Vers, & j'avoue
» qu'elle est bien flateuse.

　　» Depuis que j'ai écrit céci, j'ai rélu la
» *Henriade* dans l'édition de Geneve 1756,
» où l'Auteur a encore perfectionné son
» ouvrage; & cette nouvelle lecture, bien
» loin de me faire abandonner mon senti-
» ment, m'y a encore confirmé. Si j'ai tort,
» mon tort en est plus grand. »

　　M. de V. devoit pardonner d'autant plus
facilement cette critique décente & polie,
qu'il est beaucoup loué, dans le même
Volume ou elle se trouve, & comme
Prosateur & comme Poëte. Il aima mieux
se venger. Ayant donné le *pauvre diable*,
deux mois après l'apparition du dernier tom.
des *Essais de littérature*, il n'oublia point
M. l'Abbé *Trublet*. Quelque amere que soit
cette tirade nous sommes forcés de la
transcrire pour pouvoir la réfuter.

　　L'Abbé *Trublet* avoit alors la rage

　　D'être à Paris un petit personnage;

　　Au peu d'esprit que le bon homme avoit

　　L'esprit d'autrui par supplément servoit;

　　Il entassoit adage sur adage,

　　Il compiloit, compiloit, compiloit;

　　On le voyoit sans cesse écrire, écrire

　　Ce qu'il avoit jadis entendu dire;

　　Et nous lassoit sans jamais se lasser.

　　Il me choisit pour l'aider à penser:

> Trois mois entiers enfemble nous penfames,
> Lumes beaucoup & rien n'imaginames.

Réfumons cette fanglante invective :

> L'Abbé *Trublet* avoit alors la rage
> D'être à Paris un petit perfonnage.

Cette Ecrivain a fi peu la fureur de fe faire valoir dans la capitale, que quelque temps après fon admiffion à l'Académie Françoife, il s'eft retiré à. St. Malo fa patrie, où il jouit de la confidération qu'on doit à une conduite vertueufe & à des productions utiles. Sa modeftie égale fa douceur & il a eu toujours une injufte défiance de lui-même, & une haute idée des autres. Aucun Académicien ne s'eft peut-être exprimé avec plus d'humilité (le terme n'eft point trop fort) en entrant dans cette compagnie.

„ Quels ont été, dît-il , mes fuccès ,
„ dans les lettres toujours fi protégées par
„ les vrais hommes d'Etat ? Bien loin d'y
„ avoir acquis cette célébrité, qui tant de
„ fois a déterminé, hâté même vos fuffrages ,
„ à peine leur dois-je quelque réputation.
„ Qu'on ne me croie point modefte ; je n'ai
„ pas droit de l'être ; je ne cherche point
„ à le paroître ; je ne fuis que fincere ,
„ mais je fuis fans effort. Comment donc
„ ai-je ofé élever mes vœux jufqu'à vous ,
„ & pourquoi les avez-vous remplis ? Je
„ dois faire votre Apologie & la mienne ,

» excuser ma hardiesse & justifier votre
» indulgence.

» Dans l'esprit de votre établissement ,
» la qualité d'Académicien est un titre d'hon-
» neur, mais plus encore un engagement à
» un travail commun à la Compagnie ; vos
» statuts le prescrivent & le reglent. Or
» Messieurs, sans me croire digne de l'hon-
» neur, je me suis senti capable du travail. »

Au peu d'esprit que le bon homme avoit ,
L'esprit d'autrui par supplément servoit.

Cette accusation de Plagiat intentée par
M. de V. est assurément bien étrange.
Nous dirions que c'est *Alexandre* qui réproche quelques pirateries à un petit Cor-
saire , si nous ne savions que M. *Trublet*
n'a rien emprunté de personne ; car ce
n'est pas emprunter que de donner un
tour nouveau à ce qu'on emprunte ; sur-
tout quand on avoue , comme l'Auteur des
Essais l'a fait plusieurs fois , qu'il a plus
pensé à donner de l'utile que du neuf.

Mais M. l'Abbé *Trublet* s'est mis trop
au rabais ; il y a dans ses *Essais* une foule
de choses neuves & vraies ; & il a embelli
& donné la grace de la nouveauté à plusieurs maximes usées. C'est beaucoup , &
c'est tout ce que fait ordinairement M. de
V. , le plus habile vernisseur de style qui
ait encore paru. D'ailleurs l'accusation de
Plagiat est souvent très-mal placée , sur-tout
quand il est question d'un Auteur qui écrit

fur la morale. Telle penſée de *Paſcal*, de la *Rochefoucauld*, de la *Bruyere*, &c. a été pendant un certain temps une penſée de ſes Ecrivains, & on ne l'employoit point ſans les nommer. Aujourd'hui cette penſée appartient à tout le monde. On ne ſait plus qui l'a dite le premier, ou du moins on n'y fait plus d'attention. L'employer ſans citer ce n'eſt plus être plagiaire; c'eſt ſeulement dire une choſe trop commune. Il ne reſte donc plus à préſent que le tour & la maniere ; mais ce tour & cette maniere originale de dire les choſes, ſont un point bien important, & un mérite bien eſſentiel dans les Auteurs, puiſque c'eſt proprement ce qui les immortaliſe, & ſi j'oſe m'expliquer ainſi, le ſel qui les préſerve de la corruption. C'eſt M. *Trublet* qui nous fournit cette comparaiſon & nous croyons devoir la lui appliquer.

Il ne ceſſoit d'écrire d'écrire
Ce qu'il avoit jadis entendu dire.

Les ennemis de M. *Trublet*, ou diſons mieux ſes envieux, (car un homme d'un caractere auſſi doux ne ſauroit avoir des ennemis) lui ont reproché d'avoir fait uſage dans ſes *Eſſais* de pluſieurs penſées qu'il avoit puiſées dans ſes converſations avec MM. de la *Motte* & de *Fontenelle*. Mais cette imputation eſt évidemment fauſſe. Le mérite propre de M. l'Abbé *Trublet* eſt l'eſprit d'analyſe, la ſagacité, la fineſſe & la préciſion, qualités que la na

ture donne & qu'on ne sauroit prendre
chez les autres. C'est donc lui faire une
énorme injustice que de le traiter de Compilateur, puisqu'il a évité les écueils ordinaires aux Compilateurs : la secheresse,
la froideur & la trivialité. Sans prendre la
Bruyere pour modele, il a craint de ressembler à ces tristes & ennuyeux Mora-
listes qui prennent la peine d'écrire popu-
lairement ce que tout le monde sait, & à
ces précieux Discoureurs, dont l'art se borne
a revêtir d'expressions extraordinaires les
idées les plus communes. On ne trouve
chez lui ni négligence ni affectation. Ceux
qui aiment une morale sensée, exposée avec
une élégante précision & exprimée avec
une ingénieuse finesse, goûteront toujours
beaucoup ses livres. Nous savons que M.
de V. lui-même en fait beaucoup de cas,
& qu'ils ne lui ont pas été inutiles dans
la composition de ses articles Encyclopédi-
ques & même pour ses autres ouvrages.

Lumes beaucoup & rien n'imaginames.

Le défaut d'imagination seroit un reproche pour un Poëte ; mais il est ridicule de
le faire à un Moraliste qui analyse le cœur
humain. Les Images manquent dans une
telle matiere à l'Ecrivain, & ce n'est pas
l'Ecrivain qui manque aux Images. Ce seroit
au contraire un défaut de les prodiguer. M.
Trublet a donc écrit convenablement en
prenant le style qu'il a pris, c'est celui de
sa pensée & il n'en est que plus agréable &
plus original.

VOITURE.

Si ses Lettres *ne méritent que le mépris.*

MR. de V. a fort maltraité *Voiture.* Il paroît, qu'il ne l'estime point du tout. J'ose n'être point dans cette occasion de son sentiment. Je crois même en avoir quelques raisons qui me paroissent plausibles. „ *Voiture* (dit-il, dans son Temple „ du goût) est celui de tous ces illustres du „ temps, qui eut le plus de gloire, & „ celui dont les ouvrages le méritent le „ moins; si vous en exceptez quatre ou „ cinq petites pieces de Vers, & peut-être „ autant de lettres . . . . Cependant *Voiture* „ a été admiré; parce qu'il est venu dans „ un temps où l'on commençoit à sortir „ de la barbarie, & où l'on couroit après „ l'esprit, sans le connoître. Il est vrai „ que *Despréaux* l'a comparé à *Horace*; „ mais *Despréaux* étoit alors fort jeune; „ il payoit volontiers ce tribut à la réputa-„ tion de *Voiture*, pour attaquer celle de „ *Chapelain* qui passoit alors pour le plus „ grand génie de l'Europe. „

Cette critique de M. de *Voltaire* se réduit à deux points. Le premier, c'est que les ouvrages de *Voiture* ne valent rien; le second, c'est que *Boileau* ne les a loués, que pour faire de la peine à *Chapelain*; &

d'ailleurs dans le temps qu'il les a loués, il étoit très-jeune & n'avoit point encore un goût formé. J'examinerai d'abord ce dernier article ; parce que s'il est vrai que *Boileau* ait loué dans tous les temps les ouvrages de *Voiture*, cela influera sur le prix qu'on en doit faire. Dès-lors l'autorité d'un Juge telle que l'est celle de l'*Horace* moderne, formera un préjugé considérable. Il est vrai que je trouve dans les premiers ouvrages de *Boileau*, l'éloge de *Voiture* ; mais je le trouve aussi dans ceux qu'il a faits dans le temps de sa plus grande gloire ; & cet éloge est d'autant moins suspect, qu'il est en Prose, & qu'il ne doit rien de son prix à la nécessité de la rime ; il est même donné dans l'occasion qui intéressoit le plus *Boileau* : je veux dire, au sujet de la dispute sur la supériorité des anciens & des modernes. ,, Je passe-,, rois (dit-il, en écrivant à M. *Perrault*) ,, condamnation sur la satyre & sur l'élégie ; ,, quoiqu'il y ait des satyres de *Regnier* ,, admirables, & des élégies de *Voiture*, ,, de *Sarazin*, de la Comtesse de la *Suze*, ,, d'un goût infini. ,, Il ne s'agissoit point en parlant ainsi de *Voiture*, d'établir sa réputation aux dépens de celle de *Chapelain* ; ils étoient morts depuis long-temps, l'un & l'autre, lorsque cette lettre a été écrite. M. de *Voltaire* dira peut-être que *Boileau*, dans un autre endroit, a blâmé *Voiture* ; j'en conviens. Il a condamné le penchant qu'il avoit pour les jeux de mots ; mais çà été avec toute la circonspection possible , & en mêlant beaucoup de louanges à une légere critique.

> Le Lecteur ne sait plus admirer dans *Voiture*
> De son froid jeu de mots l'insipide figure.
> C'est à regret qu'on voit cet Auteur si charmant,
> Et pour mille beaux traits vantés si justement,
> Chez soi toujours cherchant quelque finesse aiguë
> Présenter au Lecteur sa pensée ambiguë.

Je pourrois encore dire , si je voulois rejetter cette décision de *Boileau* , qu'elle se trouve dans un ouvrage qui est indigne de lui , & qu'on regarde comme un foible enfant de sa vieillesse. Quelques gens même doutent si cette satyre sur l'équivoque est de lui ; ainsi elle ne peut préjudicier à ce qu'il a dit dans un temps où son génie étoit dans sa plus grande force. M. de *Voltaire* oseroit-il dire le contraire , lui qui dans le magnifique , superbe portrait qu'il fait de *Boileau* , lui réproche ce même ouvrage.

> Là régnoit *Despréaux* leur maître en l'art d'écrire ,
> Lui qu'arma la raison des traits de la satyre ,
> Qui , donnant le précepte & l'exemple à la fois ,
> Etablit d'*Apollon* les rigoureuses Loix.
> Il revoit ses enfants avec un œil sévere ,
> De la triste équivoque il rougit d'être Pere ,
> Et rit des traits manqués du pinceau foible & dur ;
> Dont il défigura le vainqueur de Namur.

Lui-même il les effaça, & semble encore nous dire :
Ou sachez vous connoître ou gardez-vous d'écrire.

Sans vouloir que toutes les lettres de *Voiture* soient charmantes, je me contenterai de soutenir qu'il en est plusieurs qui sont très-bonnes ; & c'est, à mon gré outrer les choses que de n'en trouver que trois ou quatre de passables.

M. de *Voltaire* cite plusieurs passages de quelques lettres de *Voiture*. Je conviens que ces passages sont mauvais ; je conviens même qu'il auroit pu en rapporter bien d'autres qui ne valent pas mieux ; mais qu'auroient-ils prouvé ? Qu'il y avoit plusieurs lettres de *Voiture*, & même la moitié si l'on veut, qui sont mauvaises ; les autres, qui sont réellement bonnes, ne le seroient pas moins cependant. Combien d'Auteurs n'ont pas fait d'excellents & de pitoyables ouvrages ? La différence du sentiment de M. de *Voltaire* au mien, ne consiste qu'en ce que j'admets pour le moins le tiers des lettres de *Voiture* comme bonnes, & que lui ne veut en reconnoître que trois ou quatre comme telles. Au reste, j'userai du même privilege que M. de *Voltaire*. Il a voulu détruire *Voiture* par ses propres ouvrages ; & moi je le défendrai par l'endroit dont il s'est servi pour lui nuire. Je placerai ici un passage de la lettre que *Voiture* écrivit après que la ville de Corbie eut été reprise sur les Espagnols en 1636. Il y fait l'éloge du Cardinal de *Richelieu*. Je soutiens que depuis que l'Académie Françoise est établie, parmi ce grand nombre d'éloges qu'on y a prononcés sur ce Ministre, il n'en est pas un meilleur : le voici.

„ Nos ennemis sont à quinze lieues de
„ Paris, & les siens sont en dedans. Il a tous
„ les jours avis que l'on fait des pratiques
„ pour le perdre. La France & l'Espagne,
„ par maniere de dire, sont conjurées
„ contre lui seul. Quelle contenance a tenu
„ parmi tout cela cet homme, que l'on
„ disoit qu'il s'étonneroit au moindre mau-
„ vais succès, & qui avoit fait fortifier
„ le Havre pour s'y jetter à la moindre
„ mauvaise fortune ? Il n'a pas fait une
„ démarche en arriere ; il a songé aux
„ périls de l'Etat & non pas aux siens ;
„ & tout le changement qu'on a vu en lui
„ durant ce temps-là, est qu'au lieu qu'il
„ n'avoit accoutumé de sortir qu'accom-
„ pagné de 200 Gardes, il se promena tous
„ les jours suivi seulement de cinq ou six
„ Gentilshommes. Il faut avouer qu'une
„ adversité, soutenue de si bonne grace &
„ avec tant de force, vaut mieux que
„ beaucoup de prospérités & de victoires.
„ Il ne sembla pas si grand ni si victorieux
„ le jour qu'il entra dans la Rochelle, qu'il
„ me le parut alors ; & les voyages qu'il
„ fit de sa maison à l'Arsenal, me semblent
„ plus glorieux pour lui que ceux qu'il a
„ faits delà les monts, & desquels il est

» revenu avec *Pignerol* & *Suze*. Il connoît
» que les plus nobles & les plus anciennes
» conquêtes font celles des cœurs & des
» affections ; que les lauriers font des plan-
» tes infertiles, qui ne donnent au plus
» que de l'ombre, & qui ne valent pas
» les moiffons & les fruits dont la Paix
» eft couronnée. Il voit qu'il n'y a pas tant
» de louanges à étendre de cent lieues les
» bornes du Royaume, qu'à diminuer un
» fol de la taille, & qu'il y a moins de
» grandeur & de véritable gloire à défaire
» cent mille hommes qu'à en mettre vingt
» millions à leur aife & en fureté. Auffi
» ce grand efprit, qui n'a été occupé
» jufqu'à préfent qu'à fonger au moyen de
» fournir aux frais de la guerre, à lever
» de l'argent & des hommes, à prendre
» des villes, & à gagner des batailles, ne
» s'occupera déformais qu'à rétablir le re-
» pos, la richeffe & l'abondance.

Fin du premier Volume.

TABLE.

T A B L E.

MAUPERTUIS,

Tome I.   Y 3

TABLE.

Fin de la Table du Tome premier.

BIBLIOTHEQUE ROYALE

www.ingramcontent.com/pod-product-compliance
Lightning Source LLC
Chambersburg PA
CBHW061429060726
47597CB00002B/272